北京市京师(深圳)律师事务所 BEIJING JINGSH LAW FIRM SHENZHEN OFFICE | 系列丛书

建设工程企业专项合规

秦文涛 著

SPECIAL COMPLIANCE ABOUT ENGINEERING AND CONSTRUCTION ENTERPRISES

法律出版社 LAW PRESS · CHINA
北京

图书在版编目（CIP）数据

建设工程企业专项合规 / 秦文涛著. -- 北京 : 法律出版社, 2024. -- ISBN 978-7-5197-9382-1

Ⅰ. D922.291.914

中国国家版本馆 CIP 数据核字第 2024AU1294 号

建设工程企业专项合规
JIANSHE GONGCHENG QIYE ZHUANXIANG HEGUI

秦文涛　著

策划编辑　邢艳萍
责任编辑　邢艳萍
装帧设计　鲍龙卉

出版发行　法律出版社
编辑统筹　法律应用出版分社
责任校对　朱海波
责任印制　刘晓伟
经　　销　新华书店

开本　710 毫米×1000 毫米　1/16
印张　20.25　　**字数**　350 千
版本　2024 年 10 月第 1 版
印次　2024 年 10 月第 1 次印刷
印刷　北京金康利印刷有限公司

地址：北京市丰台区莲花池西里 7 号（100073）
网址：www.lawpress.com.cn
投稿邮箱：info@lawpress.com.cn
举报盗版邮箱：jbwq@lawpress.com.cn

销售电话：010-83938349
客服电话：010-83938350
咨询电话：010-63939796

书号：ISBN 978-7-5197-9382-1
定价：75.00 元

凡购买本社图书，如有印装错误，我社负责退换。电话：010-83938349

缩略表一

全称	简称
美国反海外腐败法	FCPA
美国联邦证券交易委员会	SEC
世界银行(World Bank Group)	WBG
世界银行集团廉政局	INT
欧洲复兴开发银行(European Bank for Reconstruction and Development)	EBRD
亚洲开发银行(Asian Development Bank)	ADB
国际标准化组织(International Organization for Standardization)	ISO
联合国环境规划署金融倡议(United Nations Environment Programme Finance Initiative)	UNEP FI
环境、社会责任与公司治理(Environmental,Social and Governance)	ESG
亚太经合组织(Asia – Pacific Economic Cooperation)	APEC

缩略表二

全称	简称
《中华人民共和国民法典》	《民法典》
《中华人民共和国公司法》(2023 修订)	《公司法》
《中华人民共和国行政处罚法》(2021 修订)	《行政处罚法》
《中华人民共和国刑法》(2023 修正)	《刑法》
《中华人民共和国刑法修正案(十二)》	《刑法修正案(十二)》
《中华人民共和国出口管制法》	《出口管制法》
《中华人民共和国安全生产法》(2021 修正)	《安全生产法》
《中华人民共和国税收征收管理法》(2015 修正)	《税收征收管理法》
《中华人民共和国招标投标法》(2017 修正)	《招标投标法》
《中华人民共和国社会保险法》(2018 修正)	《社会保险法》
《中华人民共和国反不正当竞争法》(2019 修正)	《反不正当竞争法》
《中华人民共和国建筑法》(2019 修正)	《建筑法》
《中华人民共和国发票管理办法》(2023 修订)	《发票管理办法》
《中华人民共和国环境保护法》(2014 修订)	《环境保护法》
《中华人民共和国环境影响评价法》(2018 修正)	《环境影响评价法》
《中华人民共和国水污染防治法》(2017 修正)	《水污染防治法》
《中华人民共和国大气污染防治法》(2018 修正)	《大气污染防治法》
《中华人民共和国固体废物污染环境防治法》(2020 修订)	《固体废物污染环境防治法》
《中华人民共和国矿产资源法》(2009 修正)	《矿产资源法》
《建设工程质量管理条例》(2019 修订)	《质量条例》
《建设工程勘察设计管理条例》(2017 修订)	《设计条例》

续表

全称	简称
《中华人民共和国招标投标法实施条例》(2019 修订)	《招标投标法实施条例》
《房屋建筑和市政基础设施工程竣工验收备案管理办法》(2009 修正)	《竣工验收备案办法》
《社会保险基金行政监督办法》(2022)	《社保基金监督办法》
《最高人民检察院、公安部关于公安机关管辖的刑事案件立案追诉标准的规定(一)》	《立案追诉标准(一)》
《最高人民检察院、公安部关于公安机关管辖的刑事案件立案追诉标准的规定(二)》(2022 修订)	《立案追诉标准(二)》

目　录

// 第一部分　基础理论 //

// 第二部分 专项合规 //

第一部分

基础理论

第一章　企业合规及合规管理体系

第一节　合规概述

一、合规的起源

（一）背景

一般认为，企业合规起源于1977年12月19日美国颁布的《反海外腐败法》。1974年，美国总统因水门事件及在事件调查过程中试图干预司法的丑闻被迫中途辞职，致使政府及高官公信力大幅降低。1977年，美国证券交易委员会披露美国有400多家公司在海外向当地政府官员行贿以拿到订单，这些公司承认自己曾经向外国政府官员、政客和政治团体支付了高达30亿美元的巨款。贿赂外国官员的不道德行为，有悖于美国公众的期望和价值观。两大丑闻使美国政府高官和大企业主管的诚信度遭到社会质疑，媒体借机掀起揭开黑幕运动，社会各界开始普遍要求加强对政府官员和大企业行为的监督，官方被迫启动相关调查。在这样的背景下，美国国会以绝对优势通过了《反海外腐败法》，旨在打击美国企业在国外贿赂行为，重建公众对于美国商业系统的信心。

（二）《反海外腐败法》的主要内容

《反海外腐败法》也叫《反海外贿赂法》（Foreign Corrupt Practices Act，FCPA），该法于1977年制定，其间经过1988年、1994年、1998年三次修改。其旨在限制美国公司利用个人贿赂国外政府官员的行为，并对在美国上市的公司的财会制度作出相关规定。

1. 反贿赂条款

“反贿赂条款”(Anti-Bribery Provisions),是指“禁止美国公司向外国政府公职人员提供任何有价物品,以不正当的手段获得商业优势或商业机会”。该条款禁止美国企业和公民、在美国上市的外国企业、在美国的代理人直接或间接地向外国官员、外国政党或政党官员或外国政治职务候选人,支付或许诺支付金钱或任何有价值的物件。行贿人只要有行贿意愿,即使没有实际实施或者行贿目的未实现,也可以被判定触犯法律,行贿载体不仅指现金,还包括礼品、旅游、餐饮招待、娱乐、回扣、慈善性捐赠、为外国官员亲属提供工作机会等。

2. 会计条款

一切非法的勾当都是在看似合法的形式掩盖下进行的。形形色色、五花八门的行贿手段离不开各种掩人耳目的虚假安排,并伴随着大量的财务账目作假。为增强公司账簿和记录的准确性以及构成公司披露系统基础的审计程序的可靠性,针对上市公司,SEC 对症下药,将会计条款写入《反海外腐败法》,成为 SEC 反腐利器。

FCPA 的会计条款由账簿和记录(books and records)条款及内部控制(internal control)条款两个重要部分组成。账簿和记录条款要求凡是被该法案管辖的公司必须准确地记录和保存账簿与记录,以合理的详细程度,准确且公正地反映该公司的交易以及资产处置。内部控制条款要求公司应当有良好的内部会计控制机制,能够合理保证:(1)公司交易得到管理层的授权;(2)公司交易如实记录,财务报告符合普遍接受的会计准则;(3)公司财产的处理需得到管理层的授权;(4)每隔一段合理的时间把资产的账目记录与资产现状进行核对,并对任何差异采取适当的行动。

3. 外国政府公职人员

外国政府公职人员的范围比较宽泛,具体包括:

(1)外国政府工作人员、外国政党或外国政党办公室的工作人员或候选人;

(2)外国政府职能部门、组织、代理机构的工作人员;

(3)国际组织的工作人员;

(4)代表外国政府、政府部门、代理机构、国际组织等行使公共职能的人员。

4. 反贿赂条款适用对象

反贿赂条款的适用对象相当广泛，主要包括：发行人及其管理人员、董事、雇员、代理人或代表该发行人行事的股东；美国国内单位及其管理人员、董事、雇员、代理人或代表该国内单位行事的股东；在美国领土内从事海外贿赂行为的外国人。反行贿条款还包括了宽泛的第三方行贿条款，根据该条款，海外子公司和其他第三方（包括代理人、咨询方、分销商、合伙人等）的行为也会使其母公司或第三方涉及的企业违反《反海外腐败法》。

5. 禁止行为

禁止受管辖的人以获得或维系业务为目的，向外国公职人员支付、承诺支付或者授权支付任何金钱或者提供任何有价之物，从而利用该外国官员职权为自己谋取不正当的利益。

只要是以获得或维系业务为目的，具有腐败意图，诱使或影响外国公职人员利用其职务之便，无论金钱或有价之物是否实际支付、不正当利益是否实现，均违反《反海外腐败法》。金钱或有价之物包括现金、礼品、旅行、餐饮招待、娱乐、回扣、慈善性捐赠、为外国官员亲属提供工作机会，以及其他有价值的财物。

（三）FCPA 的长臂管辖

美国《反海外腐败法》有一个重要特点，即长臂管辖。该法规定美国公司及其员工、美国公民、在美国证券交易所上市的外国公司或以其他方式要求向美国证监会提交报告的其他公司，只要向外国官员、政党官员或者任何外国政府职位候选人实施了商业贿赂行为，无论行为发生地在美国境内还是境外，都要受到该法管辖。

美国《反海外腐败法》的手有多长？无论是在哪里发生的案件，只要涉事企业或其旗下任何一家分公司，哪怕仅仅是一个贸易办事处，一旦与美国存在某种联系，美国司法部门就可以对其展开调查或实施制裁。弗雷德里克在《美国陷阱》一书中指出，1998 年，他们终于如愿以偿：美国国会修改了法律，使其具有域外效力。此后，美国《反海外腐败法》同样适用于外国公司。美国政府自认为有权追诉任何一家公司，只要它用美元计价签订合同，或者仅通过设在美国的服务器（如谷歌邮箱或微软邮箱）收发、存储（甚至只是过境）邮件，这些都被视为国际贸易工具。这项修正案就是美国人的一个把戏，他们把一项可能削弱自身企业的法律转变为干涉他国企业、发动经济战的神奇工具。2013 年"棱镜门"丑闻曝出，世界各国这才意识到美国的主要数字企业也和美国情报机构分享信息。[1]

（四）FCPA 的处罚

从 2008 年开始，FCPA 的处罚力度越来越大，处罚金额大幅上升，尤其是 2016 年至 2020 年制裁总数和平均数空前提高；另外，FCPA 的执法对象也由美国公司转向了美国之外的公司。

美国通过《反海外腐败法》对企业实体的处罚如图 1－1 所示。

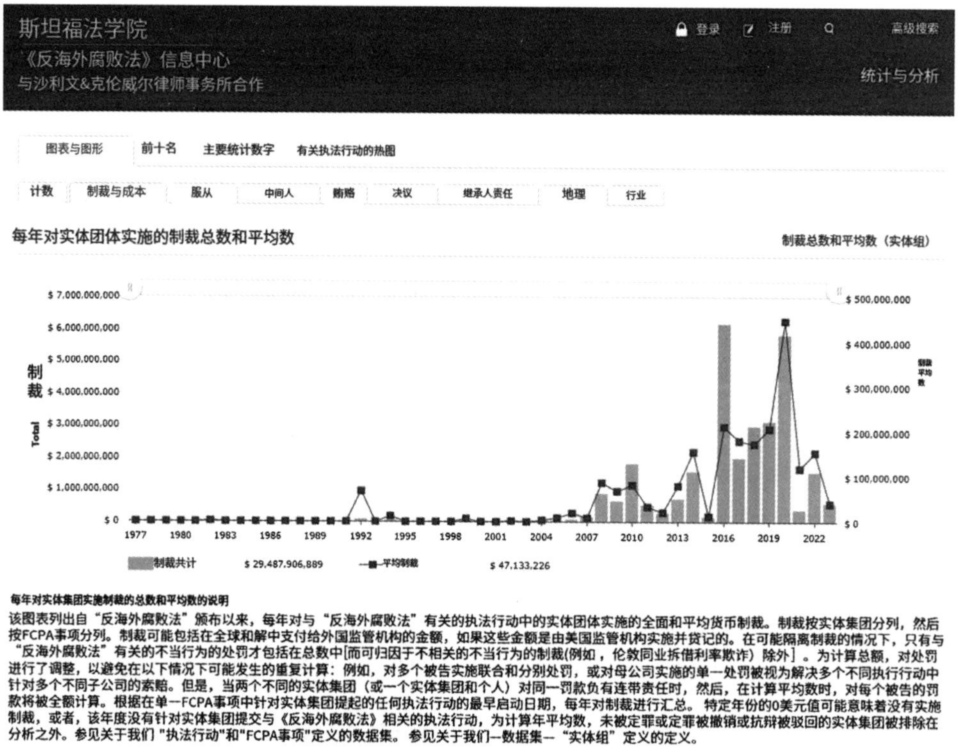

图 1－1　斯坦福法学院反海外腐败法信息中心 2024 年 1 月 4 日数据[2]

---

[1] 参见《反海外腐败法》，载光明网 2019 年 6 月 15 日，https://epaper.gmw.cn/wzb/html/2019－06/15/nw.D110000wzb_20190615_1－07.htm。

[2] 参见斯坦福法学院反海外腐败法信息中心网站，https://fcpa.stanford.edu/statistics-analytics.html?tab＝2，文字由笔者翻译。

典型案例　某力地产创始人张某涉嫌行贿案

【案情简介】

2015年8月，某力地产曾通过旗下某公司在美国加州圣荷西收购一处高端公寓开发项目555 Fulton，这处项目位于美国加州圣荷西市中心的詹姆斯街西190号，计划兴建两栋高层住宅大楼，项目占地面积将近2英亩，接近一整个街区。

2020年1月21日，美国加州公共事业部一位名为穆罕默德·努鲁的主管因涉嫌腐败而被捕。2021年12月17日，美国司法部网站上公布了穆罕默德·努鲁的起诉书，起诉书中提及穆罕默德·努鲁收受中国一家房地产商贿赂的事情。根据该起诉书披露的信息，加州当地一位华裔商人黄某乐作为牵线人，介绍了中国一家房地产商与其结识，以谋求这一开发项目更快获得许可审批。起诉书中称，穆罕默德·努鲁作为美国公职人员在2018年应邀去中国旅行，居住五星级酒店，费用由中国这家开发商的承包商全包。他还在中国参观这位开发商创办人的私人宅邸，并接受了一瓶价值2000美元的葡萄酒，但并未依法上报。而这位美国官员在接受这些贿赂之后，作为回报，他帮助这家中国地产商解决了上述项目开发中的一系列麻烦，快速拿到了开发项目的许可。华裔商人黄某乐和加州公共事业部主管穆罕默德·努鲁均已认罪。

2022年11月30日，某力地产的创始人之一、现任董事长、总裁张某在英国伦敦被当地警方逮捕，直到12月12日，张某向当地法院支付了1500万英镑的保释金后暂获释放。据称，张某此次被捕是因美国方面指控其通过提供回扣和资金的形式获得了在美国加州的开发项目合同。目前，张某正在向美方提出异议以避免被引渡至美国。2022年12月12日某力集团官网发布声明："张某先生因在中国宴请美国旧金山前公共事业部主管及为其提供酒店住宿而被指控涉嫌行贿，我方正针对此错误指控采取法律行动。"

2023年7月21日，某力地产根据香港联合交易所有限公司证券上市规则发布公告，董事张某通知公司，他被指控根据美国法律下共谋干犯诚信服务电汇欺诈，并已就此案与美国加州北区检察官办公室签订暂缓起诉协议。经张某的法律顾问向其确认，并经张某通知本公司，暂缓起诉协议并不构成对指控的定罪，且如张某遵守暂缓起诉协议的条款，则该指控将被撤销。同日，界面新闻引用《旧金山纪事报》的报道，检察官和张某最终达成了一项协议：检察官同意在3年后撤销对张某的指控，条件是张某承认存在行贿的不当行为并支付5万美元的罚款。此外，某力地产也被检察官提出了参与贿赂计划的共谋和欺诈指控。根据张某与检察官达成的协议，某力地产还将支付100万美元的罚款，并进入公司合规计划。

【合规指引】

(1)企业“走出去”，首先要了解当地的国情和法律，注意文化差异，避免在商务交往中逾越正常请客送礼的界限。

(2)在给予对方小费、奖励、礼品，宴请对方，为对方提供旅游、住宿、折扣、免费劳动或材料等时，要先了解清楚是否符合当地的法律及相关国际公约的规定。

(3)给予对方大额金钱，就是贿赂行为，为各国法律所不容，这条高压线不能碰。

综上，企业合规最初是为配合国际反商业贿赂的开展和合作而产生的。在美国《反海外腐败法》实施20余年后，英国于2011年通过了《反贿赂法》，法国2016年通过了《萨宾第二法案》。这些法律都属于反海外腐败的法律，所确立的合规机制也都属于“反腐败合规”。这种着眼于防范企业商业贿赂犯罪的合规机制，一般被称为“小合规”，或者“狭义的合规”。而近20年来，无论是西方国家的法律，还是一些国际组织公约，都开始将公司治理扩大到更为广泛的领域。除了反商业贿赂外，反洗钱、反垄断、数据保护、反金融欺诈等，也逐渐被纳入合规管理体系之中。在美国，外国公司所面临的行政监管和刑事法律风险，通常包含以下几个方面：一是违反美国证券法规中反欺诈条款的行为；二是违反美国《反海外腐败法》所确立的反贿赂条款和会计条款的行为；三是违反美国出口管制法规的行为；四是违反美国《商业秘密保护法》侵犯商业秘密的行为；五是违反美国版权法律的行为；六是违反美国有关跨国投资并购法规的行为；等等。对于这种适用范围更为广泛的企业合规管理体系，我们通常称为“大合规”,或者“广义的合规”。[1]

二、企业合规在全球的发展

随着全球化的发展,腐败问题不再是一个组织、一个国家、一个区域组织所能解决的痼疾,而是一个全球性问题,只有通过国际合作,才能有效地打击腐败、遏制腐败蔓延、预防腐败发生,国际合作反腐是全球治理的一项重要内容。

区域性国际组织先行,陆续出台了关于预防和打击腐败的公约。1996 年 3 月 29 日美洲国家组织通过了《美洲反腐败公约》;1997 年 5 月 26 日欧洲联盟理事会通过了《打击涉及欧洲共同体官员或欧洲联盟成员国官员的腐败行为公约》;1997 年 11 月 21 日经济合作与发展组织通过了《禁止在国际商业交易中贿赂外国公职人员公约》(经济合作与发展组织理事会又于 2009 年通过了《关于进一步打击国际商业交易中贿赂外国公职人员行为的建议》,要求各成员国建立对海外贿赂行为进行举报的制度,要求各成员国加强对本国公职人员抵制海外贿赂廉洁教育,《经济合作与发展组织跨国企业指导原则》为跨国企业如何建立合规制度、杜绝海外腐败提出了建议);1999 年 1 月 27 日欧洲委员会部长委员会通过了《反腐败刑法公约》,1999 年 11 月 4 日欧洲委员会部长委员会通过了《反腐败民法公约》;2003 年 7 月 12 日非洲联盟国家和政府首脑通过了《非洲联盟预防和打击腐败公约》……

亚太经济合作组织是亚太地区最有影响力的区域性合作组织,在反海外腐败方面,先后发布了《圣地亚哥反腐败和确保透明度承诺》《亚太经合组织圣地亚哥反腐败与提高透明度行动计划》《符拉迪沃斯托克反腐败与提高透明度宣言》《APEC 关于提高政府执行力和反腐力度的指导意见》《北京反腐败宣言》等文件,这些文件彰显了各成员国在亚太地区打击一切领域内腐败现象的决心。其中,《北京反腐败宣言》是由中国主导的 APEC 反腐败宣言,并成立了 APEC 反腐执法合作网络,各成员国可以共享并传递腐败案件信息,旨在加大追逃追赃等合作,携手打击跨境腐败行为,消除腐败“避风港”。《北京反腐败宣言》明

[1] 陈瑞华:《企业合规基本理论》,法律出版社 2022 年版,第 8 页。

确提出“根据各自法律，加强与腐败官员及其非法所得跨境活动相关的信息共享，以最大限度地打击腐败、贿赂与非法资金流动”，为亚太地区共同打击跨境腐败提供了指南。

透明国际（Transparency International）创办于 1993 年，是一个监察贪污腐败的非政府、非营利、国际性的民间组织。透明国际以清廉指数（CPI）和行贿指数（BPI）两项指标来评估世界各国和地区的腐败状况，立场和价值中立，不依附于任何政治党派，全球反腐败报告每年发布一次，其发布的世界廉政指数排名让几国欢乐几国愁，通过相关榜单信息的排名来提升公众对腐败问题的关注，引导各国政府关注由于他们在清廉指数排行榜上排名过低所带来的消极影响，督促其解决腐败的相关问题。通过民间力量揭发全球公共部门腐败，提高全球各界对腐败危害性的认识，督促各国积极采取相应对策，透明国际提供的信息不仅大致反映了各国的腐败状况，更重要的是它们还揭发了腐败发生的温床。

2003 年 10 月 31 日第 58 届联合国大会通过了《联合国反腐败公约》，为解决区域性反腐败的短板问题提供了重要的国际合作机制，使反腐败的法网笼罩全球，为解决全球反腐问题创造了新的路径。

《联合国反腐败公约》是唯一一份具有法律约束力的国际性反腐败法律文件。公约中的方法意义深远，其中许多条款具有强制性，为全面解决全球反腐败问题提供了独特的蓝本。该公约主要涵盖五个方面：预防措施、定罪和执法、国际合作、资产的追回，以及技术援助和信息交流。该公约中提及了不同形式的腐败现象，例如，影响力交易、滥用职权，以及私营部门内的各种腐败行为。该公约中还有一个关键组成部分，即其中有一章专门介绍资产的追回，这是许多国家关注的重点，因为它们想追回被指控或发现有腐败行为的前任领导等官员的财产。越来越多的国家成为公约的缔约国，这进一步证明了该公约具有全球性和广泛性的特点。

根据《联合国反腐败公约》第 68 条的规定，该公约于 2005 年 12 月 14 日开始生效。对于每个加入公约的国家或区域经济一体化组织，本公约自该国或者该组织交存有关文书之日后第 30 天起开始生效。

目前,《联合国反腐败公约》有140个签署国,172个缔约国。[1]

2005年10月27日,第十届全国人民代表大会常务委员会第十八次会议决定:批准于2003年10月31日在第58届联合国大会上通过的《联合国反腐败公约》;同时声明:中华人民共和国不受《联合国反腐败公约》第66条第2款[2]的约束。

《联合国反腐败公约》共八章,确立了反腐败五大机制:

(1)预防机制,规定专门的预防腐败机构,建立科学的非选任公职人员的管理制度。

(2)定罪和执法机制,将贿赂本国公职人员,贿赂外国公职人员或国际公共组织官员,公职人员贪污、挪用或用其他方式侵占财产,利用影响力交易,滥用职权,资产非法增加,私营部门内的贿赂、侵吞财产,洗钱,窝赃,妨害司法等行为确定为犯罪。第3章第16条明确规定了贿赂外国公职人员或者国际公共组织官员的认定,"直接或间接向外国公职人员或者国际公共组织官员许诺给予、提议给予或者实际给予该公职人员本人或者其他人员或实体不正当好处,以使该公职人员或者该官员在执行公务时作为或者不作为,以便获得或者保留与进行国际商务有关的商业或者其他不正当好处"属于腐败犯罪行为,反之外国公职人员或者国际公共组织官员收取不正当好处也属于腐败犯罪行为。事实上,该公约将贿赂外国公职人员与贿赂本国公职人员同等视为腐败犯罪,给缔约方打击海外腐败提供了清晰指南。

确定了法人责任,即法人参与了上述犯罪就应当承担责任,包括刑事责任、行政责任、民事责任,并且法人承担责任的同时,不影响对实施这种犯罪的自然人的刑事责任追究。

(3)国际合作机制,规定缔约国应当就打击《联合国反腐败公约》规定的犯

---

[1] 参见联合国官网,https://www.un.org/zh/issues/anti-corruption/uncac.shtml。

[2] 《联合国反腐败公约》第66条第2款规定:"两个或者两个以上缔约国对于本公约的解释或者适用发生任何争端,在合理时间内不能通过谈判解决的,应当按其中一方请求交付仲裁。如果自请求交付仲裁之日起六个月内这些缔约国不能就仲裁安排达成协议,则其中任何一方均可以依照《国际法院规约》请求将争端提交国际法院。"

罪进行国际合作，包括引渡、司法协助、执法合作等。

(4)资产追回机制，规定缔约国应当对外流腐败资产的追回提供合作与协助，包括预防和监测犯罪所得的转移、直接追回财产、通过国际合作追回财产、资产的返还和处置等。

(5)履约监督机制，规定设立缔约国会议，负责监督《联合国反腐败公约》的实施。

三、我国企业合规起步

1992 年 12 月 17 日审计署、中国人民银行发布实施《对金融机构贷款合规性审计的实施方案》，该方案中虽然出现了 7 次“合规”，但它还仅局限在“风险规避”和“风险治理”层面，不是真正的企业“合规制度”。

2006 年 10 月 20 日，原中国银行业监督管理委员会发布实施的《商业银行合规风险管理指引》第 3 条第 1 款规定：“本指引所称法律、规则和准则，是指适用于银行业经营活动的法律、行政法规、部门规章及其他规范性文件、经营规则、自律性组织的行业准则、行为守则和职业操守。”第 3 条第 2 款规定：“本指引所称合规，是指使商业银行的经营活动与法律、规则和准则相一致。”

2007 年，原中国保险监督管理委员会印发了《保险公司合规管理指引》(已废止)，其中第 2 条对保险公司合规及合规风险进行了定义：合规是指保险公司及其员工和营销员的保险经营管理行为应当符合法律法规、监管机构规定、行业自律规则、公司内部管理制度以及诚实守信的道德准则；合规风险是指保险公司及其员工和营销员因不合规的保险经营管理行为引发法律责任、监管处罚、财务损失或者声誉损失的风险。第 3 条将合规管理定义为保险公司通过设置合规管理部门或者合规岗位，制定和执行合规政策，开展合规监测和合规培训等措施，预防、识别、评估、报告和应对合规风险的行为。并要求保险公司建立健全合规管理制度，完善合规管理组织架构，明确合规管理责任，构建合规管理体系。2016 年，原中国保险监督管理委员会印发《保险公司合规管理办法》，指引升级为办法，明确了保险公司“三道防线”的合规管理框架，提高了对保险公司合规部门设置、合规人员配备的要求，提升了保险公司合规管理的履职保障，加强保险公司合规的外部监督。

2016 年 4 月，国资委发布《关于在部分中央企业开展合规管理体系建设试点工作的通知》，在中国石油、中国移动、中国中铁等五家央企开展合规试点工作。

2017 年 5 月，习近平总书记主持的中央全面深化改革领导小组〔1〕第 35 次会议上，审议通过了《关于规范企业海外经营行为的若干意见》，明确提出了“加强企业海外经营行为合规制度建设”。

2017 年 10 月 1 日由中国证券监督管理委员会实施的《证券公司和证券投资基金管理公司合规管理办法》〔2〕第 2 条第 2 款规定：“本办法所称合规，是指证券基金经营机构及其工作人员的经营管理和执业行为符合法律、法规、规章及规范性文件、行业规范和自律规则、公司内部规章制度，以及行业普遍遵守的职业道德和行为准则（以下统称法律法规和准则）。”

2017 年 12 月 29 日，原国家质量监督检验检疫总局、国家标准化管理委员会正式批准、发布 GB/T 35770—2017《合规管理体系　指南》（已废止）国家标准。这是中国第一个关于合规的国家标准。

2018 年“中兴事件”和“华为断供事件”使中国企业的涉外合规问题迫在眉睫，国家层面把企业合规经营提到了前所未有的高度。

2018 年 7 月 1 日，国家标准 GB/T 35770—2017《合规管理体系　指南》（已废止）正式实施。

2018 年 11 月 2 日，国务院国有资产监督管理委员会发布实施《中央企业合规管理指引（试行）》，标志着国务院国资委从强调风险管理转变为强调合规管理，工作重心集中在央企对法律法规和规章制度的遵从性方面，以提高可操作性的方式促进管理措施的真正落实。《中央企业合规管理指引（试行）》首次将“合规”定义为“是指中央企业及其员工的经营管理行为符合法律法规、监管规定、行业准则和企业章程、规章制度以及国际条约、规则等要求”。

---

〔1〕 2018 年 3 月改为中央全面深化改革领导小组。

〔2〕 已于 2020 年 3 月 20 日根据中国证券监督管理委员会《关于修改部分证券期货规的决定》修正，2020 年 3 月 20 日发布实施。

2018 年 12 月 26 日，国家发展改革委等七部门联合印发《企业境外经营合规管理指引》，在其对合规概念的阐述中，与国资委发布的《中央企业合规管理指引（试行）》的合规概念相比，需遵守的规范增加了“商业惯例”和“道德规范”。

业界人士将 2018 年称为中国企业的“合规元年”。

2019 年 9 月，国务院发布《关于加强和规范事中事后监管的指导意见》（国发〔2019〕18 号），建立“吹哨人”、内部举报人等制度。

自 2020 年 3 月开始，最高人民检察院在上海浦东、金山，江苏张家港，山东郯城，广东深圳南山、宝安 6 家基层人民检察院开展企业合规改革第一期试点工作，之后又将企业合规改革推向全国。经过 4 年轰轰烈烈的司法实践之后又归于平静，总结反思涉案企业刑事合规制度试点情况。

四、我国企业合规的路径

企业合规，本质上是一种基于风险防控的公司治理方式。国家通过宣传倡导、企业合规试点、合规激励等手段，引导企业开展合规管理体系建设。目前，我国企业通过两种路径推进合规管理体系建设。

（一）主动合规路径

主动合规就是我们所说的企业合规，是企业为防患于未然，以预防相关合规风险为主要出发点，主动建立日常性常态化的合规管理体系，是事前合规，完全在企业的掌控下推动企业合规管理体系建设。

（二）被动合规路径

被动合规就是我们所说的涉案企业合规，是企业已经涉嫌违法犯罪，为解决迫在眉睫的行政处罚或刑事处罚，在行政机关或司法机关的要求下，或在国际组织采取制裁的情况下，涉案企业以追求减轻处罚或免除处罚为目标，对于已经暴露的违法违规行为采取合规整改。该路径具有应急的目的，企业关注的是尽早免于处罚、脱罪，或解除制裁，只关注犯罪事件所暴露的制度漏洞和管理漏洞，专注于解决暴露于外的违规问题，难以从整体合规的视角解决企业深层和系统性的风险。涉案企业在合规整改中处于被动地位，并且在第三方监督下进行，合规整改期满还要通过评估验收合格方可获得认可，办案机关在涉案合规整改工作流程中起主导作用。

最理想的合规治理应当是企业自动地启动合规管理流程，以合同为其入口建构一整套企业内控方案，形成事前、事中、事后的全流程企业合规一体化应用系统。与危机来临后的合规整改不同，企业在建立日常性合规管理体系时，拥有较为宽裕的时间，可以根据企业合规风险的现状，在公司治理结构中完成合规管理体系的搭建，实现合规管理与决策治理、业务治理和财务管理的有机整合。

五、企业合规的目标

从企业进行合规建设的动因来看，企业合规的目标分为短期目标和长期目标。

企业合规的短期目标就是在企业涉嫌犯罪时，涉案企业向办案机关申请合规整改，以完成合规整改为条件换取办案机关的宽大处理；或在企业活动中出现员工违法犯罪时，将守法企业和违法员工的行为进行切割，从而达到保全企业，惩罚个人，将企业因犯罪受罚而产生的社会震荡降到最低。企业合规的短期目标是被动的，是带有功利性的事后补救措施，是为了解决出罪、减轻或免除处罚、获取无犯罪记录等迫在眉睫的危机。

企业合规的远期目标是建立合规管理体系，形成合规文化，使企业自觉地遵纪守法，使其经营活动符合法的精神。当企业的经营行为引起危害结果时，换取从宽处理的优待，从而达到事前预防企业犯罪的目的。

（一）企业合规绝不是企业风控

企业合规管理有别于企业风险控制管理：（1）风控管理的首要目标是防范经营风险，诸如政策风险、市场风险、财务风险、法律风险、团队风险，等等，重在消除或减少风险事件发生的可能性及造成的损失，而合规管理则是防范合规风险，诸如决策合规风险、管理合规风险、人事合规风险、合同合规风险、产品合规风险、广告合规风险、反商业贿赂合规风险、财税合规风险、知识产权合规风险、数据合规风险,等等,旨在提升企业的道德水平;(2)风控管理注重的是企业自身的经济利益,而合规管理则注重的是对利益相关者和企业自身利益的平衡保护;(3)风控管理通过节点控制、审批权限等手段控制风险,而合规管理则是通过合规意识的培养,使全员自觉地参与全流程合规管控;(4)风控管理是企业对风险的被动防范,无文化内涵,而合规管理则是主动合规,有丰富的文化内涵,确立合规的理念、倡导合规的风气、加强合规的管理、营造合规的氛围,形成一种良好的软环境,从而使所有成员都能够自觉做到依法合规行事。

(二)合规与守法的联系

守法,就是要自觉遵守法律的规定,将法律的要求转化为自己的行为,从而使法律得以实现。守法包括权利的正确行使、义务的积极履行和禁令的遵守。守法状态包括守法的最低状态、守法的中层状态和守法的高级状态三种类型。

1. 守法的最低状态是不违法犯罪。这是企业的红线,一旦逾越了红线,涉嫌刑事犯罪对公司来说将是毁灭性的伤害,不仅商业信誉和商业机会受到严重损害,还将面临高额罚金,甚至剥夺资格,吊销执照。对单位犯罪的处罚,我国原则上实行双罚制,既要对单位判处罚金,又要对其直接负责的主管人员及其他直接责任人员判处刑罚。"直接负责的主管人员",是在单位实施犯罪中起决定、批准、授意、纵容、指挥等作用的人员,一般是单位的主管负责人,包括法定代表人。而"其他直接责任人员",是指单位犯罪中具体实施犯罪并起较大作用的人员,既可以是单位的经营管理人员,也可以是单位的职工,包括聘任、雇佣的人员。因此,企业管理中应当将刑事责任作为必须严防死守的"红线"。

2. 守法的中层状态是依法办事,形成统一的法律秩序。这是大多数企业能够做到的,但往往形成"大事不犯,小事不断"的被动守法局面,并不利于企业的长久发展。

3. 守法的高级状态是守法主体不论是外在的行为,还是内在动机都符合法的精神和要求,严格履行法律义务,充分行使法律权利,从而真正实现法律调整的目的。企业合规就是要企业及其从业人员向着守法的高级状态前进。

(三)法律对企业合规的要求

1. 2005 年 10 月 27 日公布的《公司法》(2005 修订)(已废止)增加了企业

合法经营及合法权益受保护条款:“公司从事经营活动,必须遵守法律、行政法规,遵守社会公德、商业道德,诚实守信,接受政府和社会公众的监督,承担社会责任。公司的合法权益受法律保护,不受侵犯。”体现了我国法律对公司经营合规的要求。

2.2020年10月17日发布的《出口管制法》首次把“合规”写入法律之中。《出口管制法》第5条第4款规定:“国家出口管制管理部门适时发布有关行业出口管制指南,引导出口经营者建立健全出口管制内部合规制度,规范经营。”第14条规定:“出口经营者建立出口管制内部合规制度,且运行情况良好的,国家出口管制管理部门可以对其出口有关管制物项给予通用许可等便利措施。具体办法由国家出口管制管理部门规定。”

3.2021年8月20日发布的《个人信息保护法》第54条规定:“个人信息处理者应当定期对其处理个人信息遵守法律、行政法规的情况进行合规审计。”第58条规定:“提供重要互联网平台服务、用户数量巨大、业务类型复杂的个人信息处理者,应当履行下列义务:(一)按照国家规定建立健全个人信息保护合规制度体系,成立主要由外部成员组成的独立机构对个人信息保护情况进行监督;(二)遵循公开、公平、公正的原则,制定平台规则,明确平台内产品或者服务提供者处理个人信息的规范和保护个人信息的义务;(三)对严重违反法律、行政法规处理个人信息的平台内的产品或者服务提供者,停止提供服务;(四)定期发布个人信息保护社会责任报告,接受社会监督。”第64条规定:“履行个人信息保护职责的部门在履行职责中,发现个人信息处理活动存在较大风险或者发生个人信息安全事件的,可以按照规定的权限和程序对该个人信息处理者的法定代表人或者主要负责人进行约谈,或者要求个人信息处理者委托专业机构对其个人信息处理活动进行合规审计。个人信息处理者应当按照要求采取措施,进行整改,消除隐患。履行个人信息保护职责的部门在履行职责中,发现违法处理个人信息涉嫌犯罪的,应当及时移送公安机关依法处理。”在法治化进程中,我国会有越来越多的关于企业组织合规管理法律化的立法文件出现,也必然促使立法机关加快推进针对企业组织建立有效合规管理体系的立法进程。

(四)企业合规要遵守哪些规范

企业合规就是指企业及员工的经营管理和从业行为不仅要符合有关法律法规的规定,还要遵守政府监管规定、行业准则、国际组织规则、商业惯例和道德规范,以及企业依法制定的章程及规章制度等要求。如果是国有企业,另外还要遵守党规党纪等。显然,开展企业合规建设,就是要将守法向高级状态发展推进,建立企业向善的良性社会机制,实现企业的可持续发展。

具体而言,我国企业开展合规建设应当遵守的合规规范可以分为以下几类:

1. 我国的法律、法规、部门规章、规范性文件、行业监管规则、标准、行政许可和授权;

2. 企业国外经营所在国家和地区的法律、法规、监管规则、标准、司法判例、商业惯例、道德准则和公序良俗,以及部分具有有限域外效力的外国的法律法规;

3. 适用的国际条约、国际规则及国际组织的决定等;

4. 行业准则和自律性规则;

5. 商业惯例;

6. 社会公认并普遍遵守的道德规范和公序良俗;

7. 与第三方之间的合同与协议;

8. 企业股东会决议、董事会决议、管理层决定、企业内部规章制度。

第二节 世界银行与合规

一、世界银行

企业合规,绕不开世界银行。世界银行(The World Bank)是世界银行集团的简称,世界银行的前身叫国际复兴开发银行,是根据布雷顿森林会议通过的《国际复兴开发银行协定》于 1945 年 12 月成立的政府间国际金融机构,并于

1946 年 6 月开始营业,1947 年 11 月成为联合国的专门机构,之后扩大为五个密切相关的开发机构组成的集团。起初,世界银行贷款帮助在“二战”中遭受严重破坏的国家进行战后重建。之后,世界银行的关注点从战后重建转向发展,重点放在大坝、电网、灌溉体系、道路等基础设施建设上。1956 年,国际金融公司成立,开始向发展中国家的私营企业和金融机构提供贷款。1960 年,国际开发协会成立,加大对最贫困国家的重视,逐渐转向以消除贫困作为世界银行集团的首要目标。随后成立的解决投资争端国际中心和多边投资担保机构,使得世界银行集团集聚全球金融资源满足发展中国家需求的能力日臻完善。

世界银行由国际复兴开发银行、国际开发协会、国际金融公司、多边投资担保机构和国际投资争端解决中心五个成员机构组成。国际复兴开发银行和国际开发协会共同构成世界银行,向发展中国家的政府提供资金、政策咨询和技术援助。国际开发协会的重点是援助世界最贫困国家,国际复兴开发银行援助中等收入国家和资信良好的较贫困国家。国际金融公司、多边投资担保机构和国际投资争端解决中心的重点是加强发展中国家的私营部门。世界银行集团通过这三家机构向私营企业(包括金融机构)提供资金、技术援助、政治风险担保和争端调解服务。

世界银行的宗旨是通过提供资金、经济和技术咨询,鼓励国际投资等方式,帮助成员国特别是发展中国家提高生产力,促进经济发展和社会进步,改善和提高人民生活水平。世界银行是一个独特的全球性合作伙伴,所属五家机构共同致力于寻求在发展中国家减少贫困和建立共享繁荣的可持续之道,世界银行有 189 个成员国。

二、世界银行制裁

1999 年世界银行宣布,不给任何涉嫌贪污受贿的国际公司以投标资格,并禁止其参与由该行资助的所有工程项目。

(一)制裁制度

世界银行的制裁制度是指世界银行对参与世界银行资助项目、从事符合定义形式的欺诈、腐败、共谋、胁迫或妨碍行为(通称“欺诈和腐败”)的个人和实体进行制裁的安排。

世界银行对资助的项目有审计权，如果项目存在问题，世界银行可以要求审计、进行基本调查、提起罪名的指控，并进入内部的制裁程序。世界银行监管中重点关注某些类型的项目，比如基础设施项目，健康、教育和社会福利项目，以及机构发展项目等。

（二）制裁依据

世界银行反腐败及相关制裁依据，包括但不限于下列文件：

（1）《世界银行诚信合规指南》（也称《世界银行廉政合规指南》）；（2）《防止和打击欺诈和腐败的统一框架》（2006）；（3）《世界银行反腐败指导方针》（2006）；（4）《交叉适用制裁协议》（2010）；（5）《世界银行制裁指引》（2011）；（6）《世界银行制裁程序》（2012）；（7）《世界银行集团制裁制度》；（8）《世界银行提供融资项目反欺诈与腐败指引》（2012）；（9）《世界银行投资项目贷款借款人采购规则》（2016）；（10）《银行程序：银行资助项目的制裁程序和解决方案》（2016）。

（三）不当行为

《世界银行诚信合规指南》《世界银行制裁程序》《防止和打击欺诈和腐败的统一框架》等国际规则，对世界银行所监管的不当行为作了统一的定义，如果承接世界银行资助项目的企业出现下列不当行为时，世界银行即可对该企业实施制裁。

（1）腐败：为对一方的行动产生非正当影响而直接或间接提供、给予、接受、索取有价值物。例如，贿赂和回扣，通过雇用官员子女获得好处。

（2）欺诈：为获取财务或其他好处或避免履行义务而误导或企图误导一方的行为（包括作出不实说明）。常见的有，伪造银行担保，伪造绩效、证书或签名、制造商授权，伪造报销发票，关于代理人或利益冲突的虚假陈述和遗漏等。

（3）强迫：为对一方的行动产生非正当影响而直接或间接损害（损坏）或者威胁损害（损坏）一方或一方的财产。

（4）共谋：两方或多方为非正当目的而作出安排，如操纵竞标。

(5)妨碍调查:例如,销毁、伪造、篡改、隐藏对调查具有重要意义的材料,或向调查人员作出虚假说明,或骚扰或恐吓当事方,使其不能配合调查。

(四)制裁对象

世界银行的制裁体系适用于参与世界银行项目的公司及其代理人,包括世界银行资助合同的投标人,直接采购合同和世界银行资助合同的供应商、承包商及其代理人、分包商、顾问和子顾问、服务提供商,贷款收益的任何接受者及其代表等。即使世界银行不作为唯一的贷款方,制裁措施也同样适用。

(五)制裁措施

世界银行制裁体系中的制裁措施有五种,由重到轻分别是:

(1)取消资格,包括附解除条件的取消资格和永久的取消资格。

(2)附条件的免予取消资格,这是一种比较轻的处罚,即被制裁对象在规定的时间内满足某些条件,就不再取消资格。

(3)附条件解禁,即被制裁对象在规定的时间内采取改进措施,建立全面的合规体系,实施有效的合规计划,可以解除制裁。

(4)恢复原状,即向借款人或欺诈和反腐败的受害者退还不正当所得或者进行赔偿,或者采取措施纠正其不当行为所造成的损害。

(5)谴责,即向制裁对象发出公开的谴责信。

世界银行黑名单,即被世界银行实施上述制裁最重的第1类“取消资格”制裁的企业和个人名单。被附解除条件的取消资格的企业和个人,在处罚期限内禁止承接世界银行资助的项目;被永久取消资格的企业和个人,永久丧失参与世界银行融资项目资格。受到上述第1类取消资格的制裁的企业和个人将被列入制裁名单,世界银行在其官方网站上进行公开披露。

(六)制裁特点

1. 连带制裁

连带制裁是指一家企业一旦受到制裁,那么与该企业相关联的企业,包括母公司、子公司、兄弟公司等,无论其是否实施违规行为,都一律受到世界银行的制裁。

2. 联合制裁

联合制裁(也叫交叉制裁)是指根据世界银行与非洲开发银行集团、亚洲开发银行、欧洲复兴与开发银行、欧洲投资银行集团、泛美开发银行集团就各自调查单位开展相关调查活动须遵循的共同原则和指南达成了共识,签署了《共同实施制裁决议的协议》(Agreement for Mutual Enforcement of Debarment Decisions),企业只要被上述任何一家银行作出取消资格达1年以上的制裁,其他缔约银行也会对该公司采取相同的制裁措施,使制裁更具有威慑力。

(七)制裁程序

(1)世界银行的制裁程序

世界银行制裁程序可以概括为调查程序、制裁审理程序和合规整改解禁程序。

世界银行相关制裁程序详见世界银行官网,网址:www. worldbank. org/sanctions。

世界银行相关反腐败行动详见世界银行官网,网址:www. worldbank. org/integrity。

(2)建立符合世界银行要求的合规体系可以解除制裁

典型案例 湖南某工集团有限公司被世界银行制裁案

【案情简介】

湖南某工集团有限公司是一家位列中国五百强的大型国有企业,参加由世界银行资助的一起道路翻修项目的竞标,提供了证明自身具有施工经验和竞争实力的证据材料。世界银行廉政局(INT)经过审查发现,湖南某工集团有限公司在竞标时提交的业务经验文件是不真实的,构成了《世界银行集团诚信合规指引》所定义的欺诈行为。湖南某工集团有限公司予以承认,并配合了世界银行的调查。

2013年10月,世界银行对该公司作出了"附解除条件的取消资格两年"的制裁决定。根据这份制裁决定,湖南某工集团(包括其关联企业)在两年内不得参与世界银行资助的项目，也不得因世界银行贷款而获得收益。

合规补救：

湖南某工集团有限公司在世界银行的监控和指导下开始了建立有效合规计划的行动。两年期满后，湖南某工集团有限公司满足以下两个条件，就可以申请恢复资格：一是针对被制裁的违规行为采取了适当的补救措施；二是建立并执行了符合世界银行要求的、有效的诚信合规计划。

2017 年 6 月 29 日，湖南某工集团有限公司实施诚信合规体系得到了世界银行的认可，收到了世界银行的解除制裁通知书。

【合规指引】

在世界银行融资项目中，要特别注意加强投标阶段公司内部审核，保证投标文件的真实性，包括但不限于资质、业绩、履历等，不可以有任何造假行为。投标文件中的不实信息是公司发生欺诈行为的“重灾区”。公司在投标阶段应当重点关注对于公司过往业绩、人员履历、资产状况等信息的准确性，避免出现投标文件编造虚假财务情况、借用关联公司业绩信息、混用联合体伙伴信息等情况。

关注业主和世界银行对于信息披露的要求，自觉主动披露各项信息。世界银行融资项目中往往存在大量要求投标方主动披露的义务，疏于披露相关信息的行为将会构成“不作为”形式的欺诈行为，企业应当仔细研究投标文件中要求其主动披露的信息，例如投标方拟聘用的第三方供应商、分包商信息，公司涉及诉讼信息等，以免遗漏披露重要信息而被世界银行认定构成欺诈行为。

积极应对和配合世界银行的问询和调查请求。企业接到世界银行的问询函件通常是基于两种情况：(1)世界银行发现了被问询企业的不当行为线索，计划展开调查；或是(2)世界银行发现了其他企业存在不合规行为，希望通过被问询企业侧面调查线索了解情况。无论基于何种情况，企业都应当积极应对，配合世界银行的调查工作。积极配合的态度应对世界银行调查有利于企业在与世界银行的后续谈判中争取到减轻制裁措施的有利结果。

如果企业被世界银行制裁，那么企业建立和执行让世界银行满意的诚信合规计划，可以获取世界银行解除取消资格制裁（或有条件解除取消资格制裁），或是对部分现行制裁提前解除取消资格制裁。

三、世界银行合规体系

（一）《世界银行诚信合规指南》概述

《世界银行诚信合规指南》（Summary of World Bank Group Integrity Compliance Guidelines，以下简称《诚信合规指南》）是世界银行集团合规体系中的重要文件，《诚信合规指南》概述了一个诚信合规计划的组成部分，其目标是预防、发现和纠正组织内部的腐败、串通、胁迫和欺诈等不当行为；它为取消资格的实体提供了切实可行的合规指南，它是国际公认的企业道德和合规标准的直接反映。

《诚信合规指南》由11部分组成（也被称为11项原则）：第一部分为不当行为的禁止，对禁止的不当行为（欺诈、腐败、共谋、胁迫）应当在行为准则或类似文件或往来函件中明文规定、明确禁止，对禁止范围的定义应重点关注组织的商业高风险领域；第二部分为责任，规定了领导层（董事会、董事、首席执行官、执行董事、高级管理人员）和个人责任以及合规部门职责；第三部分为合规计划启动、风险评估以及审核；第四部分为内部政策，包括对雇员的尽职调查、对前政府公务人员的限制性安排、为提供或接收礼品、招待、宴请、旅游和支出建立防控措施和程序、政治捐款、慈善捐助和赞助、好处费、记录保存、欺诈、串通舞弊和胁迫行为等；第五部分为业务伙伴政策，规定了对公司有影响力的商业伙伴需鼓励其对合规计划进行同等承诺，对业务伙伴的尽职调查、告知合作伙伴诚信合规计划、对等承诺、适当文件、适当报酬、监测/监督；第六部分是内部控制，包括对公司内部的财务控制、不当行为的合同义务、建立决策流程；第七部分为培训与沟通，对象是各级雇员及适当情况下相关业务合作伙伴，对培训活动定期评估是否有效；第八部分为激励措施，包括正面措施和惩戒措施；第九部分为报告制度，包括上报的义务、遵守合规计划的建议、完善举报的渠道、定期验证；第十部分为不当行为的补救措施，包括发现不当行为和其他违反合规计划的行为时启动调查程序、相关的纠正应对措施；第十一部分为集体行为，通过与有关组织、团体之间的合作，为改善业务标准作贡献，建立完善合规计划的公司帮助其他有需要的公司制定合规计划。

（二）如何建立符合世界银行要求的合规管理体系

建立（或完善）和执行世界银行认为满意的诚信合规计划将成为世界银行解除取消资格制裁（或有条件解除取消资格制裁）的主要条件；或是对部分现行制裁而言，将成为提前解除取消资格制裁的主要条件。世界银行发布的《诚信合规指南》为企业建立有效的诚信合规管理体系提供了指导，被制裁企业要想解除制裁，就必须建立符合世界银行要求的合规管理体系。

建立（或完善）并实施符合《诚信合规指南》要求的全面合规体系，是解除世界银行制裁的重要条件。对于被制裁企业，首要的任务就是快速地建立起符合世界银行要求的合规管理体系，就需要短、平、快，最便捷的途径是按照《诚信合规指南》的11部分（11项原则）内容，逐一对应，建立合规管理体系，并落实诚信合规计划：

1. 明确不当行为的种类和范围，并严令禁止。按照世界银行的合规要求，被禁止的行为主要包括欺诈、腐败、共谋和强迫等。对禁止范围的定义应重点关注企业的商业高风险领域，企业应当在员工行为准则或类似文件或往来函件中明确规定并明确禁止任何形式的不当行为，不论是直接的还是间接的，不论是通过其有效控制下的代理人还是其他中间人。

2. 贯彻高层承诺，落实主体职责。公司领导层需坚定、积极地支持并承诺贯彻实施诚信合规计划，同时为管理层诚信合规计划的制定和实施提供指导，为建设运行合规体系提供人力、物力资源支持，了解诚信合规计划的内容和运作，对诚信合规计划的实施和有效性进行合理监督，发现问题并采取补救措施。企业管理层负责合规体系的日常监督管理，直接向企业领导层、审计部门等汇报情况。企业合规，人人有责，企业全体员工参与合规体系建设，并遵守合规体系中的各项合规要求。建立公平合理的奖罚制度，任何人违反合规要求，都应受到惩罚。

3. 合规计划建立、风险评估以及审核。根据企业自身内部环境和外部环境的特点，对风险（不当行为）进行初步的综合性评估，定期审核和更新，以保证满足环境因素的变化。企业高级管理层必须采取系统性的方式检测诚信合规计划,定期审核计划的适合性、充分性和有效性。当识别出不当行为时,企业应采取合理、适当的纠正措施。高级管理层应当定期汇报诚信合规计划成果。

4. 诚信合规管理制度的内部政策。企业需制定并有效落实企业合规管理制度,包括对员工的尽职调查,对前政府公务人员的禁止性安排,为提供或接收礼品、招待、娱乐、旅游和费用建立防控措施和程序,政治捐款,慈善捐助和赞助,好处费,记录保存,欺诈串通和强迫行为等。

5. 制定业务伙伴政策。企业需制定并落实针对商业伙伴的合规管理制度,范围应包括:对商业合作伙伴的尽职调查,向商业合作伙伴告知诚信合规计划,要求商业伙伴对等承诺遵循诚信合规计划,商业往来诚信监督等。

6. 制定并落实内部控制制度。企业应当建立并维护有效的内部控制系统,对财务、会计、记账以及其他业务活动进行制约,妥善、公平、准确地记录所有的财务交易;禁止账外账户,禁止以腐败或串通为目的的任何虚假文件。

7. 培训与沟通。企业需制定并落实有效的合规培训制度,采取合理措施,定期沟通,宣传诚信合规计划,为企业全员提供有效的合规培训,必要时对商业伙伴也应接受合规培训;对培训活动应定期评估有效性。

8. 激励。企业需制定并落实有效的奖惩制度,将合规计划的落实情况列入考核内容,奖优罚劣,以激励员工切实执行诚信合规计划。

9. 报告制度。企业需制定并落实有效的报告制度,建立顺畅的沟通及举报渠道,使员工能及时寻求帮助,采取适当保密措施,使员工提出改进建议或举报违规行为时无须担心报复。

10. 不当行为的补救措施。企业需制定针对不当行为的处理流程和应对措施,当发现发生不当行为时及时按照相关流程进行调查,并采取适当的纠正措施,防止出现类似甚至更为严重的不当行为或者其他违反合规计划的行为。

11. 集体行为。企业应通过与商业组织、行业组织、专业协会和民间社会组织进行交流,为提高商业合规标准、透明度和问责制作出积极贡献,从而鼓励和帮助其他公司制定内控、道德、诚信合规计划。

《诚信合规指南》既不是囊括一切的,也不是专门针对单一对象的,更不是指令性的,相反,受制裁方采用这些指南还是采用其他变体应该是基于其自身情况作出的决定。它是指导性而非强制性的,我国的被制裁企业可以根据自身特点,参照 ISO 37301:2021《合规管理体系　要求及使用指南》、GB/T 35770—2022《合规管理体系　要求及使用指南》及《中央企业合规管理办法》的要求,建立适合自己的合规管理体系模式。

第三节　合规管理体系标准

一、ISO 合规管理体系标准

(一)制定背景

为了满足全球化合规的快速发展和迫切需求,提升各类组织合规管理能力,促进国际贸易、交流与合作,ISO 于 2018 年 11 月启动了 ISO 37301 的制定工作,基于最新的合规管理实践,修订并代替 ISO 19600:2014《合规管理体系　指南》(Compliance Management Systems Guidelines,已废止)。2021 年 4 月 13 日,ISO 37301:2021《合规管理体系　要求及使用指南》(Compliance Management Systems—Requirements with Guidance for Use)国际标准正式发布实施。ISO 37301:2021《合规管理体系　要求及使用指南》是一个具有广泛适用性的合规管理体系,也是一个最低限度的国际标准,是中国企业立足中国国情、与国际接轨的纽带。

(二)PDCA 循环理念

ISO 37301:2021《合规管理体系　要求及使用指南》采用 Plan(计划)—Do(实施)—Check(检查)—Act(改进)PDCA 理念,PDCA 循环理念完整覆盖了合规管理体系建立、运行、保持和改进的全流程,基于合规治理原则,为组织建立并运行合规管理体系、传播积极的合规文化提供了整套解决方案。

(三)主要内容

ISO 37301 规定了组织建立、运行、维护和改进合规管理体系的要求,并提供了使用指南,适用于全球任何类型、规模、性质和行业的组织。合规管理体系通用要素如图 1 –2 所示。

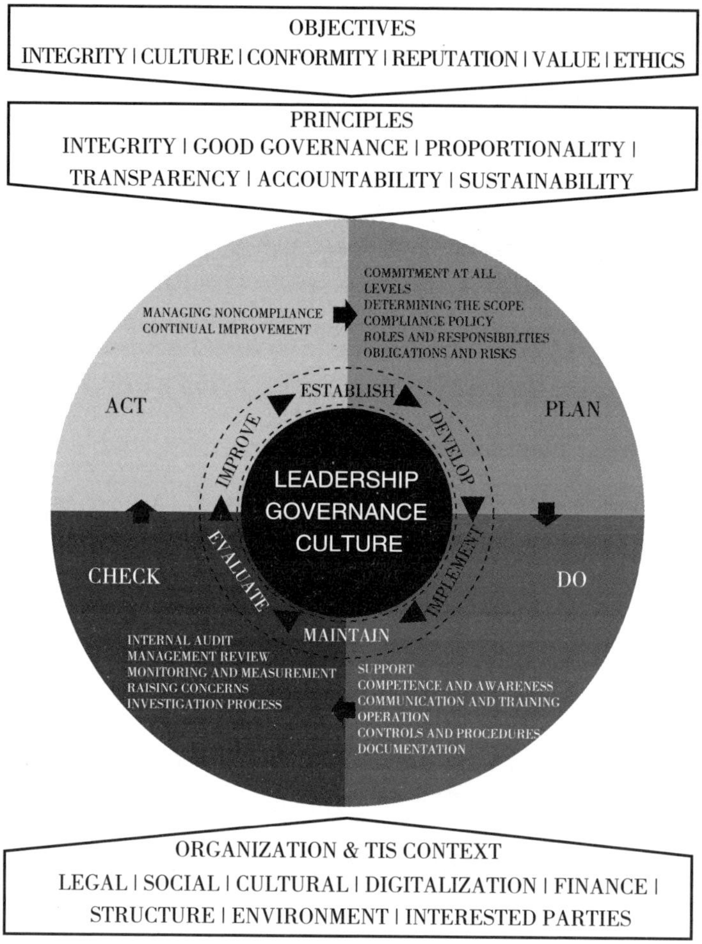

图 1 –2　合规管理体系的要素〔1〕

1. 组织环境

组织所处的环境构成了组织赖以生存的基础。组织环境既涉及法律法规、监管要求、行业准则、良好实践、道德标准,又涉及组织自行制定或公开声明遵守的各类规则。ISO 37301 从以下方面规定了识别和分析组织环境的要求:一是确定影响组织合规管理体系预期结果能力的内部和外部因素;二是确定并理

〔1〕 参见国际标准化组织官网,https://www.iso.org/obp/ui/#iso:std:iso:37301:ed-1:v1:en。

解相关方及其需求；三是识别与组织的产品、服务或活动有关的合规义务、评估合规风险；四是确定反映组织价值、战略的合规管理体系及其边界和适用范围。

2. 领导作用

领导是合规管理的根本，对于整个组织树立合规意识、建立高效的合规管理体系具有至关重要的作用。ISO 37301 对组织的治理机构、最高管理者等如何发挥领导作用作出了规定：一是治理机构和最高管理者要展现对合规管理体系的领导作用和积极承诺；二是遵守合规治理原则；三是培育、制定并在组织各个层面宣传合规文化；四是制定合规方针；五是确定治理机构和最高管理者、合规团队、管理层及员工相应的职责和权限。

3. 策划

策划是预测潜在的情形和后果，对于确保合规管理体系能实现预期效果，防范并减少不希望的影响，实现持续改进具有重要作用。ISO 37301 从以下方面规定了策划合规管理体系的要求：一是在各部门和层级上建立适宜的合规目标，策划实现合规目标需建立的过程；二是综合考虑组织内外部环境问题、合规义务和合规目标，策划应对风险和机会的措施，并将这些措施纳入合规管理体系；三是有计划地对合规管理体系进行修改。

4. 支持

支持是合规管理的重要保障，对于合规管理体系在各个层面得到认可并保障合规行为实施具有重要的支持作用。ISO 37301 从以下方面规定了支持措施：一是确定并提供所需的资源，如财务资源、工作环境与基础设施等；二是招聘能胜任且能遵守合规要求的员工，对违反合规要求的员工采取纪律处分等管理措施；三是提供培训，提升员工合规意识；四是开展内部和外部沟通与宣传；五是创建、控制和维护文件化信息。

5. 运行

运行是立足于执行层面，策划、实施和控制满足合规义务和战略层面规划的措施相关的流程，以确保组织运行合规管理体系。ISO 37301 从以下方面对运行作出了规定：一是实施为满足合规义务、实施合规目标所需的过程以及所需采取的措施；二是建立并实施过程的准则、控制措施，定期检查和测试这些控制措施，并保留记录；三是建立举报程序，鼓励员工善意报告疑似和已发生的不合规；四是建立调查程序，对可疑和已发生的违反合规义务的情况进行评估、调查和了结。

6. 绩效评价

绩效评价是对合规管理体系建立并运行后的绩效、体系有效性评价，对于查找可能存在的问题、后续改进合规管理体系等具有重要意义。ISO 37301 对如何开展合规管理体系绩效评价作出了规定：一是监视、测量、分析和评价合规管理体系的绩效和有效性；二是有计划地开展内部审核；三是定期开展管理评审。

7. 改进

改进是对合规管理体系运行中发生不合格/不合规情况做出反应、评价是否需要采取措施，消除不合格/不合规的根本原因，以避免再次发生或在其他地方发生，并持续改进，以确保合规管理体系的动态持续有效。ISO 37301 从以下方面对改进作出了规定：一是持续改进合规管理体系的适用性、充分性和有效性；二是对发生的不合格、不合规采取控制或纠正措施。

（四）标准的应用

ISO 37301 至少有四种应用方式：一是作为各类组织自我声明符合的依据；二是作为认证机构开展认证的依据；三是作为政府机构监管的依据；四是作为司法机关对违规企业量刑与监管验收的依据，可以将 ISO 37301 确立的合规管理体系要求作为司法机关对涉及违规企业量刑的考量依据，可以作为落实依法不捕不诉不提出判实刑建议等司法意见、制定合规指引、督促企业合规整改和第三方监管验收的依据。

二、中国合规管理体系标准

（一）GB/T 35770—2022《合规管理体系　要求及使用指南》

2022 年 10 月 12 日，国家市场监督管理总局、国家标准化管理委员会正式发布实施 GB/T 35770—2022《合规管理体系　要求及使用指南》，该标准等同采用ISO国际标准:ISO 37301:2021,为我国企业和组织的合规管理提供了指导和依据。

GB/T 35770—2022规定了适用于所有类型组织建立、开发、实施、评价、维护和改进合规管理体系的要求,并提供了使用指南,合规管理体系的要件如图1-3所示。

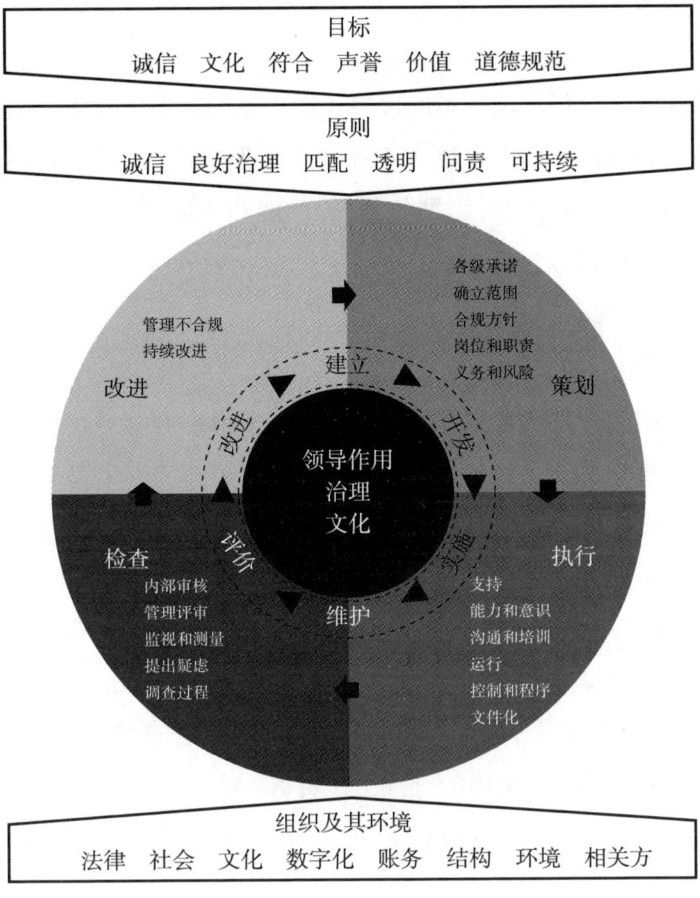

图1-3　合规管理体系要件

GB/T 35770—2022合规管理体系的常见要件包括企业及其环境、领导作用、策划、支持、运行、绩效评价和改进。

1. 企业环境

确定影响组织合规管理体系预期结果的内部和外部事项。企业的外部事项包括法律和监管环境、经济状况及社会、文化、环境背景等;内部事项包括企业业务模式、内部结构等。企业应当对这些影响企业合规建设的事项有足够的认识和理解。

企业应理解与合规管理体系有关的内外部相关方的需要和期望,并确定哪些需要和期望将通过合规管理体系予以解决。外部相关方包括政府机构、监管机构、客户、业务伙伴、股东(投资者)等;内部相关方包括企业治理机构、管理层、员工等。

企业应当确定合规管理体系的边界和适用范围。识别与组织的活动、产品和服务有关的合规义务列出合规义务清单并定期更新。企业宜根据部门职责、岗位职责和不同类型的活动,识别各部门,职能和不同类型活动中的合规风险源。组织宜定期识别合规风险源,并界定每个合规风险源对应的合规风险情况,开发合规风险源清单和合规风险情况清单。

2. 领导作用

治理机构和最高管理者对实现合规管理体系目标起领导作用并积极承诺。治理机构和最高管理者应确立合规方针,建立、维护并推进合规文化。

治理机构应对合规目标的实现情况对最高管理者负责,并对最高管理者运行合规管理体系的情况进行监督。最高管理者应为合规管理体系配置足够且适当的资源、确立和维护问责机制、确保合规绩效与人员绩效考核挂钩。

合规团队应具有适当的权限和能力,且具有独立性。负责合规管理体系的运行,监督合规义务的职责分配、合规培训,以及确立合规绩效指标。

管理者应对其职责范围内的合规工作负责。

所有人员都应遵守企业的合规义务、方针、过程和程序,报告合规问题和漏洞,参加合规培训。

3. 策划

企业应根据企业及其环境、相关方的需要和期望,结合其合规目标、经识别的合规义务、合规风险评估结果,策划应对这些风险的措施,以及如何将措施纳入合规管理体系过程并实施、如何评价这些措施的有效性。

企业应在相关职能和层级上确立合规目标,目标建议以一种可测量其结果的方式来明确。策划如何实现合规目标时,企业应确定要做什么、需要什么资源、由谁负责、何时完成、如何评价结果。

4. 支持

为建立、实施、维护和持续改进合规管理体系,企业应确定并提供所需的财务、人力和技术等资源。

企业应将合规方针和程序、合规管理体系基本内容、合规岗位和职责、合规义务册、合规风险册、合规调查记录、年度合规计划等信息文件化,并定期更新。

5. 运行

企业应将合规措施纳入日常运行,并且将合规审查嵌入业务流程,实现对业务运行的控制。企业应通过明确岗位职责和员工行为准则、合规评估和审核等控制措施,确保组织的合规义务得以履行。

企业应建立违规报告制度,通过接受匿名报告、保护报告者等方式鼓励和促进报告违反合规方针或合规义务的行为。企业应及时调查有关不合规情形的报告,得出结论并进行处理。

6. 绩效评价

企业应开发、实施和维护适当的指标,以帮助评价其合规目标的实现情况并评估合规绩效;应建立合规报告制度;应实施内部审核,确立内部审核方案。

治理机构和最高管理者应对企业的合规管理体系进行评审,以确保合规管理体系持续的适宜性、充分性和有效性。

7. 改进

建议企业通过多种方法对合规管理体系的适宜性、充分性和有效性进行定期评估和持续改进,员工提出的疑虑、定期的内部审核或管理评审,都是持续改进的信息来源。

发生不符合或不合规时,企业应对不符合或不合规作出反应,并且采取控制和纠正措施、进行处置;消除产生不合规行为的原因,避免其再次发生或在其他地方发生;评审所采取的任何纠正措施的有效性;必要时变更合规管理体系。

由于采用国家 GB/T 35770—2022 标准等同采用 ISO 国际标准 ISO 37301:2021,因此 GB/T 35770—2022 也采用了 ISO 通用的“PDCA”循环理念,即 Plan

(计划)—Do(实施)—Check(检查)—Act(改进)。GB/T 35770—2022《合规管理体系 要求及使用指南》为我国企业建立并运行合规管理体系提供了明确的标准和指导,对我国企业的合规管理建设具有重要指导意义。企业在探索建立、完善合规管理体系的过程中应当遵循 GB/T 35770—2022 所提出的要求,并根据企业自身情况采纳相应建议。

GB/T 35770—2022 统一了各相关方对于合规管理的认识,为各类组织声明符合合规管理体系要求提供了依据;为行政机关采信企业的合规整改计划、合规管理体系实践,构建以合规管理为基础的合规监管模式提供了解决方案;为落实全面依法治国战略、走出去战略及“一带一路”倡议,支撑《中央企业合规管理办法》等政策文件落地提供了技术工具。[1]

(二)《中央企业合规管理办法》

《中央企业合规管理办法》对推动中央企业加强合规管理,切实防控风险,保障深化改革与高质量发展具有重要意义。对其他企业来说,《中央企业合规管理办法》不是一个标准,但它是企业建立合规管理体系的一个高标准样板,对其他企业建立合规管理体系具有很好的参考价值。

中央企业合规管理办法总框架,由以下六部分组成。

1. 组织和职责

强化党组织领导地位,明确了九大组织的职责分工。(1)党委(党组)发挥把方向、管大局、促落实,推动合规要求在本企业得到严格遵循和落实,不断提升依法合规经营管理水平;(2)董事会发挥定战略、作决策、防风险作用;(3)经理层发挥谋经营、抓落实、强管理作用;(4)主要负责人作为推进法治建设第一责任人,应当切实履行依法合规经营管理重要组织者、推动者和实践者的职责,积极推进合规管理各项工作;(5)合规委员会,统筹协调合规管理工作,定期召开会议,研究解决重点难点问题;(6)首席合规官对企业主要负责人负责,领导合规管理部门组织开展相关工作,指导所属单位加强合规管理;(7)业务及职能部门承担合规管理主体责任;(8)合规管理部门牵头负责本企业合规管理工作;

[1] 参见中国标准化研究院官网,https://www.cnis.ac.cn/bydt/zhxw/202210/t20221020_54060.html。

(9)纪检监察机构和审计、巡视巡察、监督追责等部门,在职权范围内对合规要求落实情况进行监督,对违规行为进行调查,按照规定开展责任追究。

2. 制度建设

建立健全合规管理制度,根据适用范围、效力层级等,构建分级分类的合规管理制度体系;制定合规管理基本制度,明确总体目标、机构职责、运行机制、考核评价、监督问责等内容;重点领域制定合规管理具体制度或者专项指南;针对涉外业务重要领域,根据所在国家(地区)法律法规等,结合实际制定专项合规管理制度;根据法律法规、监管政策等变化情况,及时对规章制度进行修订完善,对执行落实情况进行检查。

3. 运行机制

建立合规风险识别评估预警机制,将合规审查作为必经程序嵌入经营管理流程;发生合规风险时,相关业务及职能部门应当及时采取应对措施,并按照规定向合规管理部门报告;建立违规问题整改机制,设立违规举报平台,完善违规行为追责问责机制;建立健全合规管理与法务管理、内部控制、风险管理等协同运作机制;定期开展合规管理体系有效性评价;将合规管理作为法治建设重要内容,纳入对所属单位的考核评价。

4. 合规文化

领导带头,全员参与,建立常态化培训机制,从学习、培训、教育、践行四大维度对合规文化建设提出了具体要求。

5. 信息化建设

加强合规管理信息化建设;定期梳理业务流程,查找合规风险点,运用信息化手段将合规要求和防控措施嵌入流程,针对关键节点加强合规审查,强化过程管控;加强合规管理信息系统与其他信息系统互联互通,数据共享;利用大数据等技术,加强对重点领域、关键节点的实时动态监测,实现合规风险即时预警、快速处置。

6. 监督问责

因合规管理不到位引发违规行为的,国资委可以约谈相关企业并责成整改;造成损失或者不良影响的,国资委根据相关规定开展责任追究。

第二章　企业行政合规

第一节　行政合规概述

一、行政合规的背景

2018年3月国务院机构改革组建国家市场监督管理总局，其作为国务院直属机构，整合了国家工商行政管理总局的职责、国家质量监督检验检疫总局的职责、国家食品药品监督管理总局的职责、国家发展和改革委员会的部分执法职责和商务部的部分执法职责以及国家认证认可监督管理委员会、国家标准化管理委员会职责划入国家市场监督管理总局管理。国家药品监督管理局，由国家市场监督管理总局管理。国务院食品安全委员会、国务院反垄断委员会，具体工作由国家市场监督管理总局承担。通过改革机构设置，优化职能配置，加强和完善了政府经济调节、市场监管、社会管理、生态环境保护等职能，构建起职责明确、依法行政的政府治理体系。同时，我们也可以看到，这种权力集中而又综合性的监督管理机构，使法网更加严密，综合执法更加强劲。

2021年1月22日，第十三届全国人大常委会第二十五次会议表决通过了新修订的《行政处罚法》，自2021年7月15日起施行。《行政处罚法》第33条规定："违法行为轻微并及时改正，没有造成危害后果的，不予行政处罚。初次违法且危害后果轻微并及时改正的，可以不予行政处罚。当事人有证据足以证明没有主观过错的，不予行政处罚。法律、行政法规另有规定的，从其规定。对当事人的违法行为依法不予行政处罚的，行政机关应当对当事人进行教育。"该新修订的条款确立了"无过错不处罚"的规定，为企业行政合规提供了进一步的法律解释和操作空间。涉案企业应为自己"没有主观过错"举证，凭无主观过错证据可以向行政机关提出无过错免处罚的请求。因此，对已经建立合规体系并且合规工作已经完成的企业，可以以此来证明自己主观上无过错，向行政机关请求对企业免予处罚。

《行政处罚法》第 34 条规定："行政机关可以依法制定行政处罚裁量基准，规范行使行政处罚裁量权。行政处罚裁量基准应当向社会公布。"这就为各地行政机关制定统一的行政处罚裁量基准提供了明确的上位法依据。为规范行政处罚行为，住建部发布了统一适用的工程建设行政处罚裁量基准，国家税务总局指导各地税务行政机关陆续制定并发布了适合本地实际情况的税务行政裁量权基准，国家市场监督管理总局也在酝酿中。

处罚不是社会治理的目的，而是教育和引导公民、法人和其他社会组织更好地遵守法律。《行政处罚法》第 6 条规定："实施行政处罚，纠正违法行为，应当坚持处罚与教育相结合，教育公民、法人或者其他组织自觉守法。"因此，引导企业合法合规经管是行政机关的重要职责。

二、行政合规探索

2020 年 3 月，最高人民检察院将深圳市宝安区列为全国 6 家企业合规改革第一期试点基层单位之一。宝安区以此为契机，不仅在全省率先出台《企业犯罪相对不起诉适用机制改革试行办法》等制度文件，明确试点工作适用范围、条件及程序，首创独立监控人制度等，还开创性地同步推进行政合规，于 2020 年 10 月出台《关于进一步推进企业柔性执法的若干措施（试行）》，即"柔性执法 8 条"，从开展企业合规工作、健全信用建设与修复机制、优化开展联合检查工作、加强羁押必要性审查等 8 个方面对企业开展柔性执法，切实做到"有求必应，无事不扰"，旗帜鲜明地保护企业发展。宝安区首创"刑事合规 + 行政合规"，在推进企业合规工作上做到了刑行衔接。企业的行政违法和刑事犯罪很多时候是量变引起质变,达到一定程度就由行政违规升级为刑事犯罪。[1]

2021 年 11 月 29 日,苏州市发布首批“企业行政合规指导清单”,清单共计 2974 项,根据违法行为出现频率、处罚程度设定相应风险等级。这是全国范围内首份涵盖市、县两级多领域的企业行政合规指导清单,通过将行政指导融入涉企行政执法中,引导企业排查风险、合规经营。[2]

2022 年 6 月 14 日,德州市政府新闻办召开“一把手营商环境项目”主题系列新闻发布会第四场,德州市司法局党组书记、局长刘洪贵出席会议,介绍德州市“一把手营商环境项目”相关内容。在行政执法中,经常发现企业负责人,特别是中小企业负责人,由于对行政法律法规不了解、不熟悉,导致违法违规,对企业生产经营造成不良影响。为更好帮助企业熟悉与企业生产经营活动密切相关的法律法规规定,快速、简明、准确地了解和排查行政处罚风险点,为企业正常生产经营保驾护航,市司法局研究建立推行企业行政合规指导清单制度。工作措施有四项:(1)公布指导清单。清单内容主要包括行政合规事项、常见违法行为表现、法律依据及违法责任、风险等级、合规建议、指导部门等内容。目前市级 32 个部门确定公布了 644 个事项。各县(市、区)共确定公布 6451 个事项。通过媒体宣传推介、执法单位进企业、政策集中宣讲等形式,开展“送清单进企业”活动,扩大企业和公众知晓度。加强对执法部门和企业完善行政合规体系建设进行培训。(2)搭建服务平台。在市司法局网站建立企业行政合规服务平台,实现全市行政合规指导清单在线查询、在线咨询和涉企行政执法在线监督等功能,全面指导企业合规经营。(3)完善工作机制。制定推行行政指导工作意见,将行政指导融入行政执法全领域全过程,做到监管和服务相统一。建立行政执法部门和企业面对面沟通机制,充分听取企业意见建议,对清单进行动态调整。完善行政执法监测点制度,将 20 个市级行政执法监督联系点企业打造成

---

〔1〕 参见《宝安探路企业合规建设　助力法治城市先行示范》,载深圳新闻网,https://www.sznews.com/news/content/2021－07/07/content_24367519.htm。

〔2〕 参见《全国首份　苏州市发布首批企业行政合规指导清单》,载苏州市人民政府官网 2021 年 11 月 30 日,https://www.suzhou.gov.cn/szsrmzf/szyw/202111/b4125e34944f48729e0194548 32d1de3.shtml。

为行政执法监测点，作为企业行政合规指导清单实施的观测对象。(4)加强重点领域执法监督。完善行政处罚听证程序和裁量基准，加大对食品药品、生态环境、安全生产等重点领域执法监督检查力度，全链条规范行政执法行为。[1]

2023 年 4 月 27 日，灌南县人民法院澎湃号以《全省首例适用涉企行政合规整改环保行政处罚案调解成功!》为标题，报道了连云港某铸造公司因环境污染被环保行政部门重罚而提起行政诉讼，请求对其予以从轻或减轻处罚。鉴于案件审理时涉案企业缺乏从轻、减轻处罚情节，环保行政机关亦无法重新作出从轻、减轻处罚的决定，承办法官建议环保行政机关给予企业必要时间进行环保行政整改，并将企业改正违法行为的态度和所采取的改正措施及效果纳入行政处罚裁量因素予以考虑，最终环保行政机关采纳了该建议。2023 年 4 月 26 日，灌南县人民法院联合环保行政机关至该铸造企业开展企业环保行政合规整改情况验收评查，并邀请人大代表、政协委员、行业协会负责人等作为特约环保监督员现场监督，通过评查，该铸造企业按整改清单要求升级了废气治理设施，并安装了污染因子检测仪器开展自行监测，且环保设施、仪器运转标准均符合规定。承办法官现场向双方送达了该案行政调解文书，原来决定 24 万元行政罚款金额，经调解减少处罚为 13 万元。显然，涉案企业通过合规整改并验收合格，与环保行政部门达成了行政和解，合规作为减轻处罚的事由。

2023 年 8 月 2 日，江苏省委依法治省委员会出台《关于推行涉企行政合规全过程指导工作的意见》，围绕行政执法事前、事中、事后，面向各类市场经营主体，建立系统性、全过程的行政合规服务和指导机制。

全国各地地方政府监管部门在国家合规政策的加持下，积极地发布合规指引、合规指导清单、推行行政指导、建立预防性监管机制、运用行政和解等方式推动企业行政合规建设。由于立法的滞后性，目前我国没有一部法律法规明确将行政合规作为不予行政处罚的法律依据，也没有将行政合规作为从轻、减轻处罚的法定情节，行政监管部门引入行政合规机制还在探索阶段。

---

[1] 参见《德州建立企业行政合规指导清单，为生产经营保驾护航》，载齐鲁晚报官方账号 2022 年 6 月 14 日，https://baijiahao.baidu.com/s?id=1735591682621986833&wfr=spider&for=pc。

企业行政合规是企业在生产经营活动中,为业务健康发展和适应社会治理而建立的企业文化价值和管理模式,以及为此价值和模式而进行的企业运营。企业行政合规是企业为防范和解决违法违规问题而建立的风险防控机制,是企业现代治理体系的重要组成部分,一方面蕴含着企业为自身发展而秉持的尊重知识产权、保护环境、反对商业贿赂等职责恪守,另一方面蕴含着政府谦抑原则下合规监管的理念与方式。[1]

企业行政合规,就是企业为防范违法违规问题而建立的符合《行政处罚法》《行政许可法》《行政强制法》等基本法律,以及各个行业、领域、地区的相关法律、法规、行政规章、地方性法规、地方政府规章、规范性文件等监管要求的合规管理体系。当企业违反行政法律法规时,可以通过合规整改争取宽大行政处理。对于已经建立并执行合规管理制度的违法企业,行政监管部门可以通过与企业达成行政和解协议等方式,对企业减轻或者免除行政处罚。

从企业的角度来看,行政合规是指企业为了避免因违反法律法规规章和有关政策规定等而受到行政处罚,而有针对性地制定合规管理制度并执行,同时争取在行政调查时从轻、减轻甚至不予行政处罚的管理机制。从行政监管部门的角度来看,行政合规是通过以企业制定并实施合规管理制度换取宽大行政处理,从而督促企业自我整改、自我监管的执法方式。

第二节　行政合规的重要性

一、不可轻视的行政合规

许多人认为,行政处罚没什么大不了的,无非就是罚钱了事,对企业来说影响并不大,这是完全错误的认识。

---

〔1〕 参见《关于推进企业行政合规工作的指导意见》,载江苏省中小企业公共服务平台 2022 年 5 月 13 日,https://www.smejs.cn/policy_show.aspx?id=2c4e6dd0c52e4252bcc78e092c7c4676。

（一）巨额罚款损失

阿里巴巴集团因反垄断不合规，2021 年 4 月 10 日国家市场监管总局依法作出行政处罚决定，责令阿里巴巴集团停止违法行为，并处以 182.28 亿元罚款；滴滴全球股份有限公司因企业数据不合规，2022 年 7 月 21 日国家互联网信息办公室依据《网络安全法》《数据安全法》《个人信息保护法》《行政处罚法》等法律法规，对滴滴全球股份有限公司处人民币 80.26 亿元罚款，对滴滴全球股份有限公司董事长兼 CEO 程维、总裁柳青各处人民币 100 万元罚款。

（二）停工整顿

2023 年 4 月 4 日山东省住房和城乡建设厅发布了关于督办青岛市市北区沾化路西项目"3·31"事故查处工作的通知。青岛市市北区沾化路西项目发生 1 起高处坠落类型事故，造成 1 人死亡。根据规定，将事故直接涉及的施工、监理等单位公示警示为全市施工安全风险企业，责令事故项目全面停工整顿，暂停其项目预售或房屋交易合同网签备案。因停工整顿带来的经济损失和商誉损失不可估量。

（三）资格罚

行政处罚是特定的国家行政机关对违反行政管理法律法规的公民、法人或者其他组织依法给予的制裁。根据《行政处罚法》第 9 条的规定，行政处罚的种类有：（1）警告、通报批评；（2）罚款、没收违法所得、没收非法财物；（3）暂扣许可证件、降低资质等级、吊销许可证件；（4）限制开展生产经营活动、责令停产停业、责令关闭、限制从业；（5）行政拘留；（6）法律、行政法规规定的其他行政处罚。

行政处罚资格罚，即以剥夺或者限制当事人从事特定行为的资格为内容的行政处罚，其主要形式是"暂扣许可证件、降低资质等级、吊销许可证件"和"限制开展生产经营活动、责令停产停业、责令关闭、限制从业"。这里对许可证件应当作广义的理解，凡是行政机构颁发的具有许可性质的文书都应当视为许可证件，而行政许可证件的表现形式多种多样，常见的有许可证、执照、批准书或文件、登记证、签证等。

一个企业,如果被吊销许可证,将是灭顶之灾。蚂蚁金服,因涉嫌垄断被罚78亿元,罚款对蚂蚁金服来说是挠痒痒,更重要的是金融牌照,保住了金融牌照,失去的很快就会赚回来,金融牌照如果被吊销,翻身的机会就没有了。

(四)强制退市

强制退市是指因上市公司不符合证券市场持续挂牌规定条件而被强制终止上市。根据上海证券交易所、深圳证券交易所的《股票上市规则》,强制退市又被分为重大违法类强制退市、交易类强制退市、财务类强制退市、规范类强制退市等情形。其中重大违法行为强制退市包括下列情形:(1)上市公司存在欺诈发行、重大信息披露违法或者其他严重损害证券市场秩序的重大违法行为,且严重影响上市地位,其股票应当被终止上市的情形。(2)上市公司存在涉及国家安全、公共安全、生态安全、生产安全和公众健康安全等领域的违法行为,情节恶劣,严重损害国家利益、社会公共利益,或者严重影响上市地位,其股票应当被终止上市的情形。

上市公司应遵守信息披露的相关规定,进行真实、准确的信息披露,并确保良好的财务状况和可持续经营能力,如涉及重大信息披露违法行为,交易所将对其采取严厉措施,包括强制退市。2023年4月21日,泽达易盛(天津)科技股份有限公司就因"财务会计信息与管理层分析"中编造重大虚假内容、隐瞒重要事实,"财务报表"中虚增营业收入、利润,编造重大虚假内容以及"资产质量分析"中未按规定如实披露关联交易,隐瞒重要事实等重大违法行为,被上海证券交易所依法强制退市。

总之,企业的行政违法行为不仅带来财产上的巨大损失,在企业信誉上也必然受到影响,更重要的是要防微杜渐,预防升级为刑事犯罪。一些犯罪,如逃税罪中"对多次实施前两款行为,未经处理的,按照累计数额计算""五年内因逃避缴纳税款受过刑事处罚或者被税务机关给予二次以上行政处罚"等,行政违法达到一定的量和次数可能会升级为刑事犯罪。

二、政策乱象

狭义的行政合规是指企业经营管理行为和员工履职行为符合国家行政法

律法规、监管规定、行业准则和国际条约、规则,以及公司章程、相关规章制度等要求。

2021年8月,深圳市司法局公布了《关于推进城市合规体系建设的指导意见(征求意见稿)》,围绕政府合规、企业合规、社会组织合规、公民合规以及重点领域区域先行示范五个方面,探索城市合规管理范本。该意见明确将政府纳入合规范畴。因此,广义的合规主体,不仅仅是企业及内部员工,还包括政府部门、司法机关及其他社会组织及其雇员。

法治水平与合规水平正相关,法治水平决定着合规的水平。推进依法行政,就要给行政权力定规矩、划界限,严格遵守"法定职责必须为、法无授权不可为"原则;贯彻落实行政机关依法行政,企业合规经营;行政机关法无授权不干涉、不打扰企业的日常经营活动,企业涉嫌违法时依法公平公正的处罚。

企业宁静日是指行政执法机关非因特殊紧急事项,在该时间段不得进入企业实施各类行政执法活动。"有事服好务,无事不打扰",着力规范监管行为、提升监管效能、减轻企业负担。

2022年,江西省普遍施行"企业安静日"制度,将每月1日至20日或25日设立为企业安静日,在此期间,除因疫情防控、安全生产、环境保护、突发事件等特殊原因外,任何部门和单位不得以任何形式到企业开展各类行政执法检查。

2022年,河北省张家口市、安徽省池州市等地纷纷建立"企业宁静日"制度,优化行政执法环境。

2023年,山东省菏泽市、临沂市,陕西省西咸新区,河南省商丘市,新疆维吾尔自治区博乐市等地纷纷建立"企业宁静日"制度。

"企业宁静日"制度虽然得到了部分媒体的高度赞扬,但笔者认为,该举措本身就是行政乱作为,是扭曲的营商关系产下的"怪胎",绝不是法治社会行政管理的正常表现。如果企业能够依法合规经营,行政机关能够依法行政、不进行选择性执法、执法不是罚款了事、处罚不是有协商余地、力度不是因人而异,哪里会需要这令人咋舌的土政策?

如何厘清行政权的界限和分寸,有效地约束行政权,牢固树立行政机关"法无授权不可为"和企业"法无禁止皆可为"法治理念,对打造法治政府具有重要意义。政府合规就是要按照合规思维进行内部制度建设,自我约束,依法行政,推动“行政自制”体制体系化、程序化、规范化,有效预防或者降低行政执法过程中对公民、法人或公共利益造成不必要的损害。法治是最好的营商环境,良法善治是最好的保障。当下最紧要的是尽快同步打造法治政府和企业建立行政合规,将依法行政与合规经营落到实处。

第三节　行政合规流程

企业制定行政合规计划,可以有效避免因违规行为引发相关法律责任、受到行政监管部门的行政处罚、造成经济损失、导致资质降低或取消、牌照被吊销等风险。开展行政合规的流程一般包括以下几个步骤。

一、合规尽职调查与风险识别

首先要确定影响企业的内部和外部事项。企业的外部事项包括国家法律法规、监管政策、国际条约、国际规则、政治、经济、文化、环境等;内部事项包括企业业务模式、内部治理结构等。

合规尽职调查,对目标企业及其员工的经营管理行为是否符合法律法规、政府监管规定、行业准则和企业章程规章制度以及国际条约、规则等要求进行专项调查,以评估并识别目标企业及其员工因是否存在不合规行为以及所可能引发的法律责任、受到相关行政处罚、造成经济或声誉损失以及其他负面影响的风险。

通过合规尽职调查,对企业内部的章程、规章制度,以及企业外部的法律法规、政府监管规定、行业准则及国际条约、贸易规则等进行梳理,制作合规清单,评估并识别出企业及其员工履行合规业务的风险,标注风险等级,及时预警。

二、建立合规管理体系

企业应根据企业合规尽职调查的结果,结合企业的合规目标、经识别的合规义务、合规风险评估结果，以及应对这些风险的措施，制定并完善适合自身实际情况的合规管理制度，包括基本制度、具体制度或者专项指南等，明确合规要求、流程、标准等，并根据企业内外部环境的变化及时对制度进行修订完善。

三、合规审查与执行

企业应当明确岗位职责，制定员工行为准则、合规评估和审核等相关控制措施，确保企业的合规义务得以履行。企业应当将合规措施纳入企业的经营管理中，在业务流程中嵌入合规审查，实现对业务运行的控制，防止不合规事项发生。企业的重大决策事项应当由首席合规官签署合规审查意见，未经合规审核不得实施，首席合规官对重大决策事项合规性审查享有一票否决权。各业务及职能部门、合规管理部门依据职责权限完善审查标准、流程、重点等，定期对审查情况开展后评估。

四、合规培训沟通

企业应当制定合规培训制度，制定培训计划和方案，全员参与培训，尤其是决策层、高级管理层和重要风险岗位人员。企业应当对培训活动应定期评估其有效性。企业还应通过多种形式和渠道，采取合理措施，定期沟通，宣传推广合规理念，增强员工的合规意识，形成合规企业文化。

五、合规监督评估

企业应当对合规管理体系运行落实情况、体系的有效性进行监督评价，查找可能存在的问题以及后续如何改进合规管理体系。根据监督目标和内容，制定监督计划和方案，明确监督对象、监督标准等。监督对象应包括全体员工及各级管理者。将合规管理体系的落实情况纳入员工绩效考核，根据考核情况给予奖励或惩罚。

六、合规问题整改

在合规管理体系运行中，企业发现不合规事项时，应当及时采取整改措施，消除不合规事项的产生原因。企业应当遵循 PDCA 循序管理理念,根据发现的问题,持续改进,不断地完善合规管理体系,防止不合规事项的再次发生。

第四节　行刑衔接探索

一、行刑衔接的概念

行刑衔接,是"行政执法和刑事司法相衔接"的简称,是指检察机关会同行政执法机关、公安机关、行政监察机关实行的旨在防止以罚代刑、有罪不究、降格处理现象发生,及时将行政执法中查办的涉嫌犯罪的案件移送司法机关处理的工作机制。

行刑衔接作为行政执法机关和刑事司法机关协同办案的一种工作机制,是行政执法和刑事司法两套体系关于案件统筹协调、线索移送、案情通报、审查反馈等内容的有效衔接。行刑衔接并非单向的,而是双向的,既包括由行到刑的正向衔接,也包括由刑到行的反向衔接,是刑事司法机关与行政机关共同推进法治中国建设的重要内容。人民检察院作为国家的法律监督机关,要坚持问题导向和系统观念,既要监督好行政执法机关向司法机关移送涉嫌犯罪案件的正向衔接,又要监督好司法机关向行政执法机关移送涉行政处罚案件的反向衔接,从而加强与行政机关的协作配合,共同促进严格执法、公正司法,形成司法合力,确保国家法律的正确实施。

企业合规不仅是行政机关将行政执法中查办的涉嫌犯罪的案件移送司法机关处理的正向移送,还包括刑事司法机关将法律文书等相关材料及监察意见等移交行政执法机关的反向移送。

二、行刑衔接的法律依据

1.《刑事诉讼法》第 177 条第 3 款规定:"人民检察院决定不起诉的案件,应当同时对侦查中查封、扣押、冻结的财物解除查封、扣押、冻结。对被不起诉人需要给予行政处罚、处分或者需要没收其违法所得的，人民检察院应当提出检察意见，移送有关主管机关处理。有关主管机关应当将处理结果及时通知人民检察院。”该条款规定了检察机关对于法定不起诉、酌定不起诉的当事人，在拟不起诉时应当审查行政处罚必要性，必要时移送行政机关进行行政处罚，这也是刑事司法与行政执法衔接工作机制，实现司法部门与行政执法部门无缝对接、双向衔接。

2.《行政处罚法》第27条规定：“违法行为涉嫌犯罪的，行政机关应当及时将案件移送司法机关，依法追究刑事责任。对依法不需要追究刑事责任或者免予刑事处罚，但应当给予行政处罚的，司法机关应当及时将案件移送有关行政机关。行政处罚实施机关与司法机关之间应当加强协调配合，建立健全案件移送制度，加强证据材料移交、接收衔接，完善案件处理信息通报机制。”

该条第1款规定了行政机关和司法机关双向移送制度：一是正向移送，即在行政机关查处违法行为时发现违法行为涉嫌犯罪的，应当将案件移送有关司法机关，依法追究刑事责任；二是反向移送，即司法机关对依法不需要追究刑事责任或者免予刑事处罚，但应当给予行政处罚的，应当及时将案件移送有关行政机关。

该条第2款规定了行政处罚实施机关与司法机关之间应当加强协调配合，建立健全案件移送制度，加强证据材料移交、接收衔接，完善案件处理信息通报机制。

3.《行政执法机关移送涉嫌犯罪案件的规定》(2020修订)第3条规定：“行政执法机关在依法查处违法行为过程中，发现违法事实涉及的金额、违法事实的情节、违法事实造成的后果等，根据刑法关于破坏社会主义市场经济秩序罪、妨害社会管理秩序罪等罪的规定和最高人民法院、最高人民检察院关于破坏社会主义市场经济秩序罪、妨害社会管理秩序罪等罪的司法解释以及最高人民检察院、公安部关于经济犯罪案件的追诉标准等规定，涉嫌构成犯罪，依法需要追究刑事责任的，必须依照本规定向公安机关移送。知识产权领域的违法案件，行政执法机关根据调查收集的证据和查明的案件事实，认为存在犯罪的合理嫌疑，需要公安机关采取措施进一步获取证据以判断是否达到刑事案件立案追诉标准的,应当向公安机关移送。”

4. 2021 年 6 月 15 日发布的中共中央《关于加强新时代检察机关法律监督工作的意见》第 5 条明确规定:“健全行政执法和刑事司法衔接机制。完善检察机关与行政执法机关、公安机关、审判机关、司法行政机关执法司法信息共享、案情通报、案件移送制度,实现行政处罚与刑事处罚依法对接。对于行政执法机关不依法向公安机关移送涉嫌犯罪案件的,检察机关要依法监督。发现行政执法人员涉嫌职务违法或者职务犯罪线索的,移交监察机关处理。健全检察机关对决定不起诉的犯罪嫌疑人依法移送有关主管机关给予行政处罚、政务处分或者其他处分的制度。”

5. 2021 年 9 月 6 日,最高人民检察院发布的《最高人民检察院关于推进行政执法与刑事司法衔接工作的规定》第 8 条规定:“人民检察院决定不起诉的案件,应当同时审查是否需要对被不起诉人给予行政处罚。对被不起诉人需要给予行政处罚的,经检察长批准,人民检察院应当向同级有关主管机关提出检察意见,自不起诉决定作出之日起三日以内连同不起诉决定书一并送达。人民检察院应当将检察意见抄送同级司法行政机关,主管机关实行垂直管理的,应当将检察意见抄送其上级机关。检察意见书应当写明采取和解除刑事强制措施,查封、扣押、冻结涉案财物以及对被不起诉人予以训诫或者责令具结悔过、赔礼道歉、赔偿损失等情况。对于需要没收违法所得的,人民检察院应当将查封、扣押、冻结的涉案财物一并移送。对于在办案过程中收集的相关证据材料,人民检察院可以一并移送。”

6. 2023 年 1 月 10 日,国家药监局、市场监管总局、公安部、最高人民法院、最高人民检察院印发了《药品行政执法与刑事司法衔接工作办法》,强化了多部门联合查处大案要案,加强了对药品行刑衔接工作规范和指导,优化了行刑衔接流程。

7. 2023 年 7 月 14 日,最高人民检察院印发《关于推进行刑双向衔接和行政违法行为监督　构建检察监督与行政执法衔接制度的意见》,打开了行刑反向衔接由行政检察部门牵头负责的新局面。

三、行刑衔接司法实践

行政执法与刑事司法衔接机制,包括两个方面的内容:一方面是行政执法与刑事司法衔接。行政执法部门往往能够在第一时间掌握所办理案件的信息,因而当其认为办理的行政案件涉嫌犯罪时,应在审查之后自行将案件向刑事部门移送。另一方面是刑事司法与行政执法衔接。对于不符合犯罪构成的违法案件,在需要予以其他行政处罚时,刑事部门不能一放了之或者仅以治安管理处罚替代,而应将其移送至相关行政执法部门,行政执法部门应接受并作出行政处罚。

2023 年 10 月,最高人民检察院案管办负责人就 2023 年 1 月至 9 月全国检察机关主要办案数据答记者问中提到,推动构建检察监督与行政执法衔接制度,稳妥推进行政执法与刑事司法双向衔接,督促行政执法机关向司法机关移送涉嫌犯罪案件 4200 余件;对应受行政处罚的被不起诉人,提出检察意见、移送主管机关处理 4.5 万件。[1]

我国实行行政监管和刑事司法相互分离的法律体制,检察机关虽享有检察权,并可以通过合规激励等方式对建立事后合规体系的企业作出不起诉等宽大处理,但是在作出出罪决定之后,却无法直按对企业行使行政处罚权,更无法对企业的合规管理施加长久的监管。而对于相关行政监管部门,检察机关最多只能提出加强合规监管的检察建议或者检察意见,无法向其提出"刚性"的加强合规监管的指令。结果,在检察机关结束合规考察程序之后,那些涉案企业所建立的合规管理体系,即便在设计上具有较为合理的框架结构,也有可能由于缺乏持久有效的合规监管,而最终难以得到切实的落实和实施。对于涉案的大型企业而言,检察机关即便督促其建立了"有效合规计划",也并不意味着该企业的合规管理就此落地。要推动企业实施有效的合规管理体系,确保这套合规管理体系不流于形式,使涉案企业在结束短暂的合规考察期之后,可以在行政机

---

[1] 参见《最高检案管办负责人就 2023 年 1 至 9 月全国检察机关主要办案数据答记者问》,载最高人民检察院百家号 2023 年 10 月 25 日,https://baijiahao.baidu.com/s?id=1780702920969357743&wfr=spider&for=pc。

关的监管下，继续强化原有的专项合规管理体系，并针对其他方面的合规风险，开辟出新的专项合规领域。唯有在行政机关常态化的合规监管下，企业的合规管理体系才能落地生根，真正融入企业的生产、经营、财务、人事管理的各个环节，成为一种富有生命力的治理方式。

北京大学法学院陈瑞华教授提出了“行政执法一体化”的制度设想。具体来说企业的行为仅构成行政违法的，行政监管部门在立案调查后，可以独自作出行政处罚的决定。但对于那些已经构成犯罪的违法企业，可以建立“检察罚”和“法院罚”的制度：检察机关经过审查起诉，即使作出了不起诉的决定，也仍然可以自行作出行政处罚的决定；法院经过审判，无论是作出有罪判决，还是宣告无罪，都可以自行作出行政处罚的决定。[1]

---

〔1〕 陈瑞华：《有效合规的中国经验》，北京大学出版社 2023 年版，第 202 页。

第三章　建设工程企业合规概述

第一节　建设工程企业合规管理

一、合规管理是大势所趋

我国的企业合规建设是从金融企业开始的，然后扩展到中央企业，直到2020年3月最高人民检察院开始企业合规改革第一期试点工作，再到2022年4月涉案企业合规改革试点在全国检察机关全面推开，各行各业的企业无论是被动合规整改，还是主动建立合规管理体系，纷纷行动起来，企业合规管理方兴未艾。

在企业合规风潮下，建设工程企业不可能置身事外，已经“走出去”的建设工程企业和中央企业对合规管理进行了开拓性的探索实践，积累了宝贵的经验。建设工程领域的竞争日益激烈，利润越来越少，部分建设工程企业往往铤而走险，在诸如招投标、工程质量、税务、安全生产、环境保护、劳动用工等方面各种违法违规行为频发，企业面临着商业机会丧失、高额罚金、剥夺资格、吊销执照，甚至刑事风险。随着政府监管部门监督管控的持续强化，企业建立合规管理体系势在必行。

二、现行合规管理体系参考标准

（一）《世界银行诚信合规指南》

2010年颁布的《世界银行诚信合规指南》在吸纳了被许多机构和组织认为是良好治理和反欺诈与腐败的良好实践的标准、原则和内容的基础上，为一套有效的合规体系罗列出11项要素，包括明令禁止不当行为、合规职责明确、以风险评估为基础、详尽而明晰的内部合规政策、将业务伙伴纳入合规体系、内控制度、培训制度、奖惩激励机制、举报制度、补救措施及企业上下共同行动。《世界银行诚信合规指南》对于经常参与世界银行项目的企业建立合规体系，具有重要的参考意义。被世界银行制裁的企业，建立和完善令世界银行满意的合规体系，可以尽快满足解除制裁条件，尽早从黑名单中移除出去。

（二）ISO 37301：2021《合规管理体系　要求及使用指南》

2021 年 4 月国际标准化组织发布的 ISO 37301：2021《合规管理体系　要求及使用指南》，采用 Plan（计划）—Do（实施）—Check（检查）—Act（改进）（“PDCA”）理念，完整覆盖了合规管理体系建立、运行、保持和改进的全流程，基于合规治理原则，为企业建立并运行合规管理体系、传播积极的合规文化提供了整套解决方案。

（三）《中央企业合规管理办法》

2022 年 10 月 1 日施行的《中央企业合规管理办法》由六部分组成，分别是：（1）组织和职责；（2）制度建设；（3）运行机制；（4）合规文化；（5）信息化建设；（6）监督问责。《中央企业合规管理办法》对推动中央企业切实加强合规管理，实现高质量发展有重大意义，同时也为其他性质类型企业建立合规管理体系提供了有益参考。

（四）GB/T 35770—2022《合规管理体系　要求及使用指南》

2022 年 10 月 12 日发布实施的 GB/T 35770—2022《合规管理体系　要求及使用指南》，采用本标准等同采用 ISO 国际标准：ISO 37301：2021《合规管理体系　要求及使用指南》，企业可以根据自身情况选择参照适用，对我国企业及组织的合规管理具有指导意义。

三、合规尽职调查与风险识别

建设工程企业在建立合规管理体系前，合规管理部门（或外聘专业第三方机构）应当对企业进行一次全面的尽职调查，对公司总体情况摸底，也是对企业自身运营健康情况的体检。若企业活动中使用了第三方或外包机构，也要对其进行有效的尽职调查，以确保企业对合规的标准和承诺不会降低。

1. 企业基本情况：包括企业的各种证照文件，尤其是各种资质证书文件，诸如施工总承包资质（4 级 12 个类别）、专业承包资质（3 级 60 个类别）、劳务分包（13 个类别）、注册类和职称类的工程师资格证书等；公司章程、股权架构、组织机构、董监高人员名单等。

2. 企业经营情况：企业总体业务经营情况；国内（海外）项目分布及实施情况，供应商、合作伙伴等情况。

3. 重大债权债务情况：本企业作为债权人的借款合同和配套担保合同及合同履行情况；本企业作为债务人与银行、其他金融机构、其他企业、个人等之间的借款合同和配套的担保合同；股东借款合同及担保合同等。

4. 重大合同（含招投标文件）情况：工程合同情况，诸如总包合同、分包合同、设计合同、监理合同、市政管线合同、土石方合同等合同的履行情况等，尤其要注意风险度更高的 PPP 项目合同及 FIDIC 合同；采购合同情况，与工程相关的机电设备、重大设施、设备及材料等合同的履行情况；安装合同情况，强电/弱电工程安装合同、机电安装工程合同及其他安装合同等；与工程项目相关的其他重要合同；其他诸如项目合作开发合同、联合体合同、投融资合同及其他与运营相关的重大合同。

5. 财务情况：企业财务年报、审计报告等。

6. 税务情况：企业的税种、税率情况，纳税情况，税务筹划、税收优惠和财政补贴情况，税务处罚情况以及外聘第三方税务筹划机构情况等。

7. 保险情况：财产保险情况，包括但不限于建筑工程一切险和安装工程一切险等；人身保险情况，如意外伤害险；职业责任险等。

8. 重大诉讼、仲裁、行政复议情况：企业已经发生的、正在进行的、已有迹象表明将要发生的重大诉讼、仲裁、行政复议的结果、进展及应对措施等。

9. 用工情况：包括劳动合同、劳务合同、劳务派遣合同等文件，员工福利、激励措施等。

10. 企业其他相关情况

根据掌握的企业情况，结合外部法律法规及政府监管政策，从重点领域、重点人员、关键环节入手，发现管理制度漏洞和缺陷，列出相关风险清单，有针对性地建立专项合规管理体系。

四、合规体系的建立与落实

从工程项目的生命周期梳理出建设工程企业的合规管理问题，参照现行合规管理体系标准的要求，明确本企业合规管理的关键要点和关键控制节点，将企业合规管理嵌入企业运营管理的各个环节中，合规管理与控制节点进行融合，未经合规审批不得进入下一个流程。认真落实企业合规计划，自上而下进行动员、宣贯，强化合规风险闭环管理，推进合规管理制度的执行监督、跟踪落实与评估改进等工作，奖优罚劣，定期评估合规管理体系的有效性。培养合规文化，形成长效机制，确保企业依法合规经营，长远的健康发展。

第二节 建工企业常见行政违法及合规指引

一、采用虚假证明文件办理工程竣工验收备案

典型案例 **北京市某云房地产开发有限公司采用虚假证明文件办理竣工验收备案案**〔1〕

【案号】

京建法罚(密建)字〔2020〕第710056号

【违法事实】

北京市某云房地产开发有限公司采用虚假证明文件办理竣工验收备案。

【处罚结果】

依据《房屋建筑和市政基础设施工程竣工验收备案管理办法》第11条，北

〔1〕 参见《北京市潮云房地产开发有限公司采用虚假证明文件办理竣工验收备案案》，载北京市密云区人民政府网站，http://www.bjmy.gov.cn/art/2020/12/16/art_4003_44095.html。

京市密云区住房和城乡建设委员会对北京市某云房地产开发有限公司处20万元罚款。

【合规指引】

根据《房屋建筑和市政基础设施工程竣工验收备案管理办法》(2009修正)第11条的规定,建设单位采用虚假证明文件办理工程竣工验收备案的,工程竣工验收无效,备案机关责令停止使用,重新组织竣工验收,处20万元以上50万元以下罚款。行政机关可以对违法企业责令停止使用,重新组织竣工验收。

建设单位采用虚假证明文件办理工程竣工验收备案的,依据违法情节轻重,采用不同处罚标准。

1. 违法情节轻微:已形成违法事实,初次违法,能够限期改正,没有形成不良后果或消除不良后果的,责令停止使用,重新组织竣工验收。

2. 违法情节一般:逾期未改正的,已造成危害后果的,责令停止使用,重新组织竣工验收,处20万元以上30万元以下罚款;造成损失的,依法承担赔偿责任。

3. 违法情节较重:两次以上违法,逾期未改正,已造成危害后果的,责令停止使用,重新组织竣工验收,处30万元以上40万元以下罚款;造成损失的,依法承担赔偿责任。

4. 违法情节严重:造成重大安全事故的,责令停止使用,重新组织竣工验收,处40万元以上50万元以下罚款;造成损失的,依法承担赔偿责任。

建设单位办理工程竣工验收备案应当提交下列文件:(1)工程竣工验收备案表;(2)工程竣工验收报告,竣工验收报告应当包括工程报建日期,施工许可证号,施工图设计文件审查意见,勘察、设计、施工、工程监理等单位分别签署的质量合格文件及验收人员签署的竣工验收原始文件,市政基础设施的有关质量检测和功能性试验资料以及备案机关认为需要提供的有关资料;(3)法律、行政法规规定应当由规划、环保等部门出具的认可文件或者准许使用文件;(4)法律规定应当由公安消防部门出具的对大型的人员密集场所和其他特殊建设工程验收合格的证明文件;(5)施工单位签署的工程质量保修书;(6)法规、规章规定必须提供的其他文件。住宅工程还应当提交《住宅质量保证书》和《住宅使用说明书》。

二、对未取得施工许可证或者为规避办理施工许可证将工程项目分解后擅自施工的违法行为

典型案例 湖南某睿实业有限公司未取得施工许可证开工建设案

【案号】

长综住建罚决字〔2022〕8号

【违法事实】

湖南某睿实业有限公司未取得施工许可证开工建设。

【处罚结果】

长沙市城市管理和综合执法局对湖南某睿实业有限公司处以罚款757,652元。

【合规指引】

根据《建筑法》第64条的规定,违反本法规定,未取得施工许可证或者开工报告未经批准擅自施工的,责令改正,对不符合开工条件的责令停止施工,可以处以罚款。

根据《质量条例》第57条的规定,违反本条例规定,建设单位未取得施工许可证或者开工报告未经批准,擅自施工的,责令停止施工,限期改正,处工程合同价款1%以上2%以下的罚款。

根据《建筑工程施工许可管理办法》(2021修订)第12条的规定,对于未取得施工许可证或者为规避办理施工许可证将工程项目分解后擅自施工的,由有管辖权的发证机关责令停止施工,限期改正,对建设单位处工程合同价款1%以上2%以下罚款;对施工单位处3万元以下罚款。

行政机关可以对存在未取得施工许可证或者为规避办理施工许可证将工程项目分解后擅自施工的违法行为的企业处以责令停止施工,限期改正及罚款。

细化量化自由裁量权标准如下:

1. 违法情节轻微：建设单位未取得施工许可证或者为规避办理施工许可证将工程项目分解后擅自施工，已形成违法事实，初次违法，能够限期改正，没有形成不良后果或消除不良后果的，责令停止施工，限期改正。

2. 违法情节一般：建设单位未取得施工许可证或者为规避办理施工许可证将工程项目分解后擅自施工，逾期未改正的，已造成危害后果的，责令停止施工，限期改正，对建设单位处工程合同价款1%以上1.3%以下罚款；对施工单位处1万元以下罚款；造成损失的，依法承担赔偿责任。

3. 违法情节较重：建设单位未取得施工许可证或者为规避办理施工许可证将工程项目分解后擅自施工，两次以上违法，逾期未改正，已造成危害后果的，责令停止施工，限期改正，对建设单位处工程合同价款1.3%以上1.6%以下罚款；对施工单位处1万元以上2万元以下罚款；造成损失的，依法承担赔偿责任。

4. 违法情节严重：建设单位未取得施工许可证或者为规避办理施工许可证将工程项目分解后擅自施工，造成重大安全事故的，责令停止施工，限期改正，对建设单位处工程合同价款1.6%以上2%以下罚款；对施工单位处2万元以上3万元以下罚款；造成损失的，依法承担赔偿责任。

三、降低工程质量行为

典型案例　绍兴某悦置业有限公司明示或暗示施工单位违反工程建设强制性标准，降低工程质量案

【案号】

绍柯综执〔2021〕罚决字第02－0018号

【违法事实】

2021年6月25日，绍兴市柯桥区综合行政执法局接到柯桥区建设局相关案件线索移交，绍兴某悦置业有限公司投资建设的柯桥区湖畔悦园工程项目存在建设单位明示或暗示施工单位违反工程建设强制性标准，降低工程质量的违法行为。绍兴某悦置业有限公司的行为涉嫌违反了《建设工程质量管理条例》第10条之规定，建议立案查处。

【处罚结果】

绍兴某悦置业有限公司暗示施工单位违反工程建设强制性标准，降低工程质量的行为，违反了《质量条例》第10条之规定，根据该条例第56条第3项之规定，绍兴市柯桥区综合行政执法局对绍兴某悦置业有限公司处以罚款30万元。

【合规指引】

根据《建筑法》第72条的规定，建设单位违反本法规定，要求建筑设计单位或者建筑施工企业违反建筑工程质量、安全标准，降低工程质量的，责令改正，可以处以罚款；构成犯罪的，依法追究刑事责任。

根据《质量条例》第56条的规定，违反本条例规定，建设单位有下列行为之一的，责令改正，处20万元以上50万元以下的罚款：(1)迫使承包方以低于成本的价格竞标的；(2)任意压缩合理工期的；(3)明示或者暗示设计单位或者施工单位违反工程建设强制性标准，降低工程质量的；(4)施工图设计文件未经审查或者审查不合格，擅自施工的；(5)建设项目必须实行工程监理而未实行工程监理的；(6)未按照国家规定办理工程质量监督手续的；(7)明示或者暗示施工单位使用不合格的建筑材料、建筑构配件和设备的；(8)未按照国家规定将竣工验收报告、有关认可文件或者准许使用文件报送备案的。

细化量化自由裁量权标准：

1. 违法情节轻微：建设单位降低工程质量，已形成违法事实，初次违法，能够限期改正，没有形成不良后果或消除不良后果的，责令改正，予以警告。

2. 违法情节一般：建设单位降低工程质量，逾期未改正的，已造成危害后果的，责令改正，处20万元以上30万元以下的罚款；造成损失的，依法承担赔偿责任。

3. 违法情节较重：建设单位降低工程质量，两次以上违法，逾期未改正，已造成危害后果的，责令改正，处30万元以上40万元以下的罚款；造成损失的，依法承担赔偿责任。

4. 违法情节严重：建设单位降低工程质量，造成重大安全事故的，责令改正，处40万元以上50万元以下的罚款；造成损失的，依法承担赔偿责任。

2017年8月住房和城乡建设部办公厅《关于严厉打击建筑施工安全生产非

法违法行为的通知》发布，第4条明确要严厉打击非法违法建筑施工活动，对于未办理施工许可及安全监督手续擅自施工的项目，一律责令停工整改，并向社会公开通报建设单位及施工单位非法违法行为查处情况。造成安全事故的，建设单位要承担首要责任，构成犯罪的，对有关责任人员依法追究刑事责任。

2018年3月住房和城乡建设部工程质量安全监管司《关于印发〈住房和城乡建设部工程质量安全监管司2018年工作要点〉的通知》发布，第1条明确提出：开展工程质量提升行动，推动建筑业质量变革。严格落实各方主体责任，强化建设单位首要责任，全面落实质量终身责任制。根据《质量条例》和《设计条例》的相关规定，将建设单位、勘查单位、设计单位、施工单位、监理单位等各主体依法应当承担的责任归纳如表3-1所示。

表3-1　各主体责任风险（部分）

类别	序号	处罚项目	处罚依据	处罚内容
建设单位	1	未办理工程质量监督手续	《质量条例》第56条	处20万元以上50万元以下罚款
	2	明示或暗示设计、施工单位违反工程建设强制性标准，降低工程质量	《质量条例》第56条	处20万元以上50万元以下罚款
	3	施工图未经审查或审查不合格，擅自施工	《质量条例》第56条	处20万元以上50万元以下罚款
	4	明示或暗示施工单位使用不合格的建筑材料、构配件和设备	《质量条例》第56条	处20万元以上50万元以下罚款
	5	涉及建筑主体或者承重结构变动的装修工程，没有设计方案擅自施工	《质量条例》第69条	处50万元以上100万元以下罚款
	6	房屋建筑使用者在装修过程中擅自变动房屋建筑主体和承重结构	《质量条例》第69条	处5万元以上10万元以下罚款

续表

类别	序号	处罚项目	处罚依据	处罚内容
建设单位	7	工程未组织竣工验收擅自交付使用或将验收不合格的工程擅自交付使用或将不合格的工程按合格验收	《质量条例》第58条	处工程合同价款2%以上4%以下罚款
	8	工程竣工验收后没有及时办理备案手续	《质量条例》第56条	处20万元以上50万元以下罚款
	9	未按规定移交工程项目档案	《质量条例》第59条	处1万元以上10万元以下罚款
勘查单位	1	未按照工程建设强制性标准进行勘察	《质量条例》第63条 《设计条例》第41条	1. 处10万元以上30万元以下罚款; 2. 责令停业整顿; 3. 降低资质等级; 4. 吊销资质证书
设计单位	1	未按照工程建设强制性标准进行设计	《质量条例》第63条 《设计条例》第41条	1. 处10万元以上30万元以下罚款; 2. 责令停业整顿; 3. 降低资质等级; 4. 吊销资质证书
	2	未根据勘察文件进行设计	《质量条例》第63条 《设计条例》第41条	1. 处10万元以上30万元以下罚款; 2. 责令停业整顿; 3. 降低资质等级; 4. 吊销资质证书
	3	指定建筑材料、建筑构配件的生产厂、供应商	《质量条例》第63条 《设计条例》第41条	1. 处10万元以上30万元以下罚款; 2. 责令停业整顿; 3. 降低资质等级; 4. 吊销资质证书
施工单位	1	不按图纸施工	《质量条例》第64条	1. 处工程合同价款2%以上4%以下罚款; 2. 返工并赔偿损失; 3. 责令停业整顿; 4. 降低资质等级; 5. 吊销资质证书

续表

类别	序号	处罚项目	处罚依据	处罚内容
施工单位	2	不按施工技术标准施工	《质量条例》第64条	1. 处工程合同价款2%以上4%以下罚款； 2. 返工并赔偿损失； 3. 责令停业整顿； 4. 降低资质等级； 5. 吊销资质证书
	3	偷工减料或使用不合格的建筑材料、建筑构配件和设备	《质量条例》第64条	1. 处工程合同价款2%以上4%以下罚款； 2. 返工并赔偿损失； 3. 责令停业整顿； 4. 降低资质等级； 5. 吊销资质证书
	4	未按规定对建筑材料、建筑构配件、设备和商品混凝土进行检验；未对有要求和涉及结构安全的试块、试件及有关材料进行取样检测	《质量条例》第65条	1. 处10万元以上20万元以下罚款； 2. 责令停业整顿； 3. 降低资质等级； 4. 吊销资质证书
	5	不履行或拖延履行保修义务	《质量条例》第66条	处10万元以上20万元以下罚款
监理单位	1	与建设单位或施工单位串通，弄虚作假，降低工程质量	《质量条例》第67条	1. 没收违法所得； 2. 处50万元以上100万元以下罚款； 3. 降低资质等级； 4. 吊销资质证书
	2	将不合格的工程、建筑材料、构配件和设备按照合格签字	《质量条例》第67条	1. 没收违法所得； 2. 处50万元以上100万元以下罚款； 3. 降低资质等级； 4. 吊销资质证书

四、将建设工程肢解发包

典型案例 **湖南某润房地产开发有限责任公司将建设工程肢解发包案**

【案号】

长综住建罚决字〔2022〕7号

【违法事实】

湖南某润房地产开发有限责任公司将建设工程肢解发包。

【处罚结果】

长沙市城市管理和综合执法局对湖南某润房地产开发有限责任公司处以罚款29,968元。

【合规指引】

根据《建筑法》第24条的规定，提倡对建筑工程实行总承包，禁止将建筑工程肢解发包。建筑工程的发包单位可以将建筑工程的勘察、设计、施工、设备采购一并发包给一个工程总承包单位，也可以将建筑工程勘察、设计、施工、设备采购的一项或者多项发包给一个工程总承包单位；但是，不得将应当由一个承包单位完成的建筑工程肢解成若干部分发包给几个承包单位。

根据《建筑法》第65条的规定，发包单位将工程发包给不具有相应资质条件的承包单位的，或者违反本法规定将建筑工程肢解发包的，责令改正，处以罚款。

超越本单位资质等级承揽工程的，责令停止违法行为，处以罚款，可以责令停业整顿，降低资质等级；情节严重的，吊销资质证书；有违法所得的，予以没收。

未取得资质证书承揽工程的，予以取缔，并处罚款；有违法所得的，予以没收。

以欺骗手段取得资质证书的，吊销资质证书，处以罚款；构成犯罪的，依法追究刑事责任。

根据《质量条例》第7条第2款的规定，建设单位不得将建设工程肢解发包。第55条规定,违反本条例规定,建设单位将建设工程肢解发包的,责令改正,处工程合同价款0.5%以上1%以下的罚款。

细化量化自由裁量权标准:

1. 违法情节轻微:建设单位将建设工程肢解发包,已形成违法事实,初次违法,能够限期改正,没有形成不良后果或消除不良后果的,责令改正,予以警告。

2. 违法情节一般:建设单位将建设工程肢解发包,逾期未改正的,已造成危害后果的,责令改正,处工程合同价款0.5%以上0.65%以下的罚款;造成损失的,依法承担赔偿责任。

3. 违法情节较重:建设单位将建设工程肢解发包,两次以上违法,逾期未改正,已造成危害后果的,责令改正,处工程合同价款0.65%以上0.8%以下的罚款;造成损失的,依法承担赔偿责任。

4. 违法情节严重:建设单位将建设工程肢解发包,造成重大安全事故的,责令改正,处工程合同价款0.8%以上1%以下的罚款;造成损失的,依法承担赔偿责任。

五、将建设工程发包给不具有相应资质等级的勘察、设计、施工单位或者委托给不具有相应资质等级的工程监理单位

典型案例 (一)深圳某民国际投资管理有限公司无资质承揽工程案

【案号】

深建罚〔2021〕33号

【违法事实】

深圳某民国际投资管理有限公司作为深圳华谊兄弟文化城项目一期一区建筑安装工程的实际施工单位,未取得资质证书承揽工程。上述行为违反了《建筑法》(中华人民共和国主席令第91号)第26条“承包建筑工程的单位应当持有依法取得的资质证书,并在其资质等级许可的业务范围内承揽工程。禁止建筑施工企业超越本企业资质等级许可的业务范围或者以任何形式用其他

建筑施工企业的名义承揽工程。禁止建筑施工企业以任何形式允许其他单位或者个人使用本企业的资质证书、营业执照，以本企业的名义承揽工程”及《质量条例》第25条第1款、第2款“施工单位应当依法取得相应等级的资质证书，并在其资质等级许可的范围内承揽工程。禁止施工单位超越本单位资质等级许可的业务范围或者以其他施工单位的名义承揽工程。禁止施工单位允许其他单位或者个人以本单位的名义承揽工程”的规定。深圳市住房和建设局2021年2月20日公告送达《行政处罚意见告知书》(深建市罚告知〔2020〕14号)和《行政处罚听证告知书》(深建市罚听证告知〔2020〕11号)，深圳某民国际投资管理有限公司未提出陈述申辩意见或申请听证。

【处罚结果】

依据《建筑法》第65条“未取得资质证书承揽工程的，予以取缔，并处罚款；有违法所得的，予以没收”及《质量条例》第60条第1款、第2款“违反本条例规定，勘察、设计、施工、工程监理单位超越本单位资质等级承揽工程的，责令停止违法行为，对勘察、设计单位或者工程监理单位处合同约定的勘察费、设计费或者监理酬金1倍以上2倍以下的罚款；对施工单位处工程合同价款2%以上4%以下的罚款，可以责令停业整顿，降低资质等级；情节严重的，吊销资质证书；有违法所得的，予以没收。未取得资质证书承揽工程的，予以取缔，依照前款规定处以罚款；有违法所得的，予以没收”的规定，以及《广东省住房和城乡建设系统行政处罚自由裁量权基准(工程建设与建筑业类)》(2020年版)B301.60.2一般违法情节的规定，责令深圳某民国际投资管理有限公司立即改正，并决定对你单位作出以下处罚：处以《深圳市华谊兄弟文化城项目一期一区扩大劳务分包合同补充协议(2)》《深圳市华谊兄弟文化城项目一期一区二次结构和粗装修工程劳务分包合同》《深圳市华谊兄弟文化城项目一期一区机电安装工程劳务分包合同》《深圳市华谊兄弟文化城项目一期一区钢筋混凝土工程劳务分包合同补充协议(2)》合计价款(143,427,271.74元)3%的罚款，即罚款人民币4,302,818元。

（二）张某强行政处罚案

【案号】

深建罚〔2021〕34 号

【违法事实】

张某强所在单位深圳某民国际投资管理有限公司作为深圳华谊兄弟文化城项目一期一区建筑安装工程的实际施工单位，未取得资质证书承揽工程。张某强所在单位上述行为违反了《建筑法》（中华人民共和国主席令第 91 号）第 26 条“承包建筑工程的单位应当持有依法取得的资质证书，并在其资质等级许可的业务范围内承揽工程。禁止建筑施工企业超越本企业资质等级许可的业务范围或者以任何形式用其他建筑施工企业的名义承揽工程。禁止建筑施工企业以任何形式允许其他单位或者个人使用本企业的资质证书、营业执照，以本企业的名义承揽工程”及《质量条例》第 25 条第 1 款、第 2 款“施工单位应当依法取得相应等级的资质证书，并在其资质等级许可的范围内承揽工程。禁止施工单位超越本单位资质等级许可的业务范围或者以其他施工单位的名义承揽工程。禁止施工单位允许其他单位或者个人以本单位的名义承揽工程”的规定。

张某强作为该单位的主管人员，对上述违法行为负有责任。

深圳市住房和建设局 2021 年 2 月 20 日向张某强公告送达《行政处罚意见告知书》（深建市罚告知〔2020〕15 号）和《行政处罚听证告知书》（深建市罚听证告知〔2020〕12 号），张某强未提出陈述申辩意见或申请听证。

【处罚结果】

依据《质量条例》第 73 条“依照本条例规定，给予单位罚款处罚的，对单位直接负责的主管人员和其他直接责任人员处单位罚款数额 5% 以上 10% 以下的罚款”的规定以及《广东省住房和城乡建设系统行政处罚自由裁量权基准（工程建设与建筑业类）》（2020 年版）B301.60.2 的规定，深圳市住房和建设局拟对张某强处单位罚款（4,302,818 元）7.5% 的罚款，即罚款人民币 322,711 元。

【合规指引】

根据《建筑法》第 22 条的规定，建筑工程实行招标发包的，发包单位应当将建筑工程发包给依法中标的承包单位。建筑工程实行直接发包的，发包单位应当将建筑工程发包给具有相应资质条件的承包单位。第 65 条第 1 款规定，发包单位将工程发包给不具有相应资质条件的承包单位的，或者违反本法规定将建筑工程肢解发包的，责令改正，处以罚款。

根据《质量条例》第 7 条第 1 款规定，建设单位应当将工程发包给具有相应资质等级的单位。第 54 条规定，违反本条例规定，建设单位将建设工程发包给不具有相应资质等级的勘察、设计、施工单位或者委托给不具有相应资质等级的工程监理单位的，责令改正，处 50 万元以上 100 万元以下的罚款。

细化量化自由裁量权标准：

1. 违法情节轻微：建设单位降低资质条件发包，已形成违法事实，初次违法，能够限期改正，没有形成不良后果或消除不良后果的，责令改正，予以警告。

2. 违法情节一般：建设单位降低资质条件发包，逾期未改正的，已造成危害后果的，责令改正，处 50 万元以上 65 万元以下的罚款；造成损失的，依法承担赔偿责任。

3. 违法情节较重：建设单位降低资质条件发包，两次以上违法，逾期未改正，已造成危害后果的，责令改正，处 65 万元以上 80 万元以下的罚款；造成损失的，依法承担赔偿责任。

4. 违法情节严重：建设单位降低资质条件发包，造成重大安全事故的，责令改正，处 80 万元以上 100 万元以下的罚款；造成损失的，依法承担赔偿责任。

六、提供虚假证据妨碍诉讼

典型案例　提供虚假证据妨碍诉讼建筑公司被罚 10 万元[1]

【案号】

(2021)闽 0902 司惩 × × 号

【违法事实】

蕉城区人民法院在审理原告某建筑公司与被告某房地产公司、第三人某工

---

[1] 参见《提供虚假证据妨碍诉讼，蕉城法院开出 10 万元“诚信罚单”!》，载微信公众号“清正蕉城”2022 年 6 月 8 日，https://mp. weixin. qq. com/s/qGmF7U56OkQDQDBA3JDbsQ。

商业联合会施工合同纠纷一案中,发现该案原告某建筑公司提供的证据《福建省房屋建筑工程竣工验收报告》与第三人某工商业联合会提供的证据名称相同,但证据内容不一致。其中,原告提供的该份证据上显示案涉工程竣工验收时间为“2015 年 11 月 29 日”,但第三人某工商业联合会提供的同样证据显示案涉工程竣工验收时间为“2015 年 3 月 10 日”。经核查,第三人提供的《福建省房屋建筑工程竣工验收报告》系真实有效的证据,且原告某建筑公司对此证据“三性”无异议。

【处罚结果】

蕉城区人民法院认为,原告某建筑公司伪造证据材料,导致该案经过一审、再审、发回重审,其行为严重妨碍人民法院审理案件,造成诉讼程序的混乱和诉讼资源的浪费,情节较重,应予罚款。蕉城区人民法院决定对原告某建筑公司处以罚款 10 万元。

原告收到该份处罚决定书后未申请复议,并于次日向法院缴纳了 10 万元罚金。

【合规指引】

伪造证据的情形包括故意制造虚假的证据材料、模仿真实证据而制造假证据、凭空捏造虚假的证据、对真实证据加以变更改造使其失真或减弱证明作用等。

根据《民事诉讼法》第 114 条的相关规定,诉讼参与人或者其他人有伪造、毁灭重要证据,妨碍人民法院审理案件的,人民法院可以根据情节轻重予以罚款、拘留;构成犯罪的,依法追究刑事责任。单位实施伪造、毁灭重要证据,妨碍人民法院审理案件的,人民法院可以对其主要负责人或者直接责任人员予以罚款、拘留;构成犯罪的,依法追究刑事责任。

在民事诉讼中,无论是单位还是个人,都应当重证据,以合法手段充分收集证据,但绝不能伪造证据。任何单位和个人都应当自觉维护司法秩序,营造公平竞争的市场环境,促进社会诚信建设。

七、编造虚假计税依据

典型案例 新疆某星建设科技股份有限公司税务行政处罚案[1]

【案号】

乌经税稽罚告〔2022〕69号

【违法事实】

上市公司新疆某星建设科技股份有限公司2017年承建龙熹嘉苑商住小区2~10号楼,地下车库及附属配套工程和通力大厦5、6层西域公路办公室装修工程,云岭翠谷三期1~3号楼工程,因施工需要购买相关材料,合计开具了39份增值税普通发票。新疆某星建设科技股份有限公司对取得虚开的39份增值税普通发票进行了列支成本,并在企业所得税前进行了扣除,经税务机关核实材料商单位和公司不存在真实业务交易,定性为编造虚假计税依据。

【处罚结果】

根据《税收征收管理法》第64条之规定,国家税务总局乌鲁木齐经济技术开发区(头屯河区)税务局稽查局对新疆某星建设科技股份有限公司处以罚款40,000元。

【合规指引】

财务造假是资本市场的"毒瘤",它严重损害资本市场公平、公开、公正的三公原则和投资者合法权益,三公原则是投资者合法权益不受侵犯的基本原则,也是保护投资者利益的基础。

《税收征收管理法》第64条第1款规定:纳税人、扣缴义务人编造虚假计税依据的,由税务机关责令限期改正,并处5万元以下的罚款。

涉案公司内部应当立即严查问责相关负责人,并严格按照税务局的要求及公司财务管理制度的规定,补缴税款,缴纳罚款,认真做好整改工作。上市公司应当守法合规,净化投资环境,才能取得投资者信任,恢复资本市场活力,实现

〔1〕 参见《某星科技:关于收到税务行政处罚事项告知书的公告》,载东方财富网2022年5月19日,http://xinsanban.eastmoney.com/Article/NoticeContent?id=AN202205191566560256。

股市长期的稳定和发展。

八、骗取留抵退税

典型案例　贵州某建设工程有限公司骗取增值税留抵退税案[1]

【违法事实】

贵州省税务局稽查局根据税收大数据分析线索，指导黔南州税务局稽查局依法查处了贵州某建设工程有限公司骗取增值税留抵退税案件。经查，该公司通过取得虚开的增值税专用发票虚增进项税额、进行虚假申报等手段，骗取留抵退税28.81万元。

【处罚结果】

黔南州税务局稽查局依法追缴该公司骗取的留抵退税款，并依据《行政处罚法》《税收征收管理法》的相关规定，拟对贵州某建设工程有限公司处骗取留抵退税款1倍的罚款。

目前，税务部门已将该案件移送公安机关立案侦查，依法追究相关人员刑事责任。

【合规指引】

留抵退税即增值税留抵税额退税优惠，就是对现在还不能抵扣、留着将来才能抵扣的“进项”增值税，予以提前全额退还。2019年3月20日，财政部、税务总局、海关总署三部门联合发布《关于深化增值税改革有关政策的公告》，自2019年4月1日起，试行增值税期末留抵税额退税制度。

骗取留抵退税，是指不符合留抵退税情形但通过欺骗手段非法获取留抵退税的行为。有三种方式可以产生留抵税额：一是增加进项税额；二是减少销项税额；三是既增加进项税额又减少销项税额。既有单个主体骗取留抵退税，又有多个主体联合的团伙式骗取留抵退税。

骗取增值税留抵退税行为具体表现为三种形式：第一种，虚开增值税专用

[1] 参见《贵州省税务部门依法查处一起建筑工程企业骗取留抵退税案件》，载国家税务总局网2022年6月27日，http://www.chinatax.gov.cn/chinatax/n810219/c102025/c5176788/content.html。

发票或虚开农产品收购发票等用于抵扣,把进项税额做大,或者不按照增值税暂行条例规定将进项税额转出,使得留抵税额增大。第二种,在进项税额不变的情况下减少销项税额,通过隐瞒收入、少报收入使得销项税额减少,留抵税额随之变大。第三种,既虚开增值税专用发票虚假增加进项税额,又通过隐匿销售收入减少销项税额,然后通过虚假申报来骗取留抵退税款。

《关于深化增值税改革有关政策的公告》第8条第7项规定:以虚增进项、虚假申报或其他欺骗手段,骗取留抵退税款的,由税务机关追缴其骗取的退税款,并按照《税收征收管理法》等有关规定处理。骗取留抵退税可能会触犯逃税罪、虚开增值税专用发票罪等。

企业要守法合规经营,合法使用发票、合规计算并抵扣进项税额,依法纳税,不以虚增进项、隐瞒收入、虚假申报及其他手段骗取留抵退税,不与他人串通虚开增值税专用发票等规范享受留抵退税的政策红利。

九、违规招投标

典型案例 四川省12起招投标违法违规典型案例

2021年12月30日,四川省发展和改革委员会官方网站刊文《四川省发展和改革委员会关于12起招投标违法违规典型案例的通报》[1],通报了该省12起招投标违法违规典型案例。

1. 资中县某化广电体育新闻出版局设置不合理条件限制排斥潜在投标人案。2018年10月,资中县某化广电体育新闻出版局在资中县体育场跑道及周边改建工程施工招标中,以不合理条件限制排斥潜在投标人或者投标人。2021年3月,资中县综合行政执法局对资中县教育和体育局(机构改革后承接资中县某化广电体育新闻出版局体育管理职责)作出行政处罚,处罚款1万元。

2. 四川省资阳市某愚路桥建筑工程有限公司规避招标案。2019年,四川省

[1] 参见《四川省发展和改革委员会关于12起招投标违法违规典型案例的通报》,载四川省发展和改革委员会官网,http://fgw.sc.gov.cn/sfgw/c108980/2021/12/30/1e95e90eafa843498b8912222a807e08.shtml。

资阳市某愚路桥建筑工程有限公司在实施资阳市建设南路西延线工程过程中，未经公开招标直接委托其他公司开展设计、施工。2021 年 8 月，资阳市发展和改革委员会对四川省资阳市某愚路桥建筑工程有限公司处罚款 55.95 万元。

3. 河北某城工程招标咨询有限公司违规招标代理案。2021 年 4 月，河北某城工程招标咨询有限公司在从事巴中市巴州区第七小学校扩建项目招标代理工作中，违反招标代理合同约定，安排非本机构专职技术人员（四川某信工程项目管理有限公司工作人员杨某某）负责该项目代理活动。2021 年 9 月，巴州区住房和城乡建设局对河北某城工程招标咨询有限公司给予警告，处罚款 2 万元。

4. 某通建设工程管理有限公司违规招标代理案。2021 年 1 月，某通建设工程管理有限公司在从事邻水县御临河流域潭溪河垃圾渗滤液处理能力提升工程招标代理工作中，安排非本机构专职技术人员（四川某化工程项目管理有限公司李某）负责该项目代理活动。2021 年 4 月，邻水县综合执法局对某通建设工程管理有限公司处罚款 1.98 万元，并责令当事人立即纠正违法行为。

5. 某海国际建工有限公司、四川某达建筑工程有限公司、四川某芙特建设工程有限公司等 9 家公司在投标中弄虚作假案。2020 年 7 月，某海国际建工有限公司、四川某达建筑工程有限公司、四川某芙特建设工程有限公司、四川某鸿达建筑工程有限公司、四川某森建设工程有限公司、某广建设管理有限公司、四川某城建筑工程有限公司、四川某诺建设实业有限公司、四川某威建设工程有限公司 9 家企业在德阳市中江县中南片区棚户区改造项目投标过程中提供虚假社保缴纳证明。2021 年，中江县行政执法局对该 9 家企业作出行政处罚，共处罚款 275.98 万元。

6. 河南某基建设集团有限公司出借资质案。2019 年以来，河南某基建设集团有限公司在承建自贡市和顺家园公共租赁住房项目过程中，存在允许他人以本企业名义承揽工程行为。2021 年 3 月，自贡市城市管理行政执法局对河南某基建设集团有限公司处罚款 26.86 万元。

7. 某创国际建设集团有限公司、四川某圆建设集团有限公司、某建洪春国际建设有限公司等 19 家公司串通投标、出借资质案。2017 年某创国际建设集团有限公司等19家公司在参加S410线广元市青川县姚渡镇至秦家垭(川陕界)段公路改建工程招标过程中存在违法违规行为。其中,某创国际建设集团有限公司、四川某圆建设集团有限公司、某建洪春国际建设有限公司3家企业串通投标,四川某新建筑工程有限公司、四川省某锟建筑工程有限公司、四川某兴路桥工程有限公司、四川某程建工(集团)有限公司、四川某申建设有限公司、四川某龙公路桥梁工程有限公司、四川某丰公路工程有限公司、四川某丰路桥工程有限公司、四川省某丰建设工程有限公司、四川某特路桥工程有限公司、攀枝花某甬路桥建设有限公司、四川某江建工集团有限公司、四川省某达路桥工程有限公司、四川某路路桥工程有限公司、四川某木建筑工程有限公司、成都市某桥工程股份有限公司16家企业出借资质供他人投标。2020年至2021年,青川县交通运输局分别对上述公司以及有关直接责任人作出行政处罚,共处罚款312.75万元,没收违法所得182.7万元。

8. 某华建设集团有限公司、杭州市某政工程集团有限公司串通投标案。2021年6月,邛崃市片区排水整治工程勘察设计标段招标中,某华建设集团有限公司和杭州市某政工程集团有限公司串通投标。邛崃市综合执法局分别对杭州市某政工程集团有限公司成都第二分公司、某华建设集团有限公司四川分公司处罚款1万元,招标人共没收投标保证金8万元。

9. 王某若、贾某红、周某川、郭某勇等人串通投标案。2018年雅安永兴水厂项目招投标期间,王某若、贾某红、周某川勾结郭某勇串通四川省某和钰建设工程有限公司相关人员,通过贿赂、借资投标、围标等手段谋取中标,涉嫌串通投标。目前,该案已移送起诉,上述人员依法取保候审。

10. 宜宾市某市和交通投资集团有限公司原党委书记、董事长谢某龙在工程招投标、工程款拨付等工作中收受贿赂案。2007年至2020年,谢某龙利用担任原宜宾县政府常务副县长,市投资集团党委书记、董事长,市住建局党委书记、局长等职务便利,违规插手干预房地产开发、安置房建设、学校迁建、风貌整治、绿化亮化等工程项目,帮助他人运作工程招投标和政府采购,收受他人所送人民币490余万元。2020年11月,谢某龙受到开除党籍、开除公职处分,涉嫌犯罪问题移送检察机关依法处理。

11. 凉山州发展改革委原招投标管理科科长何某在工程招投标工作中收受贿赂。2016 年至 2019 年,何某在担任凉山州发展改革委招投标管理科科长期间,利用职务之便,非法收受他人财物 1245.7 万元,470.77 万元不能说明合法来源,滥用职权,不履行监督职责。2021 年 6 月,何昌犯受贿罪,判处有期徒刑 11 年,并处罚金人民币 100 万元;犯滥用职权罪,判处有期徒刑 2 年;犯巨额财产来源不明罪,判处有期徒刑 2 年。数罪并罚,决定执行有期徒刑 13 年,并处罚金人民币 100 万元,违法所得人民币 1716.47 万元予以没收。

12. 评标专家周某在工程项目评审和评标等方面非法收受他人财物案。评标专家周某利用职务之便,为他人谋取利益,多次收受他人财物合计人民币 773.3 万元,身为国家工作人员,其财产、支出明显超过其家庭合法收入合计人民币 1240.01 万元,差额特别巨大,不能说明来源。2020 年 9 月,周某被判犯受贿罪、巨额财产来源不明罪,数罪并罚,判处有期徒刑 12 年,并处罚金人民币 50 万元,违法所得人民币 1757.93 万元予以没收。

2022 年 7 月 22 日,中央纪委国家监委网站发布《四川综合发力整治工程招投标领域突出问题　推动系统治理提质增效》[1]文章,报道了四川省纪委监委通报 5 起工程招投标领域突出问题系统治理典型案例,持续释放重拳治理工程招投标领域顽瘴痼疾的强烈信号。该省纪委监委累计通报曝光工程招投标领域典型案例 76 起;四川省纪检监察机关梳理工程招投标领域问题线索 856 件,给予党纪政务处分 420 人,组织处理 402 人,移送司法机关 56 人,追缴退赔资金 9370 余万元。

【合规指引】

根据《招标投标法实施条例》第 67 条的规定:"投标人相互串通投标或者与招标人串通投标的,投标人向招标人或者评标委员会成员行贿谋取中标的,中标无效;构成犯罪的,依法追究刑事责任;尚不构成犯罪的,依照招标投标法第五十三条的规定处罚。投标人未中标的,对单位的罚款金额按照招标项目合同

---

[1] 参见《四川综合发力整治工程招投标领域突出问题　推动系统治理提质增效》,载中央纪委国家监委网,https://www.ccdi.gov.cn/yaowenn/202207/t20220722_206609.html。

金额依照招标投标法规定的比例计算。投标人有下列行为之一的，属于招标投标法第五十三条规定的情节严重行为，由有关行政监督部门取消其1年至2年内参加依法必须进行招标的项目的投标资格：（一）以行贿谋取中标；（二）3年内2次以上串通投标；（三）串通投标行为损害招标人、其他投标人或者国家、集体、公民的合法利益，造成直接经济损失30万元以上；（四）其他串通投标情节严重的行为。投标人自本条第二款规定的处罚执行期限届满之日起3年内又有该款所列违法行为之一的，或者串通投标、以行贿谋取中标情节特别严重的，由工商行政管理机关吊销营业执照。法律、行政法规对串通投标报价行为的处罚另有规定的，从其规定。”

《招标投标法实施条例》第68条规定：“投标人以他人名义投标或者以其他方式弄虚作假骗取中标的，中标无效；构成犯罪的，依法追究刑事责任；尚不构成犯罪的，依照招标投标法第五十四条的规定处罚。依法必须进行招标的项目的投标人未中标的，对单位的罚款金额按照招标项目合同金额依照招标投标法规定的比例计算。投标人有下列行为之一的，属于招标投标法第五十四条规定的情节严重行为，由有关行政监督部门取消其1年至3年内参加依法必须进行招标的项目的投标资格：（一）伪造、变造资格、资质证书或者其他许可证件骗取中标；（二）3年内2次以上使用他人名义投标；（三）弄虚作假骗取中标给招标人造成直接经济损失30万元以上；（四）其他弄虚作假骗取中标情节严重的行为。投标人自本条第二款规定的处罚执行期限届满之日起3年内又有该款所列违法行为之一的，或者弄虚作假骗取中标情节特别严重的，由工商行政管理机关吊销营业执照。”

《招标投标法实施条例》第69条规定，出让或者出租资格、资质证书供他人投标的，依照法律、行政法规的规定给予行政处罚；构成犯罪的，依法追究刑事责任。

十、环境保护

典型案例 **深圳市某再生能源有限公司超标排放污染物案**[1]

【基本案情】

2021年4月，宝安管理局执法人员到深圳市某再生能源有限公司运营的深圳市沙井污水处理厂进行现场检查时，该单位正在生产中，废气处理设施正在运转。执法人员会同采样人员在该单位的无组织废气排放厂界处取4个点位进行检测。《检测报告》显示该单位存在超标排放臭气的违法行为。经查，该单位位于环境敏感区以外的区域。

2021年5月31日，宝安管理局向该单位送达了《责令改正违法行为决定书》，责令该单位立即改正超标排放污染物的违法行为。同年6月24日，执法人员对该单位进行复查，会同采样人员于该单位厂界外上风向、下风向4个点位进行无组织废气采样监测，《检测报告》显示臭气浓度均已达标。

该单位的上述行为违反了《深圳经济特区环境保护条例》第25条第2款的规定，应受到10万~100万元的罚款处罚。

2021年7月27日，该单位签署了《环保合规承诺书》，申请开展环保合规建设专项整改并积极落实。2021年11月16日，经第三方专家监督评估工作组评估，该单位现有的合规管理体系基本能识别、预防、控制公司合规风险的发生。鉴于该单位违法行为情节轻微，及时整改，复查监测结果达标，同时该单位自愿开展并完成了合规建设，依据《行政处罚法》第33条的规定，宝安管理局决定对该单位不予行政处罚。

【合规指引】

企业应当建立生态环境保护合规管理体系，制定环境保护管理制度，防范环保违法违规风险。

---

[1] 参见《违法企业主动开展合规建设并通过考察验收或可免罚|生态宝安普法站》，载南方plus百家号2022年12月13日，https://baijiahao.baidu.com/s?id=1752081249807780104&wfr=spider&for=pc。

纳入排污许可管理的建设项目，排污单位应当在项目产生实际污染物排放之前，按照国家排污许可有关管理规定要求，申请排污许可证，不得无证排污或不按证排污。

当建设项目的性质、规模、地点、采用的生产工艺或者防治污染、防止生态破坏的措施发生重大变动，应及时依法依规履行相关手续。

根据《建设项目竣工环境保护验收暂行办法》的规定，建设项目环境保护设施存在下列情形之一的，建设单位不得提出验收合格的意见：

(1)未按环境影响报告书(表)及其审批部门审批决定要求建成环境保护设施，或者环境保护设施不能与主体工程同时投产或者使用的；

(2)污染物排放不符合国家和地方相关标准、环境影响报告书(表)及其审批部门审批决定或者重点污染物排放总量控制指标要求的；

(3)环境影响报告书(表)经批准后，该建设项目的性质、规模、地点、采用的生产工艺或者防治污染、防止生态破坏的措施发生重大变动，建设单位未重新报批环境影响报告书(表)或者环境影响报告书(表)未经批准的；

(4)建设过程中造成重大环境污染未治理完成，或者造成重大生态破坏未恢复的；

(5)纳入排污许可管理的建设项目，无证排污或者不按证排污的；

(6)分期建设、分期投入生产或者使用依法应当分期验收的建设项目，其分期建设、分期投入生产或者使用的环境保护设施防治环境污染和生态破坏的能力不能满足其相应主体工程需要的；

(7)建设单位因该建设项目违反国家和地方环境保护法律法规受到处罚，被责令改正，尚未改正完成的；

(8)验收报告的基础资料数据明显不实，内容存在重大缺项、遗漏，或者验收结论不明确、不合理的；

(9)其他环境保护法律、法规、规章等规定不得通过环境保护验收的。

当企业环保事项涉嫌违法违规时，应当立即改正，采取补救措施，配合执法部门调查，开展有效的环保合规专项整改，争取免予处罚。

十一、安全事故

建设工地威胁安全生产的危险无处不在，高处坠落、物体打击、触电、机械伤害、坍塌是建设施工过程中最常发生的事故，严重威胁着施工人员的生命安全，被称为施工企业的“五大害”。

(一)高处坠落

高处坠落又叫高空坠落，是指在高处作业中发生坠落造成的伤亡事故。高处作业是指凡在坠落高度基准面2米以上(含2米)有可能坠落的高处进行的作业。

典型案例　**历城区2021年“5·3”山东某棠建筑工程股份有限公司一般高处坠落瞒报事故责任案**

【案号】

(鲁济历)应急罚〔2022〕SG12号

【违法事实】

2021年5月3日上午10时，刘某山在济南至高青高速公路工程工地小清河引桥拆卸钢模板时因模板突然坠落，导致该职工从高空摔至地面，“120”急救车将其送至章丘区中医医院抢救，经抢救无效于次日10时30分死亡。山东某棠建筑工程股份有限公司，存在瞒报事故行为。未按照有关规定及时、如实向当地应急管理部门和负有安全生产监督管理职责的部门报告事故情况，存在瞒报事故行为(2021年5月3日至2021年10月，山东某棠建筑工程股份有限公司瞒报事故行为呈连续和继续状态，对其瞒报事故责任的追究符合法定时效)。

【处罚结果】

依据《生产安全事故报告和调查处理条例》第36条第1项，济南市历城区应急管理局对山东某棠建筑工程股份有限公司处以罚款150万元。

【合规指引】

企业应当提高安全风险防范意识,采取必要的安全防范措施,为施工人员配备安全帽,进入施工现场必须佩戴安全帽;施工现场必须配备安全带和安全网。

关爱施工人员健康,定期体检,患有心脏病、高血压及精神疾病的人,不得从事高处作业。

加强安全教育培训,按规范要求正确佩戴、使用劳动防护用品,特殊工种持证上岗。

临边、洞口要有加盖、围栏等防坠落安全措施。

(二)物体打击

物体打击是指失控的物体在惯性力或重力等其他外力的作用下产生运动,打击人体而造成人身伤亡事故。

典型案例 **历城区"9·18"山东某元建设工程有限公司一般物体打击事故违法责任案**

【案号】

(鲁济历)应急罚〔2022〕SG31号

【违法事实】

2022年9月18日15时30分左右,山东某元建设工程有限公司在华山北片区一期C-1地块租赁住房项目进行破桩作业过程中发生一起物体打击事故,事故造成1人死亡,直接经济损失300余万元。经事故调查组调查并提请区政府批复:山东某元建设工程有限公司未落实安全生产主体责任,违反破桩作业操作规程进行桩头钢筋切割作业,未按规定建立健全并落实生产安全事故隐患排查治理机制、及时发现并消除事故隐患,对事故发生负有责任。

【处罚结果】

依据《安全生产法》第114条第1款第1项,历城区应急管理局对山东某元建设工程有限公司处以罚款80万元。

【合规指引】

封闭施工现场,设立警戒线、警示牌;涉及不同工序的需做好安全技术交底,尽量避免立体交叉作业;文明施工,及时清理杂物,传递物料工具严禁抛扔,安全平网搭建规范。

(三)触电

触电是指人与电有直接接触时,受到伤害甚至死亡的意外事故。

典型案例　某建八局第一建设有限公司触电一般事故责任案

【案号】

(深罗)应急罚〔2022〕81 号

【违法事实】

2022 年 4 月 25 日 14 时 49 分许,罗湖区东晓街道辖区罗湖"二线插花地"棚户区改造项目施工总承包Ⅰ标木棉岭片区 01－02 地块机电安装项目工地发生一起触电事故,造成 1 名施工人员杨进勇死亡。事故发生后,罗湖区政府依法组成事故调查组认定,该起事故为一般生产安全责任事故。某建八局第一建设有限公司作为事发项目专业分包单位,对事发项目特种作业施工人员的安全管理不到位;事故隐患排查治理不到位,未及时发现并消除引发此起事故存在的事故隐患;对施工人员入场安全教育培训不到位,未如实记录培训情况,对此起事故的发生负有管理责任。

【处罚结果】

依据《安全生产法》第 28 条第 1 款、第 28 条第 4 款、第 30 条第 1 款、第 41 条第 2 款、第 114 条第 1 款第 1 项,深圳市罗湖区应急管理局决定对某建八局第一建设有限公司处以罚款 35 万元。

【合规指引】

使用安全性更高的多重保护装置,电工必须持证上岗,规范作业,做好绝缘保护措施,不可带电搬动机器设备;做好安全用电管理,不得私拉乱接电线;电箱、变压器等用电危险处设立围栏并挂立安全警示标志。

（四）机械伤害

机械伤害主要指机械设备运动（静止）部件、工具、加工件直接与人体接触引起的夹击、碰撞、剪切、卷入、绞、碾、割、刺等形式的伤害。

典型案例 **嘉定区金沙江支路202号“3·21”机械伤害一般事故案**

【案号】

（沪嘉）应急罚〔2022〕05005－4号

【违法事实】

尼某龙作为某丰公司保障部部长，直接负责公司2号搅拌机输送带压紧轮更换工作。未认真落实岗位安全生产责任，未落实公司安全生产管理规章制度，对外来施工方的安全管理缺失，未就《2#机斜机压紧轮更换施工方案》对外来施工人员进行专门安全交底，未对外来施工人员进行安全生产教育培训，未落实专人现场监管，施工作业过程中未与作业方进行有效沟通协调，对事故发生负有责任。

【处罚结果】

依据《安全生产法》第5条、第96条，上海市嘉定区应急管理局对尼某龙处以罚款37,286元。

【合规指引】

机械设备应当定期保养、维修，确保处于良好运行状态；使用场地适合机械设备运行，安装固定牢靠，有倾倒断电保护装置；严格按照安全操作流程操作机械设备，严禁违章作业。

（五）坍塌

是指物体在外力或重力作用下，超过自身的强度极限或因结构稳定性被破坏而造成伤害、伤亡的事故。

典型案例 历城区“5·20”济南某剑掌鑫基础工程有限公司一般坍塌事故责任违法案

【案号】

(鲁济历)应急罚〔2022〕SG20 号

【违法事实】

2022 年 5 月 20 日 9 时 20 分左右,济南某剑掌鑫基础工程有限公司在济南城市轨道交通 6 号线十工区王舍人站导改路西侧进行新建蓄水池防水施工作业过程中发生一起墙体坍塌事故,造成 1 人死亡,1 人受伤,直接经济损失 260 万余元。

经事故调查组调查并提请区政府批复:济南某剑掌鑫基础工程有限公司未落实安全生产主体责任。未按规定向挖掘机司机、防水作业人员告知作业场所和工作岗位存在的危险因素、防范措施和事故应急措施,对事故发生负有责任;事故发生后,未按规定向应急管理部门和其他有关部门报告事故情况,存在迟报事故行为。

【处罚结果】

依据《安全生产法》第 114 条第 1 款第 1 项、《山东省生产安全事故应急办法》第 35 条第 1 款,历城区应急管理局对当事人处以罚款 75 万元。

【合规指引】

(1)施工单位应当提前编制施工方案,施工人员严格按照安全操作流程施工。(2)加强对脚手架、支护架、堆放物等的日常检查,发现沉降、移位等情况时及时采取加固措施。(3)拆除脚手架、支护架时严格按照安全规定和工作程序进行,防止出现连锁反应。

十二、违规办理参保手续

典型案例　深圳市某年大业建筑工程有限公司被行政处罚案[1]

【案号】

深人社(市)监罚决〔2021〕C006 号

【违法事实】

以欺诈、伪造证明材料或者其他手段为不符合条件的人员办理养老保险参保手续、失业保险参保手续,违反了《深圳经济特区社会养老保险条例》第 40 条、《深圳经济特区失业保险若干规定》第 11 条第 2 款之规定,深圳市某年大业建筑工程有限公司以欺诈、伪造证明材料或者其他手段为不具有劳动关系的 6 名人员办理养老保险、失业保险参保手续的行为应当予以处罚。

【处罚结果】

依据《深圳经济特区社会养老保险条例》第 40 条、《深圳经济特区失业保险若干规定》第 11 条第 2 款之规定,深圳市人力资源和社会保障局对深圳市某年大业建筑工程有限公司处以罚款人民币 36,000 元。

【合规指引】

有部分企业或为亲属朋友帮忙或为虚增成本,为不存在劳动关系的人员代缴社会保险,就会产生巨大的风险。

《社会保险法》第 58 条第 1 款规定:“用人单位应当自用工之日起三十日内为其职工向社会保险经办机构申请办理社会保险登记。未办理社会保险登记的,由社会保险经办机构核定其应当缴纳的社会保险费。”第 88 条规定:“以欺诈、伪造证明材料或者其他手段骗取社会保险待遇的,由社会保险行政部门责令退回骗取的社会保险金,处骗取金额二倍以上五倍以下的罚款。”《社保基金监督办法》第 32 条第 1 项规定:“用人单位、个人有下列行为之一,以欺诈、伪造证明材料或者其他手段骗取社会保险待遇的,按照《中华人民共和国社会保险

〔1〕参见深圳市人力资源和社会保障局,https://hrsspub.sz.gov.cn/wsbsdt/sgsColumn.do?method=toXzcfList。

法》第八十八条的规定处理:(一)通过虚构个人信息、劳动关系,使用伪造、变造或者盗用他人可用于证明身份的证件,提供虚假证明材料等手段虚构社会保险参保条件、违规补缴,骗取社会保险待遇的。"

为规避社保合规风险,建设工程企业应当注意:(1)建设工程领域是工伤事故高发领域,人员流动性大,企业应当按照《社会保险法》的规定在所在地社保机构及时为员工办理参保,社保缴纳主体应当与用人单位一致,不要为不存在劳动关系的人员代缴社保。(2)企业如果由于经营需要异地用工的,应当在当地注册分支机构,或者依法采取劳务派遣等方式解决社保缴纳问题。(3)企业安排员工在关联公司之间调动的,应当转移劳动关系并保持劳动合同签订主体、社保缴纳主体的一致性,或者采取借调方式用工由原用人单位继续缴纳社保。(4)随着《社保基金监督办法》的实施,各地落地政策也将陆续出台,企业应当随时关注当地社保政策的变化确保社保合规。

十三、拖欠农民工工资

典型案例　南通某工集团股份有限公司恶拖欠农民工工资案

【案号】

保综法劳令字〔2021〕21 号

【违法事实】

南通某工集团股份有限公司将保亭椰之郡部分项目承包给陈某忠(个人),且无故拖欠工人工资。经多次协调,至处罚之日尚未履行核实拖欠工人工资义务,尚未结清所拖欠的工人工资。2021 年 3 月 15 日,保亭县综合行政执法局向陈某忠下达《劳动保障监察限期整改指令书》(保综法劳令字〔2021〕21 号),要求在 2021 年 3 月 18 日前依法支付拖欠的工资,并把改正的情况以书面材料的形式报县综合行政执法局,但陈某忠仍未按要求做出改正。2021 年 3 月 29 日,保亭县综合行政执法局依法对南通某工集团股份有限公司涉嫌拒不支付劳动报酬罪将案件移送保亭县公安局处理。

【处罚结果】

依据《海南省建筑市场诚信评价管理办法》和《不良行为信用信息评分标准》，行为代码 SG－C01－05，保亭黎族苗族自治县住房和城乡建设局对南通某工集团股份有限公司记不良行为记录，列入黑名单，公布期一年，公布日期自 2021 年 9 月 7 日至 2022 年 9 月 5 日；要求南通某工集团股份有限公司严格按照有关规定，按时按量发放农民工工资，不得恶意拖欠。

【合规指引】

《保障农民工工资支付条例》规定，“任何单位和个人不得拖欠农民工工资”。企业应当做好工程施工所需资金安排，加强工程施工合同管理，依法足额拨付人工费用，并加强农民工工资发放监督。企业应当在其规章中对劳动报酬构成比例、发放时间、奖励或扣减薪酬的条件等事项进行明确规定，完善薪酬管理制度，合法合规运营。

工程需要分包的，在招标文件及分包合同中对分包方农民工工资支付等作出相关约束性措施。可以约定分包方未足额支付农民工工资时，降低进度款支付比例；工程完工后，分包方结清农民工工资款项后，支付全部工程款项。建立企业合作伙伴诚信档案，将恶意拖欠农民工工资的分包人列入“黑名单”。

重视农民工的合法权益，积极引导农民工走法律途径合法、理性维权，防止出现群访群诉。

如果是本企业确实发生严重困难，拖欠来农民工工资，也应及时与劳动者就劳动报酬的支付数额及时间等事项进行协商。

如收到政府有关部门责令支付劳动报酬的文书时（如劳动监察部门送达《行政处罚决定书》责令用人单位限期支付劳动者劳动报酬；劳动仲裁部门送达《劳动争议仲裁决定书》责令用人单位限期支付劳动者劳动报酬；法院送达《民事判决书》责令用人单位限期支付劳动者劳动报酬），应当立即处理，以防触犯拒不支付劳动报酬罪。

十四、违规使用童工

典型案例　山东某瑞建筑工程有限公司使用童工案

【案号】

青南人社罚决字〔2022〕第013号

【违法事实】

山东某瑞建筑工程有限公司使用童工的行为,违反了《禁止使用童工规定》第2条第1款之规定。市南区人社局于2021年4月28日对该单位下达了行政处罚事先告知书,该单位未提出陈述或者申辩。

《禁止使用童工规定》(国务院令第364号)第6条规定:“用人单位使用童工的,由劳动保障行政部门按照每使用一名童工每月处5000元罚款的标准给予处罚;在使用有毒物品的作业场所使用童工的,按照《使用有毒物品作业场所劳动保护条例》规定的罚款幅度,或者按照每使用一名童工每月处5000元罚款的标准,从重处罚。劳动保障行政部门并应当责令用人单位限期将童工送回原居住地交其父母或者其他监护人,所需交通和食宿费用全部由用人单位承担。用人单位经劳动保障行政部门依照前款规定责令限期改正,逾期仍不将童工送交其父母或者其他监护人的,从责令限期改正之日起,由劳动保障行政部门按照每使用一名童工每月处1万元罚款的标准处罚,并由工商行政管理部门吊销其营业执照或者由民政部门撤销民办非企业单位登记;用人单位是国家机关、事业单位的,由有关单位依法对直接负责的主管人员和其他直接责任人员给予降级或者撤职的行政处分或者纪律处分。”

【处罚结果】

依据《禁止使用童工规定》(国务院令第364号)第6条第1款的规定,青岛市南区人社局决定对山东某瑞建筑工程有限公司处以罚款5000元。

【合规指引】

根据《劳动法》第15条第1款的规定,禁止用人单位招用未满16周岁的未成年人。

在企业招聘录用员工时,应当查验应聘人员身份证件,审慎核对人员身份,防止出现冒用他人身份证件的情形,不得招用无合法身份证件人员,并确保不出现招用未满16周岁未成年人的情形。

第二部分

专项合规

专项合规是针对企业特定的合规风险领域，为预防特定违法犯罪行为所建立的专门性合规管理体系。专项合规以合规风险为导向，企业根据自身规模、行业特点、业务范围、违法违规高发领域等实际情况，通过识别和评估企业发生违法违规的现实可能性，据此确定企业的具体合规领域，建立具有针对性的专项合规管理体系。

涉案企业合规整改，是指涉案企业及相关负责人涉嫌犯罪的情况下，根据涉案企业的申请，人民检察院对涉案企业适用企业合规程序，涉案企业自愿作出合规承诺，制定合规计划，建立、完善合规管理体系与运行机制，通过人民检察院或第三方组织监督评估，人民检察院经审查，认为涉案企业有效落实整改承诺、完成合规建设的，可以对涉案企业、涉案人员提出宽缓处理建议。

专项合规属于事前合规，是从主动合规路径进行的合规管理体系建设，是以预防违法犯罪、切割企业与员工个人犯罪为目的的主动防御。

涉案企业合规整改属于事后合规，是从被动合规路径进行的涉案企业合规整改，是以解决迫在眉睫的监管部门、司法部门惩罚为目的的被动纠错、整改、法益修复。

根据最高人民检察院、司法部、财政部、生态环境部、国务院国有资产监督管理委员会、国家税务总局、国家市场监督管理总局、中华全国工商业联合会、中国国际贸易促进委员会九部门联合发布的《关于建立涉案企业合规第三方监督评估机制的指导意见(试行)》，合规计划应当主要围绕与企业涉嫌犯罪有密切联系的企业内部治理结构、规章制度、人员管理等方面存在的问题，制定可行的合规管理规范，构建有效的合规组织体系，健全合规风险防范报告机制，弥补企业制度建设和监督管理漏洞，防止再次发生相同或者类似的违法犯罪。即涉案企业合规计划的制定和实施要从治理结构、规章制度、人员管理、管理规范、组织体系、报告机制、持续改进等方面进行变革，用严密的制度和流程防止违法犯罪。

常见的专项合规有招标投标合规、反垄断合规、反不正当竞争合规、反商业贿赂合规、投融资合规、知识产权保护合规、反洗钱合规、数据保护合规、税务合规、证券合规、生态环境保护合规、安全生产合规、劳动用工合规等。

笔者不建议企业做全面合规，建议把精力集中在关键领域、重点风险方面。本书选取建设工程企业最容易触发合规风险的六个关键领域建立合规管理体系，分别为招标投标合规，反舞弊、反商业贿赂合规，税务管理合规，生态环境保护合规，安全生产合规，劳动用工合规。

第四章　招标投标合规

第一节　招标投标合规概述

一、招标投标

所谓的招标投标，就是在市场经济条件下进行大宗货物的买卖、工程建设项目的发包与承包，以及服务项目的采购与提供时，所采用的一种交易方式。在这种交易方式下，项目采购（包括货物的购买、工程的发包和服务的采购）的采购方作为招标方，通过发布招标公告或者向一定数量的特定供应商、承包商发出招标邀请等方式发出招标采购的信息，提出所需采购的项目及其质量、技术要求、交货或竣工期限以及对供应商、承包商的资格要求等招标采购条件，表明将选择最能够满足采购要求的供应商。承包商与之签订采购合同的意向，由各有意提供采购所需货物、工程或服务项目的供应商、承包商作为投标方，向招标方书面提出自己拟提供的货物、工程或服务的报价及其他响应招标要求的条件，参加投标竞争。经招标方对各投标者的报价及其他条件进行审查比较后，从中择优选定中标者，并与其签订采购合同。

二、必须招标的项目范围

《招标投标法》第 3 条规定，在中华人民共和国境内进行下列工程建设项目包括项目的勘察、设计、施工、监理以及与工程建设有关的重要设备、材料等的采购，必须进行招标：(1)大型基础设施、公用事业等关系社会公共利益、公众安全的项目；(2)全部或者部分使用国有资金投资或者国家融资的项目；(3)使用国际组织或者外国政府贷款、援助资金的项目。前款所列项目的具体范围和规模标准,由国务院发展计划部门会同国务院有关部门制定,报国务院批准。法律或者国务院对必须进行招标的其他项目的范围有规定的,依照其规定。同时,为防止弄虚作假规避招标,第4条明确作出禁止性规定:“任何单位和个人不得将依法必须进行招标的项目化整为零或者以其他任何方式规避招标。”

三、招标投标的利弊

采用招标投标方式进行交易活动,引入竞争机制,有利于保护国家利益、公共利益,以及招投标当事人的利益。

采用招标投标方式进行交易活动,有利于保障财政资金和其他国有资金的节约和合理有效地使用,有利于防止“精准致富”、裙带关系、损公肥私、利益输送等腐败行为;有利于创造公平竞争的社会主义市场环境。

凡事都有优劣两方面,招标投标也不例外。招标投标过程中容易滋生规避招标、虚假招标、围标、串标、行贿、受贿等违法行为和犯罪行为,中标后也会产生偷工减料、降低工程质量等风险。

招投标领域的腐败是触目惊心的,国家采取一系列措施,打击腐败,受贿行贿一起查,以期杜绝通过行贿手段中标。2021年9月中央纪委国家监委等六部委联合印发《关于进一步推进受贿行贿一起查的意见》,要求坚决查处行贿行为,坚持受贿行贿一起查,重点查处多次行贿、巨额行贿以及向多人行贿,开展对行贿人作出市场准入、资质资格限制等问题进行研究,探索推行行贿人“黑名单”制度。该意见改变了实务中重受贿轻行贿的司法惯例,加强了对行贿犯罪的打击力度。2023年11月,最高人民检察院发布5个检察机关依法惩治串通招投标犯罪典型案例。

四、招标投标合规的重要意义

招标投标活动是企业获取项目的重要手段和关键流程,无论是在国际市场还是国内市场,招投投标活动都是充满市场自由竞争的活动,招标投标制度本质上是通过竞争性方式择优选择承包单位的一种交易方式。国际市场上国际组织有着成熟的招标投标规则，如世界贸易组织的《政府采购协议》、联合国国际贸易法委员会的《联合国国际贸易法委员会货物、工程和服务采购示范法》、国际复兴开发银行和国际开发协会的《借款人采购准则》、欧盟的《公共采购指令》等；在国内有着完备的招标投标法律法规体系，如《招标投标法》《招标投标法实施条例》等。严格遵守这些国际招标投标规则体系和国内法律法规，可以确保招标投标过程的公平、公正、透明和有效。

企业建立招标投标合规管理体系，在招投标过程中严格遵守合规要求，保证招投标活动公平、公正、透明、廉洁进行，有助于保护企业的良好声誉，并提高企业的竞争力。

企业建立招标投标合规管理体系，在招投标活动中遵守合规要求有助于减少法律风险。企业在合规管理体系框架下制定的内部控制制度，可以有效地管控不合规行为，发现风险事项，可得到及时的预警和纠正，从而降低了企业法律风险。

企业建立招标投标合规管理体系，通过合规培训和教育，形成合规企业文化，促进企业的可持续发展。同时，还可以带动商业合作伙伴合规建设，大家一起共同合规，有利于维护市场的公平竞争，保护各方的利益，营造健康的商业环境。

第二节　合规尽职调查与风险识别

为更准确定位和识别本企业与上下游企业的风险等级并标记风险，需要对企业进行合规尽职调查，对目标企业及其员工的招标投标活动是否符合法律法规、政府监管规定、行业准则和企业章程规章制度以及国际条约、规则等要求进行专项调查，以评估并识别目标企业及其员工是否存在不合规行为以及所可能引发的法律责任、受到相关行政处罚、刑事处罚，造成经济或声誉损失以及其他负面影响的风险。在前期设计尽职调查内容时应当根据行业和企业的实际情况尽量做到精细化。

一、本企业及上下游企业基本情况

本企业的基本情况(如历史沿革、公司类型、经营范围、注册资本、实缴资本、在职员工、年销售额、监管政策、纳税额等)、供应商基本情况(重点调查合作领域、时间长短、成交金额、产品或服务质量、履约情况、重大诉讼情况,投诉举报情况、违法处罚情况等)以及客户企业基本情况(重点调查合作领域、时间长短、成交金额、履约情况、重大诉讼情况,投诉举报情况、违法处罚情况等)。

二、招标投标管理情况

在建设工程招标投标中,招标人与投标人、投标人与投标人、投标人与评审专家之间,存在搭上桥牵上线的可能,容易出现风险,有些投标人为了中标,不惜违法采用所谓的"潜规则",如串标、陪标、围标、故意流标、私开标书、泄露标底、化整为零、询标误导、封锁信息、标书不规范、评标漏洞、排他条款、设置障碍、提高门槛、拖延业务、低价竞标高价签约、简化、凑标、地方标、分标、特殊目标、人情目标等。

调查企业的招标方式是否合法合规,招标公告的发布是否符合法律规范,投标文件是否存在违规行为,开标、评标是否严格执行了程序,招标投标结果是否履行了公示程序,并接受监督,对异议是否进行了处理,投诉举报是否进行了调查核实(是否有串标、围标、陪标、欺诈、胁迫、腐败等行为)等。

三、风险识别并列出合规清单

1. 招标方风险主要有:(1)违规肢解招标项目,将必须招标的项目化整为零或者以其他任何方式规避招标;(2)招标方隐瞒工程真实信息;(3)设置不合理的招标限制条件等。

2. 投标方风险主要有:(1)买标卖标;(2)投标方资质信息不实;(3)联合体投标风险,特别注意联合体的资质及不当投标无效的风险;(4)投标人低于成本报价等。

3. 其他相关方风险主要有:(1)代理机构串通投标;(2)代理机构职责交

叉等。

四、违法违规应承担的责任

（一）行政责任

根据《招标投标法》第53条和《招标投标法实施条例》第67条的相关规定，建设工程企业串通投标、行贿等违法行为所需承担的行政责任及后果，包括罚款、没收违法所得、取消投标资格并公告、吊销营业执照等。相关监管要求及行为责任后果可查阅表4－1所列法律法规文件。

表4－1　招标投标行政合规指导清单（部分）

序号	名称	文号	公布日期	施行日期
1	《招标投标法》（2017修正）	主席令第86号	2017年12月27日	2017年12月28日
2	《招标投标法实施条例》（2019修订）	国务院令第709号	2019年3月2日	2019年3月2日
3	《必须招标的工程项目规定》	发改委令第16号	2018年3月27日	2018年6月1日
4	《必须招标的基础设施和公用事业项目范围规定》	发改法规〔2018〕843号	2018年6月6日	2018年6月6日
5	《国家发展改革委办公厅关于进一步做好〈必须招标的工程项目规定〉和〈必须招标的基础设施和公用事业项目范围规定〉实施工作的通知》	发改办法规〔2020〕770号	2020年10月19日	2020年10月19日
6	《建筑工程设计招标投标管理办法》（2017）	住建部令第33号	2017年1月24日	2017年5月1日
7	《工程建设项目货物招标投标办法》（2013修订）	国家发展改革委、工信部、财政部、住建部、交通运输部、原铁道部、水利部、国家广电总局、民航局令第23号	2013年3月11日	2013年5月1日

续表

序号	名称	文号	公布日期	施行日期
8	《工程建设项目勘察设计招标投标办法》(2013 修订)	国家发展改革委、工信部、财政部、住建部、交通运输部、原铁道部、水利部、国家广电总局、民航局令第 23 号	2013 年 3 月 11 日	2013 年 5 月 1 日
9	《房屋建筑和市政基础设施工程施工招标投标管理办法》(2019 修正)	住建部令第 47 号	2019 年 3 月 13 日	2019 年 3 月 13 日
10	《评标委员会和评标方法暂行规定》(2013 修正)	—	2013 年 3 月 11 日	2013 年 5 月 1 日
11	《工程建设项目施工招标投标办法》(2013 修订)	国家发展改革委、工信部、财政部、住建部、交通运输部、原铁道部、水利部、国家广电总局、民航局令第 23 号	2013 年 3 月 11 日	2013 年 5 月 1 日
12	《工程建设项目招标投标活动投诉处理办法》(2013)	国家发展改革委、工信部、财政部、住建部、交通运输部、原铁道部、水利部、国家广电总局、民航局令第 23 号	2013 年 3 月 11 日	2013 年 5 月 1 日
13	《关于在招标投标活动中对失信被执行人实施联合惩戒的通知》	法〔2016〕285 号	2016 年 8 月 30 日	2016 年 8 月 30 日
14	《水利工程建设项目招标投标管理规定》(2001)	水利部令第 14 号	2001 年 10 月 29 日	2002 年 1 月 1 日
15	《民航专业工程建设项目招标投标管理办法》	民航规〔2024〕22 号	2024 年 2 月 26 日	2024 年 5 月 1 日
16	《铁路工程建设项目招标投标管理办法》	交通运输部令 2018 年第 13 号	2018 年 8 月 31 日	2019 年 1 月 1 日
17	《铁路建设工程招标投标监管暂行办法》(2016)	国铁工程监〔2016〕8 号	2016 年 2 月 25 日	2016 年 3 月 15 日
18	《经营性公路建设项目投资人招标投标管理规定》(2015 修正)	交通运输部令 2015 年第 13 号	2015 年 6 月 24 日	2015 年 6 月 24 日

续表

序号	名称	文号	公布日期	施行日期
19	《通信工程建设项目招标投标管理办法》	工信部令第27号	2014年5月4日	2014年7月1日
20	《水运工程建设项目招标投标管理办法》(2021修正)	交通运输部令2021年第14号	2021年8月11日	2021年8月11日
21	《公路工程建设项目招标投标管理办法》	交通运输部令2015年第24号	2015年12月8日	2016年2月1日
22	《民政部工程建设项目招标投标管理办法》	—	2007年12月13日	2007年12月13日
23	《煤炭工业基本建设工程施工招标投标实施办法(试行)》	—	1988年1月16日	1988年1月16日

(二)刑事责任

串通投标违法行为情节严重的,执法机关认为该行为已经触犯刑法,会依法移送司法机关,追究刑事责任。企业实施串通投标行为,涉嫌串通投标罪的同时,还易触犯其他罪名,引发其他刑事责任(见表4－2)。

表4－2　招投标领域刑事风险控制清单(部分)

罪名	法律依据	违法行为	法律后果	立案标准
串通投标罪	《刑法》第223条、第231条(单位犯罪的处罚)	投标人相互串通投标报价,损害招标人或者其他投标人利益;投标人与招标人串通投标,损害国家、集体、公民的合法利益	个人犯罪: 处3年以下有期徒刑或者拘役,并处或者单处罚金。 单位犯罪: 对单位判处罚金,并对其直接负责的主管人员和其他直接责任人员按前款的规定处罚	1. 损害招标人、投标人或者国家、集体、公民的合法利益,造成直接经济损失数额在50万元以上的; 2. 违法所得数额在20万元以上的; 3. 中标项目金额在400万元以上的; 4. 采取威胁、欺骗或者贿赂等非法手段的; 5. 虽未达到上述数额标准,但二年内因串通投标受过二次以上行政处罚,又串通投标的; 6. 其他情节严重的情形

续表

罪名	法律依据	违法行为	法律后果	立案标准
职务侵占罪	《刑法》第 271 条	公司、企业或者其他单位的工作人员，利用职务上的便利，将本单位财物非法占为己有	数额较大的，处 3 年以下有期徒刑或者拘役，并处罚金；数额巨大的，处 3 年以上 10 年以下有期徒刑，并处罚金；数额特别巨大的，处 10 年以上有期徒刑或者无期徒刑，并处罚金	数额在 3 万元以上的
挪用资金罪	《刑法》第 272 条	公司、企业或者其他单位的工作人员，利用职务上的便利，挪用本单位资金归个人使用或者借贷给他人，数额较大、超过 3 个月未还的，或者虽未超过 3 个月，但数额较大、进行营利活动的，或者进行非法活动的行为	处 3 年以下有期徒刑或者拘役；挪用本单位资金数额巨大的，处 3 年以上 7 年以下有期徒刑；数额特别巨大的，处 7 年以上有期徒刑	1. 挪用本单位资金数额在 5 万元以上，超过 3 个月未还的； 2. 挪用本单位资金数额在 5 万元以上，进行营利活动的； 3. 挪用本单位资金数额在 3 万元以上，进行非法活动的
对单位行贿罪	《刑法》第 391 条	为谋取不正当利益，给予国家机关、国有公司、企业、事业单位、人民团体以财物，或者在经济往来中，违反国家规定，给予上述单位各种名义的回扣、手续费	处 3 年以下有期徒刑或者拘役，并处罚金；情节严重的，处 3 年以上 7 年以下有期徒刑，并处罚金	1. 个人行贿数额在 10 万元以上、单位行贿数额在 20 万元以上的； 2. 个人行贿数额不满 10 万元、单位行贿数额在 10 万元以上不满 20 万元，但具有下列情形之一的： (1) 为谋取非法利益而行贿的； (2) 向 3 个以上单位行贿的； (3) 向党政机关、司法机关、行政执法机关行贿的； (4) 致使国家或者社会利益遭受重大损失的

续表

罪名	法律依据	违法行为	法律后果	立案标准
单位行贿罪	《刑法》第393条	公司、企业、事业单位、机关、团体为谋取不正当利益而行贿，或者违反国家规定，给予国家工作人员以回扣、手续费	处3年以下有期徒刑或者拘役，并处罚金；情节特别严重的，处3年以上10年以下有期徒刑，并处罚金	1. 单位行贿数额在20万元以上的； 2. 单位为谋取不正当利益而行贿，数额在10万元以上不满20万元，但具有下列情形之一的： (1)为谋取非法利益而行贿的； (2)向3人以上行贿的； (3)向党政领导、司法工作人员、行政执法人员行贿的； (4)致使国家或者社会利益遭受重大损失的

第三节　专项合规计划

一、高层承诺

企业高层对企业通过合规体系建设实现有效预防违法违规行为的目标作出正式承诺，并为实现该目标而采取一系列有效的推进措施。高层承诺是企业合规管理体系有效运行的关键，只有高层重视并承诺合规管理，才能自上而下地推进合规建设，因此，企业合规体系建设均强调并要求高层承诺。

企业高层应当承诺出台相关的招投标管理制度，规范招投标流程，确保在招标投标过程中不存在串通、欺诈、腐败、胁迫等行为。

二、合规组织体系

要保证公司合规体系建设的顺利进行并按照合规计划推进合规管理，就必须要有一个强有力的合规执行部门，并投入足够的人力、物力、财力等支持。

1. 修改公司章程，增设合规内容。在公司章程里面详细阐明本公司合规的基本理念、基本原则、基本框架结构等要素。

2. 任命一名高管担任合规管理部门的主管(大公司可以设置首席合规官,小公司可以设置合规专员)。在工作安排上,该合规主管全面参与重大经营活动,但不参与公司与合规相冲突的工作(如采购部门工作),以确保合规主管独立地识别合规风险,及时向股东会报告并直接向股东会负责。对严重的违规决策事项赋予合规主管一票否决权。

3. 聘请合规律师。企业内部的法务部门力量相对薄弱,应当聘请外部专业的合规律师担任公司法律顾问,对企业的合规体系建设及管理工作进行专业指导,通过对公司经营管理活动进行合法性、合规性审核,达到防止违法违规行为的发生。

三、有效的合规计划

为消除招投标领域的风险,促进企业合法合规经营,制定公司招标投标专项合规计划,招标投标专项合规计划包含构建合规管理体系和制定商业行为准则,使公司及员工的行为符合法律法规、监管规定、行业准则和企业章程等规范的要求,从而使得公司内控体系能有效识别并积极主动地防范和消除法律风险,进而防止违法违规行为的发生。

(一)建立健全合规政策

制定企业合规政策指引手册、企业员工行为准则、合作伙伴廉洁协议等合规文件,围绕合规风险点健全完善各类合规制度,确立各部门的行为准则,使得企业招标投标活动各环节都有遵循的法律、法规以及内部要求。

(二)建立合规审查机制

将合规审查作为一个关键节点,嵌入企业经营管理的决策过程中,作为规章制度制定、事项决策、合同签订、合同履行等经营管理行为的必经程序,及时对不合规的内容提出修改建议,未经合规审查不得进入下一步流程,合规风险未消除前,项目不得实施。

(三)加强合同管理

企业对合同设置内部审核程序,与商业伙伴签订合同加入反商业贿赂条款，规范招标方和投标方的行为。如在招标投标过程中聘用了第三方代理机构，亦需要进行合规尽职调查，确保第三方代理机构的资信实力，并要求第三方代理机构签订反商业贿赂声明。

（四）完善财务管理

企业应当严格遵守国家有关财务制度、规定和财经纪律，建立健全会计账簿，统一登记、核算各项业务事项；规范发票管理，对所有的发票必须核查无误后方能付款。企业应重点关注招标投标过程中的各项费用支付，明确资金走向及业务的真实性，对可疑的付款及时查证，防范用于腐败的款项绕道或包装后流出。

四、落实与改进

合规计划的落实离不开合规管理运行保障机制，只有建立起合规运行保障机制才能保障合规计划不会沦为纸面合规，不会导致合规整改的失败。

（一）定期检查机制

合规管理部门应当定期和不定期地对公司招标投标活动进行监督检查，监督对合规计划的落实情况，发现招标投标过程中存在的合规风险及时进行调查和研究，并制定整改措施，形成报告后报股东会通过。

（二）建立投诉举报机制

合规是全员参与的，企业可以通过公告、邮件、协议等多种形式向企业员工及合作伙伴公布本企业的投诉举报渠道，如电话、邮件、举报箱等，让员工有机会并能便利地反映公司运营中存在的违法违规行为，并对投诉举报者进行保密保护。

（三）合规考核机制

企业应当将员工对合规制度的执行情况列入考核内容。做到无论职位高低，公平对待、奖罚分明，对遵守合规制度的员工奖励，对发生违规行为的员工惩罚。

(四)培养合规文化

人人参与,全员合规。为使合规计划形成长效机制,长期发挥作用,企业通过全员合规培训和教育,将合规理念融入员工的思维之中,使全体员工从精神上敬畏法律、尊重规则,培养出企业的合规文化。

(五)报告与改进机制

合规管理部门定期和不定期地就企业合规体系的实施状况以及相关合规风险向股东会进行报告,并对发现的制度漏洞和结构性缺陷及时地加以修补和完善。随着外部法律法规和监管政策的变化及时地动态调整本企业的合规管理体系,确保企业的经营活动始终处于合法合规状态。

第四节　招标投标关联罪名及合规指引

一、串通投标罪

典型案例 张某铭、刘某夫等串通投标罪

【案号】

(2021)湘0981刑初465号

【案情简介】

2019年8月,沅江市某某路道路工程项目公开招投标,被告人张某铭为帮助被告人刘某夫中标,邀集24家公司进行围标,并通过统一为各公司制作造价预算,再以U盘形式分发至各公司联络人制作投标文件及标书,刘某夫则支付每家公司8000元至14,000元不等的费用。其中,被告人张某铭以其所在的某某建工集团有限公司、被告人陈某以其所在的湖南某某建设有限公司、被告人李某诚以其所在湖南某某建设有限公司并邀集湖南某某建筑工程有限公司、被告人钟某以其所在的湖南某某建设工程有限公司和衡一建设集团有限公司、被告人谢某翔以其所在的湖南某某建筑集团有限公司进行陪标。2019年8月23

日,湖南某某建设有限公司以557.587688万元中标沅江市某某路道路工程项目。2019年9月6日,刘某夫与湖南某某建设有限公司签订联营施工协议书,工程实际由刘某夫承揽,刘某夫向某某公司支付工程利润的30%。目前,沅江市某某道路工程项目已经完工,尚未结算工程款。被告人张某铭、陈某于2020年12月2日被某某机关抓获到案,被告人刘某夫于2020年12月8日主动到某某机关投案,被告人李某诚于2021年10月19日主动到某某机关投案,被告人钟某于2021年9月13日主动到某某机关投案,被告人谢某翔于2021年9月9日主动到某某机关投案。被告人张某铭、刘某夫、陈某、李某诚、钟某、谢某翔均于案发后主动退缴了违法所得。公诉机关提交了相关证据证实。案发后,被告人刘某夫向某某机关退缴546,900元利润,被告人张某铭向某某机关退缴违法所得26,000元,被告人陈某向某某机关退缴违法所得2万元,被告人钟某向某某机关退缴违法所得24,000元,被告人李某诚向某某机关退缴违法所得1万元;被告人谢某翔向某某机关退缴违法所得8000元。六名被告均认罪认罚。

【法院判决】

一审法院认为,被告人张某铭、刘某夫、陈某、李某诚、钟某、谢某翔相互串通投标报价,损害招标人或者其他投标人利益,情节严重,其行为均已构成串通投标罪。在共同犯罪中,被告人张某铭、刘某夫起主要作用,是主犯,应当按照其参与的全部犯罪处罚;被告人陈某、李某诚、钟某、谢某翔起次要作用,是从犯,依法应当从轻处罚。一审法院判决被告人张某铭犯串通投标罪,判处拘役5个月,缓刑6个月,并处罚金;被告人刘某夫、陈某、李某诚、钟某、谢某翔犯串通投标罪,判处罚金。

【罪名解析】

串通投标罪是指投标人相互串通投标报价,损害招标人或者其他投标人利益,或者投标人与招标人串通投标,损害国家、集体、公民的合法利益,情节严重的行为。

本罪的犯罪构成要件:(1)犯罪主体是特殊主体,即投标人和招标人,包括单位和自然人都可以构成本罪。单位犯本罪的,实行双罚制,即对单位判处罚金,对其直接负责的主管人员和其他直接责任人员追究相应的刑事责任。(2)犯罪的主观方面只能是故意,即明知自己串通投标的行为会损害招标人或其他投标人的利益,仍然为之,并希望或放任这种危害后果的发生,过失不构成本罪。动机多种多样,可以是为了自己中标,也可以是为了排挤其他投标人。(3)侵犯的客体是复杂客体,即既侵犯其他投标人或国家、集体的合法权益,又侵犯社会主义市场经济的自由贸易和公平竞争的秩序。(4)犯罪的客观表现为在招标投标的过程中,投标人之间私下串通,抬高标价或压低标价,共同损害招标人或其他投标人的利益,或者投标人与招标人之间相互勾结,损害国家、集体、公民的合法权益的行为。

【罪名认定】

投标人相互串通投标报价,或者投标人与招标人之间有相互串通投标行为。投标人在投标过程中相互串通投标报价,包括投标前和投标过程中,串通一气,商量好抬高标价或者压低标价等行为,既包括双方相互串通,也包括多方串通。投标人与招标人串通报价,是指二者私下串通,事先根据招标底价或者其招标人的报价情况,确定投标报价中标价格。行为人串通投标报价行为必须造成了损害招标人或者其他投标人利益的后果,并达到情节严重的程度,或者使国家、集体、公民的合法权益受到损害,才构成犯罪。

根据《招标投标法实施条例》第 39 条的规定,禁止投标人相互串通投标。有下列情形之一的,属于投标人相互串通投标:(1)投标人之间协商投标报价等投标文件的实质性内容;(2)投标人之间约定中标人;(3)投标人之间约定部分投标人放弃投标或者中标;(4)属于同一集团、协会、商会等组织成员的投标人按照该组织要求协同投标;(5)投标人之间为谋取中标或者排斥特定投标人而采取的其他联合行动。第 40 条规定,有下列情形之一的,视为投标人相互串通投标:(1)不同投标人的投标文件由同一单位或者个人编制;(2)不同投标人委托同一单位或者个人办理投标事宜;(3)不同投标人的投标文件载明的项目管理成员为同一人;(4)不同投标人的投标文件异常一致或者投标报价呈规律性差异;(5)不同投标人的投标文件相互混装;(6)不同投标人的投标保证金从同一单位或者个人的账户转出。第 41 条规定,禁止招标人与投标人串通投标。有下列情形之一的,属于招标人与投标人串通投标:(1)招标人在开标前开启投标文件并将有关信息泄露给其他投标人;(2)招标人直接或者间接向投标人泄露标底、评标委员会成员等信息;(3)招标人明示或者暗示投标人压低或者抬高投标报价;(4)招标人授意投标人撤换、修改投标文件;(5)招标人明示或者暗示投标人为特定投标人中标提供方便;(6)招标人与投标人为谋求特定投标人中标而采取的其他串通行为。

【立案标准】

《立案追诉标准(二)》第68条规定,[串通投标案(《刑法》第223条)]投标人相互串通投标报价,或者投标人与招标人串通投标,涉嫌下列情形之一的,应予立案追诉:

(1)损害招标人、投标人或者国家、集体、公民的合法利益,造成直接经济损失数额在50万元以上的;

(2)违法所得数额在20万元以上的;

(3)中标项目金额在400万元以上的;

(4)采取威胁、欺骗或者贿赂等非法手段的;

(5)虽未达到上述数额标准,但二年内因串通投标受过二次以上行政处罚,又串通投标的;

(6)其他情节严重的情形。

【刑事责任】

《刑法》第223条规定,投标人相互串通投标报价,损害招标人或者其他投标人利益,情节严重的,处3年以下有期徒刑或者拘役,并处或者单处罚金。

投标人与招标人串通投标,损害国家、集体、公民的合法利益的,依照前款的规定处罚。

《刑法》第231条规定,单位犯本节第221条至第230条规定之罪的,对单位判处罚金,并对其直接负责的主管人员和其他直接责任人员,依照本节各该条的规定处罚。

【合规指引】

(一)企业要依法参加招投标活动,树立诚信合规的经营理念

招标方严格按照法律的规定,准确把握必须招标的项目范围,应招必招;必

须招标范围外的项目，合理采用非招投标方式，提高采购效率与效益。加强招标文件编审，准确反映需求；必要时可以聘请专家组评标，防止倾向性意见；评标标准尽可能明确、客观、公正，防止自由裁量权滥用；加强招标过程中关键环节的监督检查；加强供应商资质管理及诚信审核把关；管理好聘请的第三方招标代理机构。

投标方严格按照法律法规的规定、招标文件的要求编制投标文件、参加竞标，坚决杜绝与招标人及其他投标人串标、围标、陪标，或通过其他违法违规手段获取中标。

（二）建立合规管理体系，形成长效机制，培养合规文化

企业要建立规范的招投标管理制度，规范招投标流程；建立保密制度，招投标的参与者签订保密承诺；建立招投标合规考核与奖惩制度，对违反合规管理制度的员工采取降职、降薪、辞退等惩罚措施，对遵守合规管理制度的员工给予奖励；强化企业招投标合规培训教育，让员工通过相关法律法规及监管政策学习，提高法治意识，理解自己的岗位职责和应承担的义务，以及出现违规行为时应承担的后果；强化合作伙伴管理，带动合作伙伴一起合规。

二、其他关联犯罪

与招标投标相关联的行贿罪、受贿罪、单位行贿罪、对单位行贿罪、对非国家工作人员行贿罪等合规指引将在本书第五章中详细分析，此处不再赘述。

第五章 反舞弊、反商业贿赂合规

“舞弊和腐败破坏了公平正义，威胁社会公德。企业员工的舞弊行为，污染了经营环境和经营风气，推高了企业运营成本、玷污了企业的品牌形象。”中集集团纪委书记刘震环、万科监事会主席解冻、阿里巴巴创始合伙人蒋芳等在中国企业反舞弊联盟成立大会上如此表达企业对商业舞弊行为危害的担忧。

2015 年 6 月 18 日，由阿里巴巴、碧桂园、复星、美的、顺丰、万科、世茂、中集等国内知名企业及广东省企业内部控制协会、中山大学企业与非营利组织内部控制研究中心共同发起的“中国企业反舞弊联盟”在上海宣告成立。这是中国首个由企业发起成立的以反舞弊为目标的民间非营利性合作组织，旨在通过创新和合作，帮助企业实施反舞弊行动和制度建设，推进资源共享、信息共享，搭建企业反舞弊经验交流平台，以共同建设廉洁的商业环境。涉及行贿受贿、侵占公司财产、出卖商业秘密，利用职权谋取不正当利益等舞弊行为均被列入不诚信行为范畴，并要求联盟成员单位要各自建立内部不诚信职员名单和数据库，供其他联盟单位共享，特别在招录员工时，如遇不诚信者，可以拒招，以提高不诚信行为的社会成本。企业反舞弊联盟成为继高层管理理念、内部过程控制、内部审计、外部审计四条传统的企业反舞弊防线之后的第五道防线。

2022 年 1 月 24 日，比亚迪宣布，2021 年查处不廉洁、严重违规员工 94 人，移交公安机关立案侦查 7 起 22 人；1 月 25 日，腾讯控股反舞弊调查部发布公告，2021 年共发现并查处触犯“腾讯高压线”案件 50 余起，近 70 人被辞退，10

余人因涉嫌犯罪被移送公安机关处理。[1] 任正非在公司内部反腐演讲《内外合规多打粮,保驾护航赢未来》中表示,“维持生存的根本就是不能腐败”。

员工舞弊行为和商业贿赂行为是腐败的两大表现形式。员工舞弊行为是指企业员工利用职权,通过有意误用、滥用雇佣企业的资源或资产来谋取个人利益。商业贿赂行为是指经营者为了排斥竞争对手,使自己在经济业务中获利,从而采取不正当竞争行为,向交易相对人提供或许诺某种利益。

企业员工的舞弊、商业贿赂行为不仅会对企业造成直接经济损失,还会损害企业品牌形象、企业文化,乃至企业声誉,阻碍企业长足发展。员工舞弊与商业贿赂,无论是对于大型企业,还是中小企业都是不得不面对的问题,都应当重视反舞弊、反商业贿赂合规体系建设。

第一节 反舞弊、反商业贿赂合规的重要意义

2021 年 9 月,中央纪委国家监委与中央组织部、中央统战部、中央政法委、最高人民法院、最高人民检察院联合印发了《关于进一步推进受贿行贿一起查的意见》,对进一步推进受贿行贿一起查作出部署:坚持受贿行贿一起查,多措并举提高打击行贿的精准性、有效性,推动实现腐败问题的标本兼治;坚持无禁区、全覆盖、零容忍,坚持重遏制、强高压、长震慑;坚持受贿行贿一起查,使不敢腐、不能腐、不想腐一体化推进;坚决查处行贿行为,重点查处多次行贿、巨额行贿以及向多人行贿;在国家重要工作、重点工程、重大项目中行贿的;在组织人事、执纪执法司法、生态环保、财政金融、安全生产、食品药品、帮扶救灾、养老社保、教育医疗等领域行贿的;实施重大商业贿赂的行为;检察机关和审判机关要严格行贿犯罪从宽情节的认定和刑罚适用,加大财产刑运用和执行力度。组织开展对行贿人作出市场准入、资质资格限制等问题进行研究,探索推行行贿人

---

〔1〕 参见《大厂上演“反贪风暴”的示范意义》,载中国青年网百家号 2022 年 1 月 27 日,https://baijiahao.baidu.com/s?id=1723071979368533021&wfr=spider&for=pc。

“黑名单”制度。

2022 年 4 月 6 日，最高人民检察院、公安部联合发布修订后的《立案追诉标准(二)》，对非国家工作人员受贿罪等 5 种非国家工作人员职务犯罪的立案追诉标准，采用与受贿罪等国家工作人员职务犯罪相同的入罪标准。其中，对非国家工作人员职务犯罪采用与国家工作人员职务犯罪相同的入罪标准，明确规定“公司、企业或者其他单位的人员，利用职务上的便利，将本单位财物非法占为己有，数额在三万元以上的，应予立案追诉”。挪用资金罪、对非国家工作人员行贿罪等同时也作了相应的调整。

此前，根据最高人民法院、最高人民检察院《关于办理贪污贿赂刑事案件适用法律若干问题的解释》的规定，非国家工作人员受贿罪、职务侵占罪中的“数额较大”“数额巨大”的数额起点，按照该解释关于受贿罪、贪污罪相对应的数额标准规定的 2 倍、5 倍执行，即 6 万元、100 万元。

2023 年 7 月 26 日，最高人民检察院研究制定了《关于依法惩治和预防民营企业内部人员侵害民营企业合法权益犯罪、为民营经济发展营造良好法治环境的意见》，要求：依法惩治影响民营企业健康发展的民营企业内部人员犯罪；依法加大对民营企业内部人员实施的职务侵占、挪用资金、受贿等腐败行为的惩处力度；推动健全涉案财物追缴处置机制，为涉案民营企业挽回损失；结合办案，推动民营企业腐败源头治理。

2024 年 3 月 1 日起施行的《刑法修正案(十二)》，再次加大了对舞弊和商业贿赂的惩罚力度。

在反商业贿赂方面，《刑法修正案(十二)》坚持受贿行贿一起查，有针对性地对一些严重行贿情形“从重处罚”，加大刑事追责力度。全国人大常委会法工委刑法室负责人指出“行贿人‘围猎’是政治生态的一个重要‘污染源’，对行贿行为决不能纵容，行贿不禁，受贿不止”。在立法上进一步明确对一些严重行贿情形加大刑事追责力度，进一步明确释放受贿行贿一起查的政策要求。比如在实践中，一些行贿人以单位名义行贿，规避处罚，此次修改调整提高单位行贿罪的刑罚标准，最高刑期由 5 年提高到 10 年。

在反舞弊方面，近年来民营企业内部人员腐败问题多发、易发，关键岗位人员以权谋私、侵害企业利益情况突出,《刑法修正案(十二)》对相关罪名作出修改完善,将实践中反映较为集中的民营企业内部人员发生的非法经营同类营业、为亲友非法牟利和徇私舞弊低价折股、出售资产三类行为规定为犯罪。将非法经营同类营业罪的主体作了进一步完善,将犯罪主体由"董事、经理"修改为"董事、监事、高级管理人员";将为亲友非法牟利罪中增加了有关"服务"的规定;将现行对"国有公司、企业"等相关人员适用的犯罪扩展到民营企业,针对的是企业内部关键岗位人员因腐败侵害企业、企业家权益的行为,将进一步加强对民营企业平等保护。通过惩治民营企业内部人员侵害企业财产犯罪,实现保护民营企业产权和企业家合法权益。

企业建立反舞弊、反商业贿赂合规体系,可以减少经济损失、保护品牌形象、形成企业文化、促进企业健康发展。建立合规体系的企业在商业活动中必然要求所有与其进行商业行为的实体和个人,都应遵守和维护企业在反舞弊、反商业贿赂方面的政策,由点及面,先合规企业带动后合规企业,形成联动效应,推动更多企业加入合规行列中,摒弃不正当竞争手段,回归企业合规经营正道。

第二节　尽职调查与风险识别

一、反舞弊、反商业贿赂尽职调查

(一)合规义务来源

1. 行政监管

行政法下规制商业贿赂行为的法律法规主要有《反不正当竞争法》和国家工商行政管理局《关于禁止商业贿赂行为的暂行规定》,其他散见于《行政处罚法》、《建筑法》、《价格法》、《政府采购法》、国务院《关于在对外公务活动中赠送和接受礼品的规定》、《国家行政机关及其工作人员在国内公务活动中不得赠送和接受礼品的规定》、原中国银行业监督管理委员会办公厅《关于银行业金融机构不正当竞争有关问题的批复》、《治理产权交易中商业贿赂工作实施方案》等法律法规、部门规范性文件及部门工作文件中。

2. 刑法规制

企业员工舞弊及商业贿赂常见的罪名有：职务侵占罪，挪用资金罪，挪用公款罪，盗窃罪，对非国家工作人员行贿罪，非国家工作人员受贿罪，对外国公职人员、国际公共组织官员行贿罪，行贿罪，对有影响力的人行贿罪，利用影响力受贿罪，对单位行贿罪，单位行贿罪，介绍贿赂罪等。

3. 国际公约

对“走出去”的企业，遵守相关国际公约尤为重要，如《联合国反腐败公约》《禁止在国际商业交易中贿赂外国公职人员公约》等。

4. 外国法律

“走出去”的企业，必须遵守项目所在地国的相关法律，还要注意与美国有关联的因素，避免被美国的《反海外腐败法》长臂管辖。

（二）查清企业现状

根据建设工程企业的特点，通过尽职调查，找出关键领域，抓重点，将风险暴露出来。建设工程企业最关键领域是招标投标：企业是否制定了完善的招投标管理制度，规范招投标流程，确保投标过程中不存在欺诈、串通、腐败、胁迫等不道德行为；在投标过程中是否有独立的部门对投标文件进行复核，确保投标文件真实有效，不存在虚假、伪造等违规行为；是否对投标过程进行全过程监督，确保投标人员及招标方不出现不道德的反商业贿赂行为；是否在发现或收到举报投标过程中投标人员存在不当行为时立即开展相应调查；内部审核程序是否加入了反商业贿赂条款，规范招标方和投标方的行为；是否对招投标过程中聘用的第三方进行了合规尽职调查，确保第三方的资信实力，并要求第三方签订反商业贿赂声明；是否对投标过程中的各项费用支付都有明确的资金走向等。

企业员工舞弊的形式多种多样，常见的舞弊手段有：（1）违规报销，虚构支出，虚报多报费用；（2）收受贿赂，为供应商等谋取交易机会；（3）吃回扣，通过商品服务差价、同价异名、提成、技术限制、以次充好等方法与手段私自收取佣金；（4）内外串通，伙同供应商或第三方通过虚构交易、虚增交易金额等骗取公司资金财产;(5)同业竞争,利用职务便利为自己或者他人谋取属于公司的商业机会,自营或者为他人经营与所任职公司同类的业务;(6)裙带关系,向自己的亲属利益输送;(7)私设小金库;(8)职务侵占、挪用资金等。

商业贿赂按照罪名划分也有多种表现形式:(1)对非国家工作人员行贿(为谋取不正当利益,给予公司、企业或者其他单位的工作人员以财物);(2)对外国公职人员、国际公共组织官员行贿(为谋取不正当商业利益,给予外国公职人员或者国际公共组织官员以财物的);(3)行贿(给予国家工作人员以财物,或者在经济往来中,违反国家规定,给予国家工作人员以财物,或者违反国家规定,给予国家工作人员以各种名义的回扣、手续费);(4)对有影响力的人行贿(为谋取不正当利益,向国家工作人员的近亲属或者其他与该国家工作人员关系密切的人,或者向离职的国家工作人员或者其近亲属以及其他与其关系密切的人行贿);(5)对单位行贿(为谋取不正当利益,给予国家机关、国有公司、企业、事业单位、人民团体以财物的,或者在经济往来中,违反国家规定,给予各种名义的回扣、手续费);(6)单位行贿(单位为谋取不正当利益而行贿,或者违反国家规定,给予国家工作人员以回扣、手续费)。

二、反舞弊、反商业贿赂风险评估

在风险评估过程中,对本企业经营管理流程各环节、各岗位履职进行舞弊及商业贿赂风险源、对应风险点进行全面的梳理,综合考虑业务规模、商业模式、营业地、交易主体、交易类型、政府关系、项目所在地(国)习俗等相关因素,尽可能全面、准确地评估实际的合规风险点,并进行分析、评估和风险分级评定,建立本企业反舞弊、反商业贿赂行政合规指导清单和反舞弊、反商业贿赂风险控制清单,如表5-1和表5-2所示,这是后续制定有针对性的专项合规计划的重要环节。

表5－1　反舞弊、反商业贿赂行政合规指导清单(部分)

<table>
<tr><th>序号</th><th>法律法规</th><th>违法行为</th><th>法律依据</th><th>法律责任</th></tr>
<tr><td>1</td><td rowspan="5">《反不正当竞争法》</td><td>采用财物或者其他手段贿赂交易相对方的工作人员</td><td rowspan="3">第7条第1款</td><td rowspan="5">没收违法所得,处10万元以上300万元以下的罚款;情节严重的,吊销营业执照</td></tr>
<tr><td>2</td><td>采用财物或者其他手段贿赂受交易相对方委托办理相关事务的单位或者个人</td></tr>
<tr><td>3</td><td>采用财物或者其他手段贿赂利用职权或者影响力影响交易的单位或者个人</td></tr>
<tr><td>4</td><td>支付或接受折扣不如实入账</td><td rowspan="2">第7条第2款</td></tr>
<tr><td>5</td><td>支付或接受佣金不如实入账</td></tr>
<tr><td>6</td><td rowspan="6">《国家工商行政管理局关于禁止商业贿赂行为的暂行规定》</td><td>采用商业贿赂手段销售或者购买商品(给予对方现金和实物,包括假借促销费、宣传费、赞助费、科研费、劳务费、咨询费、佣金等名义,或者以报销各种费用等,或者提供国内外各种名义的旅游、考察等给付财物以外的其他利益)</td><td>第2条</td><td rowspan="6">根据情节处以1万元以上20万元以下的罚款,有违法所得的,应当予以没收;构成犯罪的,移交司法机关依法追究刑事责任</td></tr>
<tr><td>7</td><td>收受或者索取贿赂</td><td>第4条</td></tr>
<tr><td>8</td><td>账外暗中给予或收受回扣</td><td>第5条</td></tr>
<tr><td>9</td><td>给予或接受折扣不如实入账</td><td>第6条</td></tr>
<tr><td>10</td><td>给予或接受佣金不如实入账</td><td>第7条</td></tr>
<tr><td>11</td><td>商品交易中附赠现金或者物品</td><td>第8条</td></tr>
</table>

表 5-2　反舞弊、反商业贿赂刑事风险控制清单(部分)

罪名	法律依据	违法行为	法律后果	立案标准
非国家工作人员受贿罪	《刑法》第 163 条	利用职务上的便利,索取他人财物或者非法收受他人财物,为他人谋取利益,或在经济往来中,利用职务上的便利,违反国家规定,收受各种名义的回扣、手续费,归个人所有的	数额较大的,处 3 年以下有期徒刑或者拘役,并处罚金;数额巨大或者有其他严重情节的,处 3 年以上 10 年以下有期徒刑,并处罚金;数额特别巨大或者有其他特别严重情节的,处 10 年以上有期徒刑或者无期徒刑,并处罚金	受贿 3 万元以上
对非国家工作人员行贿罪	《刑法》第 164 条第 1 款	个人或单位为谋取不正当利益,给予公司、企业或者其他单位的工作人员以财物的	数额较大的,处 3 年以下有期徒刑或者拘役,并处罚金;数额巨大的,处 3 年以上 10 年以下有期徒刑,并处罚金	个人行贿 3 万元以上;单位行贿 20 万元以上
对外国公职人员、国际公共组织官员行贿罪	《刑法》第 164 条第 2 款	为谋取不正当商业利益,给予外国公职人员或者国际公共组织官员以财物的	数额较大的,处 3 年以下有期徒刑或者拘役,并处罚金;数额巨大的,处 3 年以上 10 年以下有期徒刑,并处罚金	个人行贿 3 万元以上;单位行贿 20 万元以上

续表

罪名	法律依据	违法行为	法律后果	立案标准
非法经营同类营业罪	《刑法》第165条	国有公司、企业的董事、监事、高级管理人员,利用职务便利,自己经营或者为他人经营与其所任职公司、企业同类的营业,获取非法利益的	数额巨大的,处3年以下有期徒刑或者拘役,并处或者单处罚金;数额特别巨大的,处3年以上7年以下有期徒刑,并处罚金	非法获利10万元以上
		其他公司、企业的董事、监事、高级管理人员违反法律、行政法规规定,实施前款行为,致使公司、企业利益遭受重大损失的		非法获利10万元以上 注意:对其他公司、企业,入罪是否以“获利+损失”尚未有司法解释文件明确规定
为亲友非法牟利罪	《刑法》第166条	国有公司、企业、事业单位的工作人员,利用职务便利:(1)将本单位的盈利业务交由自己的亲友进行经营的;(2)以明显高于市场的价格从自己的亲友经营管理的单位采购商品、接受服务或者以明显低于市场的价格向自己的亲友经营管理的单位销售商品、提供服务的;(3)从自己的亲友经营管理的单位采购、接受不合格商品、服务的	致使国家利益遭受重大损失的,处3年以下有期徒刑或者拘役,并处或者单处罚金;致使国家利益遭受特别重大损失的,处3年以上7年以下有期徒刑,并处罚金	(1)造成国家直接经济损失在10万元以上的;(2)使其亲友非法获利数额在20万元以上的;(3)造成有关单位破产,停业、停产6个月以上,或者被吊销许可证和营业执照、责令关闭、撤销、解散的;(4)其他致使国家利益遭受重大损失的情形

续表

罪名	法律依据	违法行为	法律后果	立案标准
		其他公司、企业的工作人员违反法律、行政法规规定，实施前款行为	致使公司、企业利益遭受重大损失的，处3年以下有期徒刑或者拘役，并处或者单处罚金；致使公司、企业利益遭受特别重大损失的，处3年以上7年以下有期徒刑，并处罚金	(1)造成公司、企业直接经济损失在10万元以上的；(2)使其亲友非法获利数额在20万元以上的；(3)造成有关单位破产，停业、停产6个月以上，或者被吊销许可证和营业执照、责令关闭、撤销、解散的；(4)其他致使公司、企业利益遭受重大损失的情形
徇私舞弊低价折股、出售公司、企业资产罪	《刑法》第169条	国有公司、企业或者其上级主管部门直接负责的主管人员，徇私舞弊，将国有资产低价折股或者低价出售，致使国家利益遭受重大损失的	致使国家利益遭受重大损失的，处3年以下有期徒刑或者拘役；致使国家利益遭受特别重大损失的，处3年以上7年以下有期徒刑	(1)造成国家直接经济损失数额在30万元以上的；(2)造成有关单位破产，停业、停产6个月以上，或者被吊销许可证和营业执照、责令关闭、撤销、解散的；(3)其他致使国家利益遭受重大损失的情形
		其他公司、企业直接负责的主管人员，徇私舞弊，将公司、企业资产低价折股或者低价出售，致使公司、企业利益遭受重大损失的	致使公司、企业利益遭受重大损失的，处3年以下有期徒刑或者拘役；致使公司、企业利益遭受特别重大损失的，处3年以上7年以下有期徒刑	(1)造成公司、企业直接经济损失数额在30万元以上的；(2)造成有关单位破产，停业、停产6个月以上，或者被吊销许可证和营业执照、责令关闭、撤销、解散的；(3)其他致使公司、企业利益遭受重大损失的情形

续表

罪名	法律依据	违法行为	法律后果	立案标准
职务侵占罪	《刑法》第 271 条	利用职务上的便利，将本单位财物非法占为己有	数额较大的，处 3 年以下有期徒刑或者拘役，并处罚金；数额巨大的，处 3 年以上 10 年以下有期徒刑，并处罚金；数额特别巨大的，处 10 年以上有期徒刑或者无期徒刑，并处罚金	3 万元以上
挪用资金罪	《刑法》第 272 条	利用职务上的便利，挪用本单位资金归个人使用或者借贷给他人，数额较大、超过 3 个月未还的，或者虽未超过 3 个月，但数额较大、进行营利活动的，或者进行非法活动的行为	数额较大的，处 3 年以下有期徒刑或者拘役；挪用本单位资金数额巨大的，处 3 年以上 7 年以下有期徒刑；数额特别巨大的，处 7 年以上有期徒刑	(1) 挪用 5 万元以上，超过 3 个月未还的；(2) 挪用 5 万元以上，进行营利活动的；(3) 挪用本单位资金数额在 3 万元以上，进行非法活动的
伪造公司、企业、事业单位、人民团体印章罪	《刑法》第 280 条	伪造公司、企业、事业单位、人民团体的印章的	处 3 年以下有期徒刑、拘役、管制或者剥夺政治权利，并处罚金	情节、后果严重的
受贿罪	《刑法》第 385 条	国家工作人员利用职务上的便利，索取他人财物的，或者非法收受他人财物，为他人谋取利益的；国家工作人员在经济往来中，违反国家规定，收受各种名义的回扣、手续费，归个人所有的	数额较大或者有其他较重情节的，处 3 年以下有期徒刑或者拘役，并处罚金。 数额巨大或者有其他严重情节的，处 3 年以上 10 年以下有期徒刑，并处罚金或者没收财产。 数额特别巨大或者有其他特别严重情节的，处 10 年以上有期徒刑或者无期徒刑，并处罚金或者没收财	受贿 3 万元以上；受贿数额在 1 万元以上不满 3 万元，但具有下列情节：(1) 贪污救灾、抢险、防汛、优抚、扶贫、移民、救济、防疫、社会捐助等特定款物的；(2) 曾因贪污、受贿、挪用公款受过党纪、行政处分的；(3) 曾因故意犯罪受过刑事追究的；(4) 赃款赃物

续表

罪名	法律依据	违法行为	法律后果	立案标准
			产;数额特别巨大,并使国家和人民利益遭受特别重大损失的,处无期徒刑或者死刑,并处没收财产	用于非法活动的;(5)拒不交待赃款赃物去向或者拒不配合追缴工作,致使无法追缴的;(6)造成恶劣影响或者其他严重后果的;(7)多次索贿的;(8)为他人谋取不正当利益,致使公共财产、国家和人民利益遭受损失的;(9)为他人谋取职务提拔、调整的
行贿罪	《刑法》第389条、第390条	为谋取不正当利益,给予国家工作人员以财物的	处3年以下有期徒刑或者拘役,并处罚金;因行贿谋取不正当利益,情节严重的,或者使国家利益遭受重大损失的,处3年以上10年以下有期徒刑,并处罚金;情节特别严重的,或者使国家利益遭受特别重大损失的,处10年以上有期徒刑或者无期徒刑,并处罚金或者没收财产	行贿3万元以上;行贿数额在1万元以上不满3万元,但具有下列情形之一的,应当立案:(1)向3人以上行贿的;(2)将违法所得用于行贿的;(3)通过行贿谋取职务提拔、调整的;(4)向负有食品、药品、安全生产、环境保护等监督管理职责的国家工作人员行贿,实施非法活动的;(5)向司法工作人员行贿,影响司法公正的;(6)造成经济损失数额在50万元以上不满100万元的

续表

罪名	法律依据	违法行为	法律后果	立案标准
对有影响力的人行贿罪	《刑法》第390条之一	为谋取不正当利益,向国家工作人员的近亲属或者其他与该国家工作人员关系密切的人,或者向离职的国家工作人员或者其近亲属以及其他与其关系密切的人行贿的	处3年以下有期徒刑或者拘役,并处罚金;情节严重的,或者使国家利益遭受重大损失的,处3年以上7年以下有期徒刑,并处罚金;情节特别严重的,或者使国家利益遭受特别重大损失的,处7年以上10年以下有期徒刑,并处罚金。 单位犯前款罪的,对单位判处罚金,并对其直接负责的主管人员和其他直接责任人员,处3年以下有期徒刑或者拘役,并处罚金	个人行贿3万元以上;单位行贿20万元以上
对单位行贿罪	《刑法》第391条	为谋取不正当利益,给予国家机关、国有公司、企业、事业单位、人民团体以财物,或者在经济往来中,违反国家规定,给予上述单位各种名义的回扣、手续费的	处3年以下有期徒刑或者拘役,并处罚金;情节严重的,处3年以上7年以下有期徒刑,并处罚金。 单位犯前款罪的,对单位判处罚金,并对其直接负责的主管人员和其他直接责任人员,依照前款的规定处罚	个人对单位行贿10万元以上;单位对单位行贿20万元以上;个人行贿数额不满10万元、单位行贿数额在10万元以上不满20万元,但具有下列情形之一的:(1)为谋取非法利益而行贿的;(2)向3个以上单位行贿的;(3)向党政机关、司法机关、行政执法机关行贿的;(4)致使国家或者社会利益遭受重大损失的

续表

罪名	法律依据	违法行为	法律后果	立案标准
单位行贿罪	《刑法》第393条	为谋取不正当利益而行贿，或者违反国家规定，给予国家工作人员以回扣、手续费，情节严重的	对单位判处罚金，并对其直接负责的主管人员和其他直接责任人员，处3年以下有期徒刑或者拘役，并处罚金；情节特别严重的，处3年以上10年以下有期徒刑，并处罚金	单位行贿20万元以上；或数额在10万元以上不满20万元，但具有下列情形之一的：(1)为谋取非法利益而行贿的；(2)向3人以上行贿的；(3)向党政领导、司法工作人员、行政执法人员行贿的；(4)致使国家或者社会利益遭受重大损失的

第三节　专项合规计划

一、高层重视与承诺

高层重视是有效合规计划付诸实施的前提，高层合规承诺原则是企业建立和实施有效合规计划的重要制度保障。合规，与改革一样，只有采取自上而下的途径，才更容易取得成功。高级管理层对企业通过合规管理实现有效预防违法违规行为的目标作出正式承诺，并为实现合规目标而采取一系列有效的推进措施，成为企业合规体系建设的驱动力量。

合规是全员的合规，需要人人参与。不仅管理层要集体作出合规承诺，表示严格履行合规整改计划，相关岗位人员也要作出合规承诺，表示在自己的职责范围内履行反商业贿赂合规义务。

二、合规组织

企业根据规模大小，设立专门的反贿赂合规管理岗位或工作团队，配备专业力量。

（一）成立反舞弊、反商业贿赂治理层

在公司董事会、监事会、经理层及专门委员会进行反舞弊、反商业贿赂相关的职责、权限设定和嵌入，确保有一个完善的权威机构持续的领导、推进反舞弊、反商业贿赂合规体系建设。

（二）确定责任人

本企业主要负责人是反舞弊、反商业贿赂合规管理的第一责任人，分管企业合规管理的公司领导和部门负责人是反舞弊、反商业贿赂合规管理的主要负责人。

企业根据自身实际情况，可以借鉴中兴公司经验建立三道防线，各业务部门是预防、监测和应对舞弊与贿赂的第一道防线，专门的合规组织是第二道防线，而合规稽查部是独立的第三道防线。

反舞弊、反商业贿赂合规管理职能部门及人员应当保持独立性，不得兼任财务管理、市场营销、采购等可能与其反舞弊、反商业贿赂职责发生利益冲突的职务，并就重大事项向上级独立汇报和沟通。

（三）资源投入

企业应当保证公司合规组织团队的人力、物力、财力等资源的投入。配备足够的专业人员，必要时聘请外部专业律师团队；善用软件技术工具，购买使用合规管理系统软件工具提高工作效率；必要时购买外部专业服务，与律师事务所、会计师事务所及其他咨询机构合作。

三、合规体系建设

健全合规风险识别清单、岗位合规职责清单、业务流程管控清单，推动合规管理与经营管理深度融合。

（一）反舞弊、反商业贿赂合规政策

企业可以结合自身实际情况，参考《中央企业合规管理办法》、GB/T 35770—2022《合规管理体系　要求及使用指南》、ISO 37301：2021《合规管理体系　要求及使用指南》等文件，建立本企业的反舞弊、反商业贿赂合规政策体系，制定合规政策、组织架构、合规手册、合规管理规范及工作指引等规章制度。

（二）反舞弊、反商业贿赂行为准则

企业根据梳理出来的刑事风险控制清单及违规风险点，制定反舞弊、反贿赂行为准则，在员工行为准则中加入反舞弊、反商业贿赂条款，同时要求全体员工签署《员工廉洁承诺书》。建立健全反舞弊、反贿赂的相关内控制度，包括但不限于业务审批、财务审核、信息系统审批权限等制度。

（三）反舞弊、反商业贿赂流程管控

为了防止反舞弊、反贿赂合规管理流于形式，围绕舞弊与商业贿赂刑事风险的识别、监测和纠偏工作，在各项审批流程的关键环节设计合规审批流程，将合规审批流程嵌入企业的采购、生产、销售、财务等业务流程，确保合规管控贯穿业务活动全过程的主要节点。合规审批流程不通过，相关业务不得继续进行，对重大事项，合规主管（或首席合规官、或合规专员）有一票否决权。

（四）建立投诉举报机制

鼓励企业员工及合作伙伴对本企业发生的违法违规行为进行投诉举报。要求本企业全体员工发现或掌握舞弊及贿赂线索时，履行及时报告义务，按照线索举报管理要求，做到严格保密和及时报告。

（五）建立追责与考评机制

对涉嫌舞弊与商业贿赂的行为加大调查和追责力度，严肃处理涉嫌舞弊与商业贿赂犯罪的相关人员，根据行为性质及恶劣程度，采取包括但不限于降级、调离岗位、开除、移送司法机关等处理方式，提高反舞弊、反商业贿赂管理的严肃性。将反舞弊、反商业贿赂管理及其效果情况纳入员工绩效考核，将绩效考核结果与个人职务晋级等挂钩，对合规责任的落实情况进行考核评价，对落实责任不到位的情况进行问责。

四、落实与改进

(一)专项合规计划落实

合规管理部门承担反舞弊、反商业贿赂专项合规体系的建立,合规计划的推进,合规计划落实情况的检查,全员合规教育培训等重任。合规管理部门要与业务部门建立顺畅的咨询和沟通机制,定期对企业专项合规计划实施工作进行持续性的合规审查,确保专项合规计划工作有效落地。企业应根据合规审查中发现的反腐败反舞弊制度体系中的不足,随时提出改进措施。企业是否会主动查处为企业自身经营利益而进行商业贿赂的员工,是衡量企业反舞弊、反商业贿赂合规水平的重要指标。合规管理部门要定期风险监测,定期开展专项检查,查找合规计划与落实过程中的偏差,及时发现违背反舞弊、反商业贿赂合规管理要求的行为,及时处理。

(二)培训教育

加强对企业全体员工的法律风险和合规管理的日常教育培训,结合本企业舞弊及商业贿赂犯罪行为可能发生的重点领域和关键环节,确立教育培训的重点人员,加大对风险程度较高岗位人员的合规教育力度。

(三)培养合规文化

开展本企业反舞弊、反商业贿赂合规文化建设,培养企业良好的合规文化,让合规理念深入人心、法治思想植入大脑,能够让企业形成一种守法合规、健康发展的惯性。

(四)实时更新改进

根据企业经营情况和法律、监管政策等外部环境的变化实时更新企业的合规管理体系,对新情况制定有针对性的防范措施,所有经营管理部门都要承担起各自职责范围内的舞弊与商业贿赂风险识别责任,及时报告识别情况。

第四节　舞弊与商业贿赂关联罪名及合规指引

一、职务侵占罪

典型案例　**郭某林职务侵占案**[1]

【案情简介】

河南省某宇建设集团有限公司(以下简称某宇建设公司)濮阳办事处负责人王某方负责该公司在濮阳地区业务。2013年,郭某林、李某军等在某宇建设公司不知情的情况下,通过王某方利用某宇建设公司资质竞标翟阳公路三标段BT施工项目。竞标成功后,以某宇建设公司的名义与林州市公路管理局签订该项目施工合同。而后,该工程交由李某军、郭某林负责施工。其间,郭某林、李某军私自刻制某宇建设公司翟阳公路三标项目部印章,并用于对外签订与该工程有关合同。2014年,林州市财政局分三笔共381.89万元拨到某宇建设公司账户,某宇建设公司全部转给王某方,王某方扣除11.3万元管理费据为己有后,将余款370.59万元转给李某军。李某军全部用于支付工程款。后因施工过程中产生纠纷,案外人赵某新诉请某宇建设公司及李某军共同支付其工程款。经仲裁委裁决,某宇建设公司支付赵某新剩余工程款98.68万元及利息。后某宇建设公司110万元被法院执行承担还款义务后,某宇建设公司报案。

另查明,某宇建设公司2014年1月收到第一笔工程款后,得知王某方以某宇建设公司的名义承接了该工程,补齐了相关任命手续,分别聘任李某军、郭某林为项目负责人,负责工程技术、施工事宜。聘书落款日期为2013年3月15日。

【法院判决】

睢阳区人民法院以郭某林犯职务侵占罪、伪造公司印章罪,数罪并罚判处

---

〔1〕参见《商丘中院发布2021年度优化法治化营商环境十大典型案例》,载商丘市中级人民法院官网2022年2月16日,http://hnsqzy.hncourt.gov.cn/public/detail.php? id=18122。

有期徒刑5年3个月。商丘市中级人民法院认为,郭某林在未经某宇建设公司许可的情况下,私自刻制该公司翟阳公路三标项目部印章,其行为已构成伪造公司印章罪。原审认定郭某林的行为构成职务侵占罪属于认定事实和适用法律错误,依法予以纠正。遂裁定撤销原判决,改判郭某林犯伪造公司印章罪,判处有期徒刑6个月。

【典型意义】

在建设工程领域,公司出借资质的现象比较普遍,在施工过程中产生的纠纷,给出借资质的公司造成损失,公司在承担相应民事责任后,可以依法行使追偿权,而不宜追究其刑事责任。本案中,郭某林与某宇建设公司双方形成的是借用资质的关系,并非实际意义上的公司员工,不符合职务侵占罪的主体要件。在施工过程中,某宇建设公司没有资金投入,没有参与技术、安全等方面的管理,也没有参与工程结算,没有从中获利。该项目由实际施工人李某军、郭某林具体负责,因而工程款由其实际支配。所以,郭某林不构成职务侵占罪,对该部分免除刑罚,符合优化法治化营商环境中保护企业及企业家合法权益的题中之义。

【罪名解析】

职务侵占罪是指公司、企业或者其他单位的工作人员,利用职务上的便利,将本单位财物非法占为己有,数额较大的行为。

本罪的犯罪构成要件:(1)犯罪主体是特殊主体,即公司、企业或者其他单位中的非国家工作人员。国有公司、企业或者其他国有单位中从事公务的人员和国有公司、企业或者其他国有单位委派到非国有公司、企业以及其他单位从事公务的人员有《刑法》第271条第1款行为的,以贪污罪定罪处罚。因此,国资企业员工若发生职务侵占行为,可能构成贪污罪。(2)主观上必须是故意,行为人具有非法侵占本单位财物的直接故意。(3)侵犯的客体是公司、企业或其他单位的财产所有权。(4)客观要件是"利用职务上的便利"和"非法占为己有",并达到数额较大。其中,"利用职务上的便利"是指利用职权及与职务有关的便利条件;"非法占为己有"是指采用侵吞、窃取、骗取等各种手段将本单位财物化为私有。公司员工利用职务上的便利条件,在项目上少支出多报销、收取客户款项不入账、将临时保管的企业财产占为己有等均属于典型的职务侵占行为。

【罪名认定】

本罪只能由公司、企业或者其他单位中的非国家工作人员构成，国资企业员工若发生职务侵占行为，不构成本罪，可能构成贪污罪。最高人民法院、最高人民检察院《关于办理国家出资企业中职务犯罪案件具体应用法律若干问题的意见》第 1 条规定："关于国家出资企业工作人员在改制过程中隐匿公司、企业财产归个人持股的改制后公司、企业所有的行为的处理　国家工作人员或者受国家机关、国有公司、企业、事业单位、人民团体委托管理、经营国有财产的人员利用职务上的便利，在国家出资企业改制过程中故意通过低估资产、隐瞒债权、虚设债务、虚构产权交易等方式隐匿公司、企业财产，转为本人持有股份的改制后公司、企业所有，应当依法追究刑事责任的，依照刑法第三百八十二条、第三百八十三条的规定，以贪污罪定罪处罚。贪污数额一般应当以所隐匿财产全额计算；改制后公司、企业仍有国有股份的，按股份比例扣除归于国有的部分。所隐匿财产在改制过程中已为行为人实际控制，或者国家出资企业改制已经完成的，以犯罪既遂处理。第一款规定以外的人员实施该款行为的，依照刑法第二百七十一条的规定，以职务侵占罪定罪处罚；第一款规定以外的人员与第一款规定的人员共同实施该款行为的，以贪污罪的共犯论处……"

最高人民法院《关于〈中华人民共和国刑法修正案（九）〉时间效力问题的解释》第 7 条规定："对于 2015 年 10 月 31 日以前以捏造的事实提起民事诉讼，妨害司法秩序或者严重侵害他人合法权益，根据修正前刑法应当以伪造公司、企业、事业单位、人民团体印章罪或者妨害作证罪等追究刑事责任的，适用修正前刑法的有关规定。但是，根据修正后刑法第三百零七条之一的规定处刑较轻的，适用修正后刑法的有关规定。实施第一款行为，非法占有他人财产或者逃避合法债务，根据修正前刑法应当以诈骗罪、职务侵占罪或者贪污罪等追究刑事责任的，适用修正前刑法的有关规定。"

构成职务侵占罪必须达到"数额较大"的标准，如果仅有非法侵占公司、企业或其他单位财物的行为，但没有达到"数额较大"的标准，则不能构成本罪。

根据《刑法》第 271 条的相关规定，国有公司、企业或者其他国有单位中从事公务的人员和国有公司、企业或者其他国有单位到非国有公司、企业以及其他单位从事公务的人员有“利用职务上的便利，将本单位财物非法占为己有，数额较大的”行为的，依照本法第382条（贪污罪）、第383条（贪污罪的处罚）的规定定罪处罚，而不构成本罪。

【立案标准】

根据最高人民法院、最高人民检察院《关于办理贪污贿赂刑事案件适用法律若干问题的解释》（法释〔2016〕9号）第11条的规定，《刑法》第163条规定的非国家工作人员受贿罪、第271条规定的职务侵占罪中的“数额较大”“数额巨大”的数额起点，按照本解释关于受贿罪、贪污罪相对应的数额标准规定的2倍、5倍执行。

2022年5月15日实施的《立案追诉标准（二）》第76条规定，[职务侵占案（《刑法》第271条第1款）]公司、企业或者其他单位的工作人员，利用职务上的便利，将本单位财物非法占为己有，数额在3万元以上的，应予立案追诉。

【刑事责任】

根据《刑法》第271条第1款的规定，公司、企业或者其他单位的工作人员，利用职务上的便利，将本单位财物非法占为己有，数额较大的，处3年以下有期徒刑或者拘役，并处罚金；数额巨大的，处3年以上10年以下有期徒刑，并处罚金；数额特别巨大的，处10年以上有期徒刑或者无期徒刑，并处罚金。

【合规指引】

1. 事前预防

企业应当健全企业风险防范体系，制定各项规章制度，明确各岗位人员的职责权限及违反制度的相应处罚，权力制衡防止部分人员权力过于集中。围绕采购、生产、销售、财物管理等方面制定规章制度，确保企业的生产经营活动各环节严格按照规章制度进行，加强现金管理及各项财物票据管理制度，及时核查应收应付款项，在制度流程设计上不给不良分子可乘之机。加强企业员工法律、职业道德教育培训，通过教育宣传和引导，强化员工法律风险意识。

2. 事中预防

（1）建立检查制度。企业监察部门或合规管理部门应当定期或不定期检查，及时排查隐患、发现问题，同时可以对预谋不轨者产生威慑力。

（2）加强内部监督。企业监察部门对员工职务行为进行监督、检查及违规处理；设立投诉举报奖励机制，鼓励员工举报提供线索，并给予一定的奖励，实现全员监督。

3. 事后处理

职务犯罪发生后应当第一时间停止涉事员工的关键性工作，防止损失进一步扩大；及时固定证据，做好证据保全，防止犯罪嫌疑人毁灭证据，并及时向公安机关等有关部门报案。应当吸取教训，事后反思总结，分析事发原因，并积极做好完善规章制度，弥补管理漏洞等工作。

4. 关注重点领域重点岗位

对于建设工程企业来说，要关注重点领域、重点岗位，项目经理岗位就是其中一个。项目经理职务侵占常见类型包括监守自盗、报销个人费用、虚构工资表或者劳务表套取资金、虚构公司债务套取资金、虚列开支套取项目资金、串通虚假交易、截留公司收入不入账等。

5. 公司高管应当禁忌的行为

利用职务之便侵占公司财物；擅自将合法持有的本单位财物进行非法处分或使用，即变持有为所有；利用职务便利不支付对价即占有公司财物；虚构不存在的项目或业务骗取公司资金；截留公司工程款、货款等收入不入账、据为己有或者擅自用于个人用途；擅自支取公司资金归个人使用且不予归还等。

企业高管与其他内部人员相互串通或者内外勾结作案，隐蔽性强、手法复杂，也成为近年来企业内部犯罪较为突出的表现形式。

二、挪用资金罪

典型案例 章某慧挪用资金案[1]

【案情简介】

2012年12月18日，河南某业建设集团有限公司（以下简称某业公司）与章

[1] 参见《商丘中院发布2021年度优化法治化营商环境十大典型案例》，载商丘市中级人民法院官网2022年2月16日，http://hnsqzy.hncourt.gov.cn/public/detail.php?id=18122。

某慧签订《内部承包施工合同》，约定：淮南市文化艺术中心项目施工承包责任人为章某慧，承包责任人独立核算，自负盈亏，自我承担施工过程中风险及某业公司与淮南市文化艺术中心所有合同、补充协议及相关纪要的全部风险内容。

施工期间，章某慧将工程的土建部分以大清包的形式承包给王某友，2013年2月5日、6日，并收取王某友150万元工程保证金。其中汇入分公司账户80万元，会计账户47万元。章某慧指示会计将其中30万元汇给吴某英，17万元转给其律师，用于支付个人律师费及法院执行款；剩余23万元，章某慧辩解系王某友用前期工程款抵扣的，并非交纳的现金，王某友证言中陈述系20万元现金，交给了会计赵某。2015年7月，某业公司以章某慧违反合同约定，将部分工程分包给王某友为由解除章某慧职务。2016年，王某友起诉某业公司，要求返还150万元工程保证金，法院判决某业公司偿还王某友150万元保证金。2017年10月，某业公司股东吴某英（该公司法定代表人付某杰之妻）以章某慧涉嫌挪用资金罪向夏邑县公安局报案。

【法院判决】

一、二审法院均认为，在淮南市文化广电新闻出版局将淮南市文化艺术中心工程项目发包给某业公司前，章某慧已与某业公司签订了《内部承包施工合同》，从双方约定看，章某慧是借用某业公司名义承包的工程，系工程施工实际承包人，对收取施工方缴纳的工程保证金有处分权，且部分保证金用于工程开支，其行为不符合挪用资金罪规定的构成要件，不构成挪用资金罪。

【典型意义】

在营造法治化营商环境，加强产权和企业家权益保护的大背景下，两级法院裁定被告人章某慧无罪，是贯彻中央保护产权和企业经营者权益重大决策的司法实践。本案的裁定不仅还被告人个人以清白，更对增强企业经营者人身、财产安全感和干事创业信心具有重要意义。本案的判决充分贯彻了“坚决防止将经济纠纷当作犯罪处理、坚决防止将民事责任变为刑事责任”的司法理念。

【罪名解析】

挪用资金罪是指公司、企业或者其他单位的工作人员，利用职务上的便利，挪用本单位资金归个人使用或者借贷给他人，数额较大、超过3个月未还的，或者虽未超过3个月,但数额较大、进行营利活动的,或者进行非法活动的行为。

本罪的构成要件是:(1)犯罪主体是特殊主体,即公司、企业或者其他单位中的非国家工作人员;(2)主观上必须是故意,即行为人明知自己在挪用或借贷本单位资金,并且利用了职务上的便利,而仍故意为之;(3)侵犯的客体是公司、企业或者其他单位的资金的使用收益权;(4)客观表现为行为人利用职务上的便利,挪用本单位资金归个人使用或者借贷给他人,数额较大、超过3个月未还的;或者虽未超过3个月,但数额较大、进行营利活动的;或者进行非法活动的行为。

【罪名认定】

1. 挪用本单位资金的行为,根据数额大小及情节轻重,可能构成违纪或犯罪。

首先是挪用本单位资金的数额,数额是衡量挪用本单位资金的行为的社会危害性的一个重要方面。对于挪用资金罪中"数额较大,超过3个月未还的""虽未超过3个月,但数额较大、进行营利活动的"这两种情形来说,"数额较大"是构成犯罪的必备要件。因此,在这种情况下,是否达到"数额较大",就成为区分一般的挪用资金的违纪行为和挪用资金罪的重要标准之一。如果挪用单位资金用于"进行非法活动的"(比如挪用一两百元赌博,同桌所有人赌资加起来达500元就有可能被治安处罚),法律未规定数额上的要求,但是,从有关的司法解释的精神看,挪用数额很小,社会危害性不大的,并不认为是犯罪,而只是作为一般的违法违纪行为处理。其次是挪用本单位资金的时间,也是衡量社会危害性的另一个重要指标。对于本罪中"数额较大、超过3个月未还的"这种情况,"超过3个月未还"就是构成挪用资金罪的必备要件。在这种情况下,挪用本单位资金是否超过3个月未还就成为区分一般的挪用资金的违法违纪行为和挪用资金罪的界限的重要标准之一。对于挪用资金罪中"虽未超过3个月,但数额较大、进行营利活动的""进行非法活动的"这两种情况,并无时间长短的要求,但如果挪用的时间很短,造成的社会危害性不大,可以作为"情节显著轻微危害不大"的情况,不认为是犯罪,而作为一般的挪用本单位资金的违法违纪行为处理。另外,国有公司、企业或者其他国有单位中从事公务的人员和国有公司、企业或者其他国有单位委派到非国有公司、企业以及其他单位从事公务的人员有第272条第1款行为的，不构成挪用资金罪，而构成第384条规定的挪用公款罪。

2. 特殊情况下的认定。

(1)根据最高人民检察院《关于挪用尚未注册成立公司资金的行为适用法律问题的批复》，筹建公司的工作人员在公司登记注册前，利用职务上的便利，挪用准备设立的公司在银行开设的临时账户上的资金，归个人使用或者借贷给他人，数额较大、超过3个月未还的，或者虽未超过3个月，但数额较大、进行营利活动的，或者进行非法活动的，应当根据《刑法》第272条的规定，追究刑事责任。

(2)根据最高人民法院《关于如何理解刑法第二百七十二条规定的"挪用本单位资金归个人使用或者借贷给他人"问题的批复》，公司、企业或者其他单位的非国家工作人员，利用职务上的便利，挪用本单位资金归本人或者其他自然人使用，或者挪用人以个人名义将所挪用的资金借给其他自然人和单位，构成犯罪的，应当依照《刑法》第272条第1款的规定定罪处罚。即构成本罪。

(3)根据最高人民法院《关于对受委托管理、经营国有财产人员挪用国有资金行为如何定罪问题的批复》，对于受国家机关、国有公司、企业、事业单位、人民团体委托，管理、经营国有财产的非国家工作人员，利用职务上的便利，挪用国有资金归个人使用构成犯罪的，应当依照《刑法》第272条第1款的规定定罪处罚。

(4)根据最高人民法院研究室《关于挪用退休职工社会养老金行为如何适用法律问题的复函》，退休职工养老保险金不属于我国刑法中的救灾、抢险、防汛、优抚、扶贫、移民、救济等特定款物的任何一种。因此，对于挪用退休职工养老保险金的行为，构成犯罪时，不能以挪用特定款物罪追究刑事责任，而应当按照行为人身份的不同，分别以挪用资金罪或者挪用公款罪追究刑事责任。

3. 根据最高人民法院、最高人民检察院《关于办理妨害预防、控制突发传染病疫情等灾害的刑事案件具体应用法律若干问题的解释》的相关规定，公司、企业或者其他单位的工作人员挪用用于预防、控制突发传染病疫情等灾害的款物归个人使用，构成犯罪的，以挪用资金罪定罪，依法从重处罚。

4. 根据《刑法》第 272 条第 2 款的相关规定，国有公司、企业或者其他国有单位中从事公务的人员和国有公司、企业或者其他国有单位委派到非国有公司、企业以及其他单位从事公务的人员“利用职务上的便利，挪用本单位资金归个人使用或者借贷给他人，数额较大、超过 3 个月未还的，或者虽未超过 3 个月，但数额较大、进行营利活动的，或者进行非法活动的”，依照本法第 384 条的规定定罪（挪用公款罪）处罚。

【立案标准】

根据最高人民法院、最高人民检察院《关于办理贪污贿赂刑事案件适用法律若干问题的解释》的相关规定，《刑法》第 272 条规定的挪用资金罪中的“数额较大”“数额巨大”以及“进行非法活动”情形的数额起点，按照本解释关于挪用公款罪“数额较大”“情节严重”以及“进行非法活动”的数额标准规定的 2 倍执行：挪用资金归个人使用，进行营利活动或者超过 3 个月未还，数额在 10 万元以上的，为“数额较大”；数额在 1000 万元以上的，为“数额巨大”。挪用资金归个人使用，进行非法活动，数额在 6 万元以上的，为“数额较大”；数额在 600 万元以上的，为“数额巨大”。

《立案追诉标准（二）》第 77 条规定，[挪用资金案（《刑法》第 272 条第 1 款）]公司、企业或者其他单位的工作人员，利用职务上的便利，挪用本单位资金归个人使用或者借贷给他人，涉嫌下列情形之一的，应予立案追诉：

（1）挪用本单位资金数额在 5 万元以上，超过 3 个月未还的；

（2）挪用本单位资金数额在 5 万元以上，进行营利活动的；

（3）挪用本单位资金数额在 3 万元以上，进行非法活动的。

具有下列情形之一的，属于本条规定的“归个人使用”：

（1）将本单位资金供本人、亲友或者其他自然人使用的；

（2）以个人名义将本单位资金供其他单位使用的；

（3）个人决定以单位名义将本单位资金供其他单位使用，谋取个人利益的。

【刑事责任】

《刑法》第 272 条规定，公司、企业或者其他单位的工作人员，利用职务上的便利，挪用本单位资金归个人使用或者借贷给他人，数额较大、超过3个月未还的，或者虽未超过3个月，但数额较大、进行营利活动的，或者进行非法活动的，处3年以下有期徒刑或者拘役；挪用本单位资金数额巨大的，处3年以上7年以下有期徒刑；数额特别巨大的，处7年以上有期徒刑。

国有公司、企业或者其他国有单位中从事公务的人员和国有公司、企业或者其他国有单位委派到非国有公司、企业以及其他单位从事公务的人员有前款行为的，依照本法第384条的规定定罪处罚。

在提起公诉前将挪用的资金退还的，可以从轻或者减轻处罚。其中，犯罪较轻的，可以减轻或者免除处罚。

【合规指引】

健全财务审计制度，定期对企业账目进行审计，可以聘请外部专业的第三方审计同企业内部自查相结合等方式，杜绝企业及其各部门私设小金库、往来现金不入账等现象。完善财务管理制度和资金使用审批流程，加强公司资金控制，保证项目资金专款专用。

民营企业家及高管要严格区分公司财产和个人财产的界限，未经合法程序不得挪用公司资金，挪用后必须及时归还；如果利用职务便利挪用单位资金归个人使用，数额较大且超过3个月未还，其行为构成挪用资金罪；如果挪用资金后非法据为己有，将转化为职务侵占罪。

关爱员工，帮扶生活有困难的员工，以及因突发事件致贫的员工。告诫员工不沾染黄、赌、毒、网上打赏等不良恶习，对相关人员不定期进行轮岗、对调、对账、审计等，防范风险。

对可能接触到资金的相关员工进行法律培训与教育，提高员工的法律意识，通过相关案例警示，震慑心存不轨者。

发现员工涉嫌挪用公司资金，应积极采取停职、固定证据、报警、提供线索、配合调查等相关措施，避免损失进一步扩大。

三、非国家工作人员受贿罪

典型案例 张某非国家工作人员受贿案

【案号】

(2013)宿城刑初字第0411号

(2013)宿中刑二终字第0070号

【案情简介】

2010年8月至2011年春节前,被告人张某利用担任江苏省金某建工集团有限公司洋河酒厂制曲发酵楼工程项目部采购员的职务之便,分别收受宿迁市德某木业有限公司刘某所送现金人民币6.84万元、山东省临沂万某钢材经销处左某某所送现金人民币4万元、宿迁华某建材公司熊某所送现金人民币2万元,共计人民币12.84万元,并为其谋取利益。被告人张某于2012年2月9日被公安机关抓获归案。案发后,其家人已代为退出全部赃款。

【法院判决】

一审法院认为,江苏省金某建工集团有限公司承包江苏洋河酒厂股份有限公司制曲发酵楼建设工程,后江苏省金某建工集团有限公司制曲发酵楼工程项目部将所承接的工程发包给余某某组织施工,余某某安排被告人张某在该工程项目部负责材料采购工作。被告人张某虽不是江苏省金某建工集团有限公司的工作人员,但其作为江苏省金某建工集团有限公司洋河酒厂制曲发酵楼工程项目部的工作人员,利用其职务之便,非法收受他人财物,为他人谋取利益,其行为符合非国家工作人员受贿罪的犯罪特征。被告人张某利用其担任江苏省金某建工集团有限公司洋河酒厂制曲发酵楼工程项目部材料采购员的职务之便,非法收受他人财物,并为他人谋取利益,数额巨大,构成非国家工作人员受贿罪。一审法院判决,被告人张某犯非国家工作人员受贿罪,判处有期徒刑5年3个月,并处没收财产人民币5万元;违法所得予以追缴,上缴国库。

张某不服一审判决,提起上诉,二审审理过程中,上诉人张某申请撤回上诉,一审判决发生法律效力。

【罪名解析】

非国家工作人员受贿罪是指公司、企业或者其他单位的工作人员利用职务上的便利，索取他人财物或者非法收受他人财物，为他人谋取利益，数额较大的行为，以及公司、企业或者其他单位的工作人员在经济往来中，利用职务上的便利，违反国家规定，收受各种名义的回扣、手续费，归个人所有，数额较大的行为。

本罪中"非国家工作人员"，包括非国有公司、企事业单位或者其他民间团体、社会组织的工作人员，国有公司、企事业单位、人民团体或者其他国有单位中非国家工作人员（从事非公务的人员），外国公职人员、国际公共组织官员。

本罪中"索取他人财物或者非法收受他人财物"，包括行为人主动索取或他人主动送予财物，也包括违规收受各种名义的回扣、手续费等（如信息费、顾问费、劳务费等），这些必须以利用职务上的便利为他人谋取利益为条件。

本罪中"为他人谋取利益"，既包括他人应当得到的合法利益，也包括不应当得到的非法利益，这个利益是否谋取成功，并不影响本罪的成立。

本罪的构成要件是：(1)犯罪主体是特殊主体，即公司、企业或者其他单位的工作人员，包括国有公司、企业以及其他国有单位中的非国家工作人员；(2)主观上是故意，即公司、企业、其他单位人员故意利用其职务之便接受或索取贿赂，为他人谋取利益；(3)侵犯的客体是国家对公司、企业以及非国有事业单位、其他组织的工作人员职务活动的管理制度；(4)客观表现为利用职务上的便利，索取他人财物或非法收受他人财物，为他人谋取利益，数额较大的行为。

【罪名认定】

公司、企业或者其他单位的工作人员，"索取他人财物或者非法收受他人财物，为他人谋取利益"，以及在经济往来中，"利用职务上的便利，违反国家规定，收受各种名义的回扣、手续费，归个人所有的"，均构成非国家工作人员受贿罪。如果行为人是国有公司、企业或者其他国有单位中从事公务的人员和国有公司、企业或者其他国有单位委派到非国有公司、企业以及其他单位从事公务的人员，则成立受贿罪。如果行为人收取了各种名义的回扣、手续费，但是上交给了公司、单位或者有关组织的，则不构成犯罪。

银行或者其他金融机构的工作人员在金融业务活动中索取他人财物或者非法收受他人财物，为他人谋取利益的，或者违反国家规定，收受各种名义的回扣、手续费，归个人所有的，成立非国家工作人员受贿罪；而国有金融机构工作人员和国有金融机构委派到非国有金融机构从事公务的人员则成立受贿罪。

根据最高人民法院、最高人民检察院《关于印发〈关于办理商业贿赂刑事案件适用法律若干问题的意见〉的通知》的相关规定，依法组建的评标委员会、竞争性谈判采购中谈判小组、询价采购中询价小组的组成人员，在招标、政府采购等事项的评标或者采购活动中，索取他人财物或者非法收受他人财物，为他人谋取利益，数额较大的，依照《刑法》第 163 条的规定，以非国家工作人员受贿罪定罪处罚。依法组建的评标委员会、竞争性谈判采购中谈判小组、询价采购中询价小组中国家机关或者其他国有单位的代表有前款行为的，依照《刑法》第 385 条的规定，以受贿罪定罪处罚。

最高人民法院、最高人民检察院《关于印发〈关于办理商业贿赂刑事案件适用法律若干问题的意见〉的通知》第 10 条规定了如何区分贿赂与馈赠的界限。主要应当结合以下因素全面分析、综合判断：(1) 发生财物往来的背景，如双方是否存在亲友关系及历史上交往的情形和程度；(2) 往来财物的价值；(3) 财物往来的缘由、时机和方式，提供财物方对于接受方有无职务上的请托；(4) 接受方是否利用职务上的便利为提供方谋取利益。第 11 条规定了非国家工作人员与国家工作人员通谋，共同收受他人财物，构成共同犯罪时，根据双方利用职务便利的具体情形分别定罪追究刑事责任：(1) 利用国家工作人员的职务便利为他人谋取利益的，以受贿罪追究刑事责任；(2) 利用非国家工作人员的职务便利为他人谋取利益的，以非国家工作人员受贿罪追究刑事责任；(3) 分别利用各自的职务便利为他人谋取利益的，按照主犯的犯罪性质追究刑事责任，不能分清主从犯的，可以受贿罪追究刑事责任。

【立案标准】

根据最高人民法院、最高人民检察院《关于办理贪污贿赂刑事案件适用法律若干问题的解释》第 11 条的规定，《刑法》第 163 条规定的非国家工作人员受贿罪、第 271 条规定的职务侵占罪中的“数额较大”“数额巨大”的数额起点，按照本解释关于受贿罪、贪污罪相对应的数额标准规定的 2 倍、5 倍执行。

根据《立案追诉标准(二)》第 10 条的规定,[非国家工作人员受贿案(《刑法》第 163 条)]公司、企业或者其他单位的工作人员利用职务上的便利,索取他人财物或者非法收受他人财物,为他人谋取利益,或者在经济往来中,利用职务上的便利,违反国家规定,收受各种名义的回扣、手续费,归个人所有,数额在 3 万元以上的,应予立案追诉。

【刑事责任】

根据《刑法》第 163 条的规定,公司、企业或者其他单位的工作人员,利用职务上的便利,索取他人财物或者非法收受他人财物,为他人谋取利益,数额较大的,处 3 年以下有期徒刑或者拘役,并处罚金;数额巨大或者有其他严重情节的,处 3 年以上 10 年以下有期徒刑,并处罚金;数额特别巨大或者有其他特别严重情节的,处 10 年以上有期徒刑或者无期徒刑,并处罚金。

公司、企业或者其他单位的工作人员在经济往来中,利用职务上的便利,违反国家规定,收受各种名义的回扣、手续费,归个人所有的,依照前款的规定处罚。

国有公司、企业或者其他国有单位中从事公务的人员和国有公司、企业或者其他国有单位委派到非国有公司、企业以及其他单位从事公务的人员有前两款行为的,依照本法第 385 条、第 386 条的规定定罪处罚。

【合规指引】

建立健全企业规章制度,尽量做到所有办事流程公开透明,防止权力寻租,建立可行有效的监督机制,使权力互相监督,互相制约。加强企业内部监督举报机制,鼓励企业员工对违法违规行为进行举报。

加强员工培训教育。增强法律意识,定期进行法律培训,通过学习有关行贿、受贿的法律法规,观看相关廉洁警示教育影片,以及典型案例的警示教育,形成强大的法律威慑力,使企业员工不敢越雷池半步。

建立企业黑名单制度,要求商业伙伴遵守廉洁协议,发现在商业往来中双方人员存在违反廉洁协议的不当行为,及时对相关人员进行处理。根据金额大小、情节轻重、影响大小,将情节恶劣的商业伙伴列入黑名单并予以公布,可以起到有力的震慑警示作用。

四、对非国家工作人员行贿罪

典型案例 **陈某波、郭某伟串通投标罪、对非国家工作人员行贿罪，代某非国家工作人员受贿案**

【案号】

(2018)渝0112刑初1052号

(2018)渝01刑终727号

【案情简介】

2017年3月31日，渝北区中央公园北段土石方工程招标公告发布后，被告人陈某波为了中标该项目，与何某等人借用广西某集团第×建筑工程有限责任公司(以下简称广西×建)、某甲建设发展集团股份有限公司(以下简称某甲建设)、某乙建设集团有限公司(以下简称某乙建设)、广西某丙建设工程有限公司(以下简称某丙建设)参与该项目投标。陈某波安排他人制作投标文件，并要求在投标文件的特定位置添加“页眉横线”，目的是让评标委员会成员将“页眉横线”作为招标文件必备格式。

2017年4月初，被告人陈某波为了在开标前与评标委员会成员接触，安排被告人郭某伟联系重庆市某区公共资源交易中心(以下简称交易中心)保安罗某和刘某，让二人提供帮助，先后给予二人共计5万元感谢费。同年4月21日，陈某波安排罗某、刘某二人将五名评标委员会成员带至交易中心三楼过道及闲置办公室内，与陈某波安排的被告人郭某伟见面。郭某伟根据陈某波的要求，与五名评标委员会成员见面，给予周某(另案处理)、潘某(另案处理)一张纸条，让二人按照纸条上载明的评标提示，利用“页眉横线”等多处陷阱将其他公司的投标文件进行废标，同时载明了广西×建、某甲建设、某乙建设、某丙建设等公司名称。郭某伟分别给予周某、潘某感谢费各2万元。郭某伟将评标委员会成员被告人代某带至陈某波处，陈某波告诉代某评标注意事项并给予代某感谢费10万元。评标过程中，被告人代某与周某、潘某认为重庆某控股(集团)有限公司等20家公司的投标文件顶部无"页眉横线",不符合招标文件格式要求,应按废标处理。经五名成员投票表决,以3:2的票数认定20家公司的投标文件按废标处理。经评标委员会最终评审,广西×建为第一中标候选人,某甲建设为第二中标候选人,某乙建设为第三中标候选人。同年5月22日,广西×建收到中标通知书,以低于最高限价0.4%中标,中标价为15,115.98万元。后因重庆市渝北区城乡建设委员会发现该招投标存在违法行为宣布无效。

2017年10月15日,被告人陈某波、郭某伟被公安机关抓获归案。2017年10月22日,被告人代某经公安机关电话传唤主动到案。三名被告人到案后均如实供述了上述事实。

【法院判决】

一审法院认为,被告人陈某波、郭某伟犯串通投标罪、对非国家工作人员行贿罪、被告人代某犯非国家工作人员受贿罪,事实清楚,证据确实、充分,公诉机关量刑建议适当。一审法院判决:(1)被告人陈某波犯串通投标罪,判处有期徒刑1年9个月,并处罚金50万元;犯对非国家工作人员行贿罪,判处有期徒刑10个月,并处罚金10万元,决定执行有期徒刑2年2个月,并处罚金60万元。(2)被告人郭某伟犯串通投标罪,判处有期徒刑1年,并处罚金5万元;犯对非国家工作人员行贿罪,判处有期徒刑6个月,并处罚金1万元,决定执行有期徒刑1年2个月,并处罚金6万元。(3)被告人代某犯非国家工作人员受贿罪,判处有期徒刑11个月。(4)对被告人代某犯罪所得10万元予以追缴。

郭某伟、代某对一审判决均无异议。陈某波不服一审判决,提起上诉。

二审法院认为,二审中陈某波出现新的认罪悔罪表现,依法改判:上诉人陈某波犯串通投标罪,判处有期徒刑1年2个月,并处罚金50万元;犯对非国家工作人员行贿罪,判处有期徒刑10个月,并处罚金10万元,决定执行有期徒刑1年6个月,并处罚金60万元。

【罪名解析】

对非国家工作人员行贿罪是指为谋取不正当利益,给予公司、企业或者其他单位的工作人员以财物,数额较大的行为。

本罪的构成要件是:(1)犯罪主体是一般主体,既可以是自然人,也可以是单位,即凡是达到刑事责任年龄具有刑事责任能力的人,均可构成本罪;单位犯本罪的,对单位采取双罚制,既处罚单位,又处罚直接负责的主管人员和其他直接责任人员。(2)主观方面为故意,以谋取不正当利益为目的。(3)侵犯的是复杂客体,即国家公司、企业的正常管理秩序和社会主义市场经济的公平竞争秩序。(4)客观表现为谋取不正当利益,给予公司、企业或者其他单位的工作人员以财物,并且数额较大的行为。支付回扣、手续费是本罪客观方面的主要表现形式。

【罪名认定】

本罪名中的“其他单位”比较广泛,根据最高人民法院、最高人民检察院《关于办理商业贿赂刑事案件适用法律若干问题的意见》第 2 条的规定,《刑法》第 163 条、第 164 条规定的“其他单位”,既包括事业单位、社会团体、村民委员会、居民委员会、村民小组等常设性的组织,也包括为组织体育赛事、文艺演出或者其他正当活动而成立的组委会、筹委会、工程承包队等非常设性的组织。即对“其他单位”的工作人员行贿以本罪论处。

关于谋取不正当利益的认定,根据最高人民法院、最高人民检察院《关于办理行贿刑事案件具体应用法律若干问题的解释》,行贿犯罪中的“谋取不正当利益”,是指行贿人谋取的利益违反法律、法规、规章、政策规定,或者要求国家工作人员违反法律、法规、规章、政策、行业规范的规定,为自己提供帮助或者方便条件。违背公平、公正原则,在经济、组织人事管理等活动中,谋取竞争优势的,应当认定为“谋取不正当利益”。

在交往中出于礼尚往来的公开的、价值较小的请客送礼,行为人没有明显的、直接的谋取不正当利益的动机和目的,不构成本罪。

对非国家工作人员行贿,达到数额较大的,才构成犯罪,如果行贿数额未达到较大的,属于一般行贿行为,不能以本罪论处。根据最高人民法院、最高人民检察院《关于办理贪污贿赂刑事案件适用法律若干问题的解释》第 11 条第 3 款的规定,《刑法》第 164 条第 1 款规定的对非国家工作人员行贿罪中的“数额较大”“数额巨大”的数额起点,按照该解释第 7 条、第 8 条第 1 款关于行贿罪的数额标准规定的 2 倍执行。

【立案标准】

根据《立案追诉标准（二）》第 11 条的规定，[对非国家工作人员行贿案（《刑法》第 164 条第 1 款）]为谋取不正当利益，给予公司、企业或者其他单位的工作人员以财物，个人行贿数额在 3 万元以上的，单位行贿数额在 20 万元以上的，应予立案追诉。

【刑事责任】

根据《刑法》第 164 条的规定，为谋取不正当利益，给予公司、企业或者其他单位的工作人员以财物，数额较大的，处 3 年以下有期徒刑或者拘役，并处罚金；数额巨大的，处 3 年以上 10 年以下有期徒刑，并处罚金。

为谋取不正当商业利益，给予外国公职人员或者国际公共组织官员以财物的，依照前款的规定处罚。

单位犯前两款罪的，对单位判处罚金，并对其直接负责的主管人员和其他直接责任人员，依照第 1 款的规定处罚。

行贿人在被追诉前主动交待行贿行为的，可以减轻处罚或者免除处罚。

【合规指引】

根据最高人民法院、最高人民检察院《关于办理商业贿赂刑事案件适用法律若干问题的意见》第 7 条的规定，商业贿赂中的财物，既包括金钱和实物，也包括可以用金钱计算数额的财产性利益，如提供房屋装修、含有金额的会员卡、代币卡（券）、旅游费用等。具体数额以实际支付的资费为准。

礼尚往来的请客送礼一般都以公开的方式进行，且礼品的价值一般较小，行为人没有明显的、直接的谋取不正当利益的动机和目的；而行贿一般是隐秘进行的，涉及金额比较大，行为人有明显的谋取不正当利益的目的，实践中也有部分行为人会加以掩饰，以达到规避法律、不引起对方警觉、放长线钓大鱼的目的。

根据《刑法》第 164 条第 4 款的规定，行贿人在被追诉前主动交待行贿行为的，可以减轻处罚或者免除处罚。企业及其员工不可以存在侥幸心理，在当前“受贿行贿一起查”的国家刑事政策下，行贿人只有主动交待行贿行为，积极配合司法机关调查，才能获得减轻处罚或免除处罚，化解刑事风险。

企业应当加强相关法律培训,通过典型案例启示,直观地说明行贿对自己、对家人、对他人、对社会造成的严重危害及影响,形成威慑力,使人不敢行贿、不愿行贿。企业还应当完善内部监督举报制度、加强工程项目审查力度,构筑企业安全防火墙。

五、行贿罪

典型案例 郑某某行贿案

【案号】

(2020)粤0823刑初60号

【案情简介】

为了使戴某同意将某工程交给郑某某等,并在施工过程中获得可以顺利施工并及时拿到工程款的便利,郑某某向协助人民政府管理某建设工程项目的戴某行贿48万元。郑某某为了能承建某村委会的新农村建设工程项目,同时希望陈某1能帮其协调与某村委会的关系,让工程顺利完成,并拿到工程款,向时任市委组织部派到某村委会扶贫工作队的队长行贿48万元。

被告人郑某某到案后,除了交代调查组已掌握的其向戴某行贿28万元的事实外,还主动交代了其他行贿事实。被告人郑某某对公诉机关指控的事实无异议,自愿认罪认罚。

【法院判决】

一审法院认为,被告人郑某某为谋取不正当利益,先后多次向多人行贿共153万元,情节严重,其行为已构成行贿罪。鉴于被告人郑某某在被追诉前主动交待行贿行为,有如实供述情节,并积极自行出资修复公路,消除社会不良影响,认罪态度较好,依法可从轻处罚。一审法院判决被告人郑某某犯行贿罪,判处有期徒刑5年,并处罚金人民币15万元。

【罪名解析】

行贿罪是指为谋取不正当利益,给予国家工作人员以财物的行为。在经济往来中,违反国家规定,给予国家工作人员以财物,数额较大的,或者违反国家规定，给予国家工作人员以各种名义的回扣、手续费的行为。

本罪的构成要件是：(1)犯罪主体是一般主体，凡达到刑事责任年龄和具有刑事责任能力的自然人都可以构成本罪；(2)主观方面是故意，具有为谋取不正当利益的目的；(3)侵犯的客体是国家机关的正常管理和公职人员的职务行为的不可收买性；(4)客观方面表现为为自己谋取不正当利益，用钱财收买国家工作人员的职务行为或违反国家规定，给国家工作人员以各种名义的回扣费、手续费，数额较大。

【罪名认定】

根据《刑法》第389条第2款的规定，因被勒索给予国家工作人员以财物，没有获得不正当利益的，不是行贿，不构成本罪。

根据最高人民检察院《关于人民检察院直接受理立案侦查案件立案标准的规定(试行)》的相关规定，因被勒索给予国家工作人员以财物，已获得不正当利益的，以行贿罪追究刑事责任。

【立案标准】

根据最高人民法院、最高人民检察院《关于办理贪污贿赂刑事案件适用法律若干问题的解释》第7条的规定，为谋取不正当利益，向国家工作人员行贿，数额在3万元以上的，应当依照《刑法》第390条的规定以行贿罪追究刑事责任。

行贿数额在1万元以上不满3万元，具有下列情形之一的，应当依照《刑法》第390条的规定以行贿罪追究刑事责任：

(1)向3人以上行贿的；

(2)将违法所得用于行贿的；

(3)通过行贿谋取职务提拔、调整的；

(4)向负有食品、药品、安全生产、环境保护等监督管理职责的国家工作人员行贿，实施非法活动的；

(5)向司法工作人员行贿，影响司法公正的；

(6)造成经济损失数额在50万元以上不满100万元的。

第8条规定，犯行贿罪，具有下列情形之一的，应当认定为《刑法》第390条第 1 款规定的“情节严重”：

(1)行贿数额在 100 万元以上不满 500 万元的；

(2)行贿数额在 50 万元以上不满 100 万元,并具有本解释第 7 条第 2 款第 1 项至第 5 项规定的情形之一的；

(3)其他严重的情节。

为谋取不正当利益,向国家工作人员行贿,造成经济损失数额在 100 万元以上不满 500 万元的,应当认定为《刑法》第 390 条第 1 款规定的“使国家利益遭受重大损失”。

第 9 条规定,犯行贿罪,具有下列情形之一的,应当认定为《刑法》第 390 条第 1 款规定的“情节特别严重”：

(1)行贿数额在 500 万元以上的；

(2)行贿数额在 250 万元以上不满 500 万元,并具有本解释第 7 条第 2 款第 1 项至第 5 项规定的情形之一的；

(3)其他特别严重的情节。

为谋取不正当利益,向国家工作人员行贿,造成经济损失数额在 500 万元以上的,应当认定为《刑法》第 390 条第 1 款规定的“使国家利益遭受特别重大损失”。

第 10 条规定,《刑法》第 390 条之一规定的对有影响力的人行贿罪的定罪量刑适用标准,参照本解释关于行贿罪的规定执行。

单位对有影响力的人行贿数额在 20 万元以上的,应当依照《刑法》第 390 条之一的规定以对有影响力的人行贿罪追究刑事责任。

根据最高人民法院、最高人民检察院《关于办理行贿刑事案件具体应用法律若干问题的解释》第 5 条的规定,多次行贿未经处理的,按照累计行贿数额处罚。

根据最高人民检察院《关于人民检察院直接受理立案侦查案件立案标准的规定(试行)》第 1 条第 5 项的规定,行贿罪是指为谋取不正当利益,给予国家工作人员以财物的行为。

在经济往来中,违反国家规定,给予国家工作人员以财物,数额较大的,或者违反国家规定,给予国家工作人员以各种名义的回扣、手续费的,以行贿罪追究刑事责任。

涉嫌下列情形之一的,应予立案:

1. 行贿数额在1万元以上的;

2. 行贿数额不满1万元,但具有下列情形之一的:

(1)为谋取非法利益而行贿的;

(2)向3人以上行贿的;

(3)向党政领导、司法工作人员、行政执法人员行贿的;

(4)致使国家或者社会利益遭受重大损失的。

因被勒索给予国家工作人员以财物,已获得不正当利益的,以行贿罪追究刑事责任。

注意,本规定中有关犯罪数额"不满",是指接近该数额且已达到该数额的80%以上。

【刑事责任】

《刑法》第390条规定,对犯行贿罪的,处3年以下有期徒刑或者拘役,并处罚金;因行贿谋取不正当利益,情节严重的,或者使国家利益遭受重大损失的,处3年以上10年以下有期徒刑,并处罚金;情节特别严重的,或者使国家利益遭受特别重大损失的,处10年以上有期徒刑或者无期徒刑,并处罚金或者没收财产。

有下列情形之一的,从重处罚:

(1)多次行贿或者向多人行贿的;

(2)国家工作人员行贿的;

(3)在国家重点工程、重大项目中行贿的;

(4)为谋取职务、职级晋升、调整行贿的;

(5)对监察、行政执法、司法工作人员行贿的;

(6)在生态环境、财政金融、安全生产、食品药品、防灾救灾、社会保障、教育、医疗等领域行贿,实施违法犯罪活动的;

(7)将违法所得用于行贿的。

行贿人在被追诉前主动交待行贿行为的,可以从轻或者减轻处罚。其中,犯罪较轻的,对调查突破、侦破重大案件起关键作用的,或者有重大立功表现的,可以减轻或者免除处罚。

注意,2024 年 3 月 1 日施行的《刑法修正案(十二)》对行贿罪的法定刑期作出了调整,第一档刑期由 5 年以下变为 3 年以下,最低追诉时效也由 10 年变为 5 年。

根据《刑法》、《刑法修正案(十二)》、最高人民检察院《关于人民检察院直接受理立案侦查案件立案标准的规定(试行)》、最高人民法院、最高人民检察院《关于办理贪污贿赂刑事案件适用法律若干问题的解释》等的相关规定,行贿罪的量刑根据犯罪情节分三档。

第一档,有下列情形之一的,判处 3 年以下有期徒刑或拘役,并处罚金:

(1)行贿数额 3 万元以上不满 100 万元;

(2)行贿数额 1 万元以上不满 3 万元,具有《刑法修正案(十二)》第 5 条规定的 7 种从重情形或造成经济损失数额在 50 万元以上不满 100 万元的。

第二档,有下列情形之一的,判处 3 年至 10 年有期徒刑,并处罚金:

(1)行贿数额 100 万元以上不满 500 万元或具有其他严重的情节;

(2)行贿数额 50 万元以上不满 100 万元,具有《刑法修正案(十二)》第 5 条规定的 7 种从重情形或造成损失 100 万元以上不满 500 万元的。

第三档,有下列情形之一的,判处 10 年以上有期徒刑或无期徒刑,并处罚金或没收财产:

(1)行贿数额 500 万元以上或具有其他特别严重的情节;

(2)行贿数额 250 万元以上不满 500 万元,具有《刑法修正案(十二)》第 5 条规定的 7 种从重情形或造成损失 500 万元以上的。

【合规指引】

企业及其员工应当敬畏法律,遵守法律,诚信经营,提高自身竞争力,不以任何不正当手段向国家工作人员输送利益,自觉维护晴朗的营商环境。

行贿的方式,不限于给予金钱和实物,也包括可以用金钱计算数额的财产性利益。根据最高人民法院、最高人民检察院《关于办理贪污贿赂刑事案件适用法律若干问题的解释》第12条的规定，贿赂犯罪中的"财物"，包括货币、物品和财产性利益。财产性利益包括可以折算为货币的物质利益如房屋装修、债务免除等，以及需要支付货币的其他利益如会员服务、旅游等。后者的犯罪数额，以实际支付或者应当支付的数额计算。

企业应建立健全监督制度。首先是权力监督，在建设工程领域，国家工作人员根据法律法规的规定或根据工作需要，手里掌握着很大的利益分配权力或为实现利益提供便利的权力，在缺乏有效监督的情况下，就有可能被滥用，需要避免权力过于集中，建立有效的监督机制，做到行权公开、透明。其次，企业应当建立健全企业内部反商业贿赂机制，加强内部监督举报，防止出现不合规行为。

当前的刑事政策是"行贿受贿一起查"，为谋取不正当利益，给予国家工作人员财物，可能涉嫌行贿罪，接受贿赂的国家工作人员可能涉嫌受贿罪。

项目经理是关键岗位中的重点人员，在工作中既要与各方维持良好的关系，又要保持一定的安全距离。逢年过节及日常交往中相关礼尚往来不能逾越法律红线，更不能为谋求不正当利益进行"钱权交易"，否则会有涉嫌行贿犯罪的风险。

六、对单位行贿罪

典型案例　黑龙江龙某建筑装饰工程有限公司、董某某犯对单位行贿案

【案号】

(2016)黑1102刑初13号

【案情简介】

2008年5月29日，被告单位黑龙江龙某建筑装饰工程有限公司(以下简称龙某公司)成立。2010年，被告人董某某得知黑河市第一人民医院(机构类型：事业法人，以下简称黑河医院)将改造旧门诊楼，遂找到黑河医院主管基建工作的副院长马某某(另案处理)，表示欲承建该工程。马某某在未履行招标程序的

情况下，将该工程承包给龙某公司，并告知董某某找两家有资质的公司陪标，从形式上走一下招投标程序。后董某某找到黑龙江省五某建筑工程有限责任公司、黑龙江省八某建筑工程有限责任公司陪标，最终龙某公司中标。

2011 年 9 月，黑河医院为达到三级医院的要求，决定建设综合楼附属二楼用于存放核磁病理设备及作为办公场所使用。被告人董某某找到马某某，欲继续承建该工程，马某某表示同意，并在该工程已经开工的情况下，告知董某某从形式上走一下招标程序。后董某某通过哈尔滨聚某项目管理有限公司从形式上履行了招标手续，最终被告单位龙某公司中标。

2012 年 12 月，黑河医院为了向上级争取项目，安排马某某从黑河医院基建中出相关费用。被告单位龙某公司向黑河医院催要工程款时，马某某以单位年末需要处理费用为由，让被告人董某某从结算的工程款中返利人民币 20 万元给黑河医院，董某某表示同意，马某某通过黑河医院财务科科长林某向董某某提供了黑河医院财务人员李某某（另案处理）的个人银行账户。2012 年 12 月 24 日，黑河医院给龙某公司结算工程款人民币 50 万元，同日及次日，龙某公司分四次从其单位账户转入李某某账户内共计人民币 20 万元。2012 年 12 月 27 日，李某某将转入其账户的人民币 20 万元提现后交给林某，林某将该款转交给马某某。后此款被黑河医院用于单位争取项目所用。

2015 年 4 月 22 日，被告人董某某在哈尔滨市南岗区被检察机关传唤到案。

【法院判决】

一审法院认为，被告单位龙某公司在经济往来中，违反国家规定，给予黑河医院回扣，被告人董某某为直接负责的主管人员，其行为均已构成对单位行贿罪。董某某认罪态度较好，系初犯，黑河医院在此起犯罪中有索贿的行为。根据被告单位龙某公司、被告人董某某的犯罪事实、性质、情节、悔罪表现和对于社会的危害程度，一审法院判决：(1)被告单位龙某公司犯对单位行贿罪，判处罚金人民币 25 万元。(2)被告人董某某犯对单位行贿罪，免予刑事处罚。

【罪名解析】

对单位行贿罪是指为谋取不正当利益，给予国家机关、国有公司、企业、事业单位、人民团体以财物，或者在经济往来中，违反国家规定，给予上述单位各种名义的回扣、手续费的行为。

本罪的构成要件是：(1)犯罪主体是一般主体，即凡是达到刑事责任年龄具有刑事责任能力的自然人和单位，均可构成本罪；(2)主观方面为直接故意，以谋取不正当利益为目的；(3)侵犯的客体是国家机关、国有公司、企业、事业单位、人民团体等国有单位的正常管理活动；(4)客观表现形式有两种，一是给予国家机关、国有公司、企业、事业单位、人民团体以财物，二是在经济往来中，违反国家规定，给予国家机关、国有公司、企业、事业单位、人民团体各种名义的回扣、手续费。

【罪名认定】

行贿的对象必须是国家机关、国有公司、企业、事业单位、人民团体，向非国家机关、国有公司、企业、事业单位、人民团体给予财物的，不能构成对单位行贿罪。

在区分本罪的罪与非罪的界限时，主要看谋取的利益是正当利益还是不正当利益。如果行为人为了谋取正当合法的利益(如本来应当支付的工程款久拖不付，依法应当办理的事项拖而不办等)，或者为了尽早得到解决而采取送钱送物的手段；或者被勒索而被迫给予国家机关、国有公司、企业、事业单位、人民团体以财物的，则不构成对单位行贿罪。如果为谋取不正当利益，即使被勒索的情况下行为人向有关单位给付财物的，仍应以对单位行贿罪论处。

个人假借单位名义，为个人利益而向国家机关、国有公司、企业、事业单位、人民团体行贿的，应以自然人犯罪论处，不能认定为单位犯罪。

【立案标准】

根据最高人民检察院《关于人民检察院直接受理立案侦查案件立案标准的规定(试行)》的相关规定，对单位行贿，涉嫌下列情形之一的，应予立案：

1. 个人行贿数额在10万元以上、单位行贿数额在20万元以上的；

2. 个人行贿数额不满10万元、单位行贿数额在10万元以上不满20万元，但具有下列情形之一的：

(1)为谋取非法利益而行贿的；

(2)向3个以上单位行贿的；

(3)向党政机关、司法机关、行政执法机关行贿的;

(4)致使国家或者社会利益遭受重大损失的。

注意,该规定中有关犯罪数额“不满”,是指接近该数额且已达到该数额的80%以上。

【刑事责任】

根据《刑法》第391条及《刑法修正案(十二)》第6条的规定,为谋取不正当利益,给予国家机关、国有公司、企业、事业单位、人民团体以财物的,或者在经济往来中,违反国家规定,给予各种名义的回扣、手续费的,处3年以下有期徒刑或者拘役,并处罚金;情节严重的,处3年以上7年以下有期徒刑,并处罚金。

单位犯前款罪的,对单位判处罚金,并对其直接负责的主管人员和其他直接责任人员,依照前款的规定处罚。

另外,根据最高人民法院、最高人民检察院《关于办理贪污贿赂刑事案件适用法律若干问题的解释》第19条第2款的规定,对刑法规定并处罚金的其他贪污贿赂犯罪,应当在10万元以上犯罪数额2倍以下判处罚金。即单位犯对单位行贿罪的,对行贿单位的罚金应当在10万元以上犯罪数额2倍以下判处罚金。

【合规指引】

在商业活动中,一方给予对方回扣、手续费或佣金是最常用的销售手段,但同时也成为最常见的商业贿赂行为。

根据《国家工商行政管理局关于禁止商业贿赂行为的暂行规定》第5条第1款的规定,在账外暗中给予对方单位或者个人回扣的,以行贿论处;对方单位或者个人在账外暗中收受回扣的,以受贿论处。由于回扣是一种不按财务会计制度的规定明确如实记载入账,暗中以现金、实物或者其他方式退给对方单位或者个人一定比例的商品价款,达到法律规定的金额,给予方和收受方就涉嫌商业贿赂犯罪。

根据原国家工商行政管理局《关于禁止商业贿赂行为的暂行规定》第6条第1款的规定,经营者销售商品,可以以明示方式给予对方折扣。经营者给予对方折扣的，必须如实入账；经营者或者其他单位接受折扣的，必须如实入账。法律并不禁止商品或服务打折，但给予折扣和接受折扣必须“明示和入账”，即按照财务会计制度规定明确如实记载。是否“明示和入账”是判断折扣是否属于商业贿赂的标准。

根据原国家工商行政管理局《关于禁止商业贿赂行为的暂行规定》第 7 条第 1 款的规定，经营者销售或者购买商品，可以以明示方式给中间人佣金。经营者给中间人佣金的，必须如实入账；中间人接受佣金的，必须如实入账。佣金是合法的劳务报酬，给予方和接受方都必须如实入账，否则可能涉嫌商业贿赂。

商品交易中附赠现金或者物品，不仅违反市场公平的竞争秩序，还可能涉嫌商业贿赂，为法律所禁止，但按照商业惯例赠送小额广告礼品是允许的。

根据原国家工商行政管理局《关于禁止商业贿赂行为的暂行规定》第 9 条的相关规定，有关单位或个人在销售或者购买商品时存在行贿行为或者受贿行为的，市场监督管理部门根据情节对有关单位或个人处以 1 万元以上 20 万元以下的罚款，有违法所得的，应当予以没收；构成犯罪的，移交司法机关依法追究刑事责任。

在单位与单位、个人与单位的交往中，应当坚守法律底线，不得为谋取不正当利益，给予国家机关、国有公司、企业、事业单位、人民团体以财物；不得在经济往来中，违反国家规定，给予上述单位各种名义的回扣、手续费；把握商务交往中礼尚往来的分寸，防范商业贿赂刑事风险。

七、单位行贿罪

典型案例 中某三局集团有限公司青海分公司等单位行贿案

【案号】

(2020)青 0102 刑初 122 号

(2020)青 01 刑终 249 号

【案情简介】

被告人周某系中某三局集团有限公司青海分公司党委书记、总经理，自

2015年负责该公司的日常管理工作。2015年，被告人周某得知青海省第五人民医院(以下简称第五医院)有搬迁新建项目的消息后，于同年5月前后结识时任第五医院院长柴某(已被判处刑罚)并向其表达欲承揽相关项目的想法，在柴某告知周某该工程已计划由其他公司设计施工的情况下，周某仍多次找到柴某商谈工程承揽事宜，最终柴某向第五医院全体中层干部引荐被告单位，并安排被告人周某进行项目计划讲解，柴某由此对被告单位参与第五医院招标项目表示认可。2016年4月，中某三局集团有限公司中标。

就青海省第五人民医院门诊医技住院综合楼建设项目，被告人周某为向柴某表示感谢，同时为该项目能够顺利拨付工程款、顺利完成验收，于2016年4月前后向中某三局集团有限公司西北公司的相关领导汇报欲给柴某行贿400万元的相关情况，并在2016年4月20日以制作虚假合同、虚增工程量的方式从被告单位所承揽相关项目中提取现金人民币300余万元，并将该300万元装入三个水果箱中准备送给柴某。2016年中秋节前后，被告人周某在本市城西区共字桥附近以送水果的名义将上述300万元现金送给柴某；2016年12月30日，被告人周某再次以同样的方式提取钱款人民币100余万元装入水果箱中，后于2017年春节前以拜年名义在本市某区将上述钱款送给柴某。

另查明，二审期间，上诉单位中某三局集团有限公司青海分公司、上诉人周某向西宁市人民检察院提出自愿认罪认罚申请，并在各辩护人在场的情况下签署认罪认罚具结书，接受检察机关提出的量刑建议。庭后，上诉单位主动预缴罚金人民币400万元，上诉人周某委托其亲属代为预缴罚金人民币50万元；经法院委托，西宁市城西区司法局出具调查评估意见书，认为周某符合社区矫正的条件。

【法院判决】

一审法院认为，被告单位中某三局集团有限公司青海分公司为谋取不正当利益，向国家工作人员行贿，情节严重，其行为已构成单位行贿罪；被告人周某为被告单位党委书记、总经理，系直接负责的主管人员，应按单位行贿罪追究其刑事责任。一审法院判决：被告单位中某三局集团有限公司青海分公司犯单位行贿罪，判处罚金人民币400万元；被告人周某犯单位行贿罪，判处有期徒刑1

年，并处罚金人民币 50 万元。

中某三局集团有限公司青海分公司不服一审判决，提起上诉，认可一审判决认定罪名及判处刑罚，愿意接受法律的惩处，但周某是为单位利益实施犯罪行为，没有为其个人谋取不正当利益，同时综合考虑周某的主观恶性、犯罪情节及危害后果，请求对周某从宽处罚，并适用缓刑。

周某不服一审判决，提起上诉，提出认可原判定罪及量刑，愿意缴纳罚金，接受法律的惩处，请求法院综合考虑其主观恶性不深，归案后如实供述主要犯罪事实等情节，从宽处罚并适用缓刑。

西宁市人民检察院出庭检察员当庭发表意见认为，原判认定犯罪事实清楚，证据确实充分，定性准确，审判程序合法，建议二审法院对本案定性部分予以维持；原判适用法律正确，量刑适当，上诉人周某如实供述所犯罪行，在二审期间上诉单位、上诉人自愿认罪认罚，并签署《认罪认罚具结书》，可依法从宽处罚，结合周某的犯罪情节、后果及认罪悔罪态度，符合缓刑条件，建议对上诉人周某适用缓刑。

二审法院认为，原判决定性准确。上诉单位、上诉人在二审期间自愿认罪认罚，依法可以从宽处理。根据上诉单位、上诉人周某在二审期间主动缴纳罚金、周某书写悔过书等体现其真诚的认罪、悔罪态度，同时考虑其犯罪的主观恶性、犯罪情节及危害后果，对上诉人周某宣告缓刑不致再危害社会，依法可对其宣告缓刑，并在缓刑考验期内对其实行社区矫正。鉴于二审出现新的事实、证据，二审法院改判上诉人周某犯单位行贿罪，判处有期徒刑 1 年，缓刑 2 年，并处罚金人民币 50 万元。

【罪名解析】

单位行贿罪是指公司、企业、事业单位、机关、团体为谋取不正当利益而行贿，或者违反国家规定，给予国家工作人员以回扣、手续费，情节严重的行为。

本罪中的“国家规定”，是指全国人民代表大会及其常务委员会制定的法律和决定，国务院制定的行政法规和行政措施、发布的决定和命令；“回扣”是指在经济活动中违反国家规定，在账外暗中给国家工作人员（或国有单位）返回一定比例的价款；“手续费”是指除回扣以外，违反国家规定支付给对方的各种名义的款物,如佣金、信息费、顾问费、劳务费、辛苦费、好处费等。

本罪的构成要件是:(1)犯罪主体是特殊主体,只能是单位,包括公司、企业、事业单位、机关、团体;(2)主观上必须是直接故意;(3)侵犯的客体是国家机关、公司、企业、事业单位和团体的正常管理活动和职能活动及声誉;(4)客观表现为公司、企业、事业单位、机关、团体为了谋取不正当利益,给予国家工作人员以财物,数额较大的,或者违反国家规定,给予上述人员以"回扣""手续费",情节严重的行为。

【罪名认定】

单位为谋取不正当利益而行贿,或者违反国家规定,给予国家工作人员以回扣、手续费,因这些行为而获得的不正当利益,不限于为本单位谋取不正当利益,为其他单位谋取不正当利益也构成本罪。

本罪的犯罪主体只能是单位,单位决策机构或者是体现单位共同意志的机构向国家工作人员行贿的,构成单位行贿罪。如果是个人,即自然人个体向国家工作人员行贿的,则构成行贿罪。

单位行贿行为的违法所得必须归单位所有,如因行贿取得的违法所得归个人所有的,则不构成单位行贿罪,而是应当按照关于个人行贿的规定以行贿罪追究其刑事责任。

只要单位实际上获得了不正当利益,则不论其是主动行贿还是被索贿,都可以构成行贿罪;如果单位谋取的是正当利益,迫于某种压力或屈从于潜规则不得已而为之的,则不构成本罪。

根据《反不正当竞争法》第 7 条第 3 款的规定,经营者的工作人员进行贿赂的,应当认定为经营者的行为,达到单位行贿标准的,应当以单位行贿罪定罪处罚。但是,经营者有证据证明该工作人员的行为与为经营者谋取交易机会或者竞争优势无关的除外。

根据最高人民法院《关于审理单位犯罪案件具体应用法律有关问题的解释》第 2 条和第 3 条的相关规定,个人为进行违法犯罪活动而设立的公司、企业、事业单位实施犯罪的,或者公司、企业、事业单位设立后,以实施犯罪为主要活动的,不以单位犯罪论处;盗用单位名义实施犯罪,违法所得由实施犯罪的个人私分的，依照刑法有关自然人犯罪的规定定罪处罚，而不构成本罪。

单位行贿罪的共同犯罪形式有两种：(1)单位与个人之间的共同行贿犯罪。参与共同行贿的主体既有单位也有自然人，是为了实施行贿而结合在一起，各自以独立的主体参与行贿犯罪，彼此地位是平等的，没有隶属关系；单位中的具体实施人是按单位的意志进行行贿犯罪，自然人按个人的意志进行行贿犯罪活动，但彼此之间形成统一的行贿故意和完整的行贿犯罪行为，行贿犯罪所得利益分别为单位和自然人所有。(2)单位与单位之间的共同行贿犯罪。参与共同行贿的主体都是单位，各单位都是为实施行贿而共同结合在一起，彼此地位是平等的，但也不排除有些上级单位对下级单位、势力大的单位对势力小的单位进行胁迫、利诱；参与行贿的单位具有共同的行贿故意，都是为各自单位谋取不正当利益，所谋取的不正当利益为共同参与行贿的单位所瓜分。

【立案标准】

根据最高人民检察院《关于人民检察院直接受理立案侦查案件立案标准的规定（试行）》的相关规定，对单位行贿案，涉嫌下列情形之一的，应予立案：

1. 单位行贿数额在 20 万元以上的；

2. 单位为谋取不正当利益而行贿，数额在 10 万元以上不满 20 万元，但具有下列情形之一的：

(1)为谋取非法利益而行贿的；

(2)向 3 人以上行贿的；

(3)向党政领导、司法工作人员、行政执法人员行贿的；

(4)致使国家或者社会利益遭受重大损失的。

因行贿取得的违法所得归个人所有的，依照本规定关于个人行贿的规定立案，追究其刑事责任。

【刑事责任】

根据《刑法》第 393 条及《刑法修正案（十二）》第 7 条的规定，单位为谋取不正当利益而行贿，或者违反国家规定，给予国家工作人员以回扣、手续费，情节严重的，对单位判处罚金，并对其直接负责的主管人员和其他直接责任人员，处 3 年以下有期徒刑或者拘役，并处罚金；情节特别严重的，处 3 年以上 10 年以下有期徒刑,并处罚金。因行贿取得的违法所得归个人所有的,依照本法第 389 条、第 390 条的规定定罪处罚。

根据最高人民法院、最高人民检察院《关于办理行贿刑事案件具体应用法律若干问题的解释》第 7 条第 2 款的规定,单位行贿的,在被追诉前,单位集体决定或者单位负责人决定主动交待单位行贿行为的,依照《刑法》第 390 条第 2 款的规定,对单位及相关责任人员可以减轻处罚或者免除处罚;受委托直接办理单位行贿事项的直接责任人员在被追诉前主动交待自己知道的单位行贿行为的,对该直接责任人员可以依照《刑法》第 390 条第 2 款的规定减轻处罚或者免除处罚。

"被追诉前",是指检察机关对行贿人的行贿行为进行刑事立案前。

【合规指引】

实践中,一些行贿人以单位名义行贿,以规避处罚,从而导致案件处理不公平,《刑法修正案(十二)》调整提高了单位行贿罪的刑罚,最高刑期由 5 年提高到 10 年。

常见的单位行贿行为主要有:(1)经单位研究决定的由有关人员实施的行贿行为;(2)经单位主管人员批准,由有关人员实施的行贿行为;(3)单位主管人员以法定代表人的身份实施的行贿行为。企业在生产经营过程中,要强化法治意识,重视法律风险的防范,坚决不踩红线,把握好本单位与其他单位及国家工作人员之间非业务交往的分寸。

企业应当建立反商业贿赂合规管理体系,切割企业责任和个人责任。根据《反不正当竞争法》的相关规定,企业的工作人员实施的贿赂行为,视为企业的行为,一旦达到单位行贿的标准,应当以单位行贿罪定罪处罚。如果企业建立了合规管理体系,在其管理制度、员工手册里面明确禁止任何形式的行贿行为,并对员工进行了相关培训,单位采取了合理的防范措施,企业不构成单位行贿罪,相关法律责任由员工个人承担。

强化公司决策前的合规风险评估,可以有效避免企业集体讨论决定由有关人员实施的行贿行为,以及经单位主管人员批准由有关人员实施的行贿行为。企业应当加强内部监督管理,用规章制度遏制行贿的冲动,培养诚信的企业文化氛围。

第六章　税务管理合规

第一节　税务合规的重要意义

税收是国家的根基，是民生的保障。根据《宪法》第56条的规定，中华人民共和国公民有依照法律纳税的义务。依法诚信纳税，是每个公民应尽的义务，任何企业和个人都不能以不法手段逃避纳税义务。

建立税务合规管理体系，依法诚信纳税，对现代企业尤为重要。现代企业的竞争力，不仅体现在产品质量和服务上，还体现在企业遵纪守法的能力上。企业在合规经营的基础上，可以得到政府部门的支持和认可，进而提高企业的声誉和竞争力。

税务风险是企业经营中常见的风险之一，可能会给企业带来很大的损失。随着金税四期的全面开展，不符合法律要求的涉税行为将无处遁形，企业的涉税风险防控愈加重要。企业建立税务合规管理体系，在经营过程中遵守税收法规、诚信纳税，可以避免因税务违规行为而引发的罚款、处罚等风险，防止企业发生漏税、逃税的犯罪行为，保障企业正常的生产经营活动，促使企业发展实现良性循环。

企业建立税务合规管理制度，不仅对企业内部的秩序稳定有着积极的促进作用，还可以提高企业的信誉度，增强与客户、供应商和政府部门的互信关系，进一步提高企业的经营效益，实现企业健康稳定地发展，为社会和国家的发展作出贡献。

第二节　尽职调查与风险识别

企业合规管理人员或者内部有关机构,必要时可以委托外部专业机构参与或者协助,以涉税重点风险(或已涉罪名)为着力点,对企业蕴含的税务合规风险展开全面风险识别,编制税务合规风险清单,构建企业税务合规风险识别框架,为制定合规管理体系建设的重点和基本措施提供支持。

一、税务行政合规指导清单

企业应当制定税务行政合规指导清单,根据税收征管规范的相关要求,梳理出企业应承担的法律义务,查找高频多发违法违规事项,列明相关法律依据及法律责任,并提出相应合规建议,可以有效帮助企业提前找准违法风险点(见表6-1)。

表6-1　税务行政合规指导清单(部分)

序号	合规事项	违法违规行为表现	相关规定	法律责任
1	按规定办理纳税申报;按规定办理代扣代缴、代收代缴申报	纳税人未按照规定的期限办理纳税申报和报送纳税资料,或者扣缴义务人未按照规定的期限向税务机关报送代扣代缴、代收代缴税款报告表和有关资料	《税收征收管理法》第62条	纳税人未按照规定的期限办理纳税申报和报送纳税资料的,或者扣缴义务人未按照规定的期限向税务机关报送代扣代缴、代收代缴税款报告表和有关资料的,由税务机关责令限期改正,可以处2000元以下的罚款;情节严重的,可以处2000元以上1万元以下的罚款

续表

序号	合规事项	违法违规行为表现	相关规定	法律责任
2	纳税人不得逾期缴纳税款	未按规定期限缴纳税款	《税收征收管理法》第32条、第68条	纳税人未按照规定期限缴纳税款的,扣缴义务人未按照规定期限解缴税款的,税务机关除责令限期缴纳外,从滞纳税款之日起,按日加收滞纳税款万分之五的滞纳金。 纳税人、扣缴义务人在规定期限内不缴或者少缴应纳或者应解缴的税款,经税务机关责令限期缴纳,逾期仍未缴纳的,税务机关除依照本法第40条的规定采取强制执行措施追缴其不缴或者少缴的税款外,可以处不缴或者少缴的税款50%以上5倍以下的罚款
3	纳税人不得以任何理由拒绝开具发票	应当开具而未开具发票	《发票管理办法》第18条、第35条	销售商品、提供服务以及从事其他经营活动的单位和个人,对外发生经营业务收取款项,收款方应当向付款方开具发票;特殊情况下,由付款方向收款方开具发票。

续表

序号	合规事项	违法违规行为表现	相关规定	法律责任
				违反《发票管理办法》的规定,有下列情形之一的,由税务机关责令改正,可以处1万元以下的罚款;有违法所得的予以没收: (1)应当开具而未开具发票,或者未按照规定的时限、顺序、栏目,全部联次一次性开具发票,或者未加盖发票专用章的; (2)使用税控装置开具发票,未按期向主管税务机关报送开具发票的数据的; (3)使用非税控电子器具开具发票,未将非税控电子器具使用的软件程序说明资料报主管税务机关备案,或者未按照规定保存、报送开具发票的数据的; (4)拆本使用发票的; (5)扩大发票使用范围的; (6)以其他凭证代替发票使用的; (7)跨规定区域开具发票的; (8)未按照规定缴销发票的; (9)未按照规定存放和保管发票的
4	依法依规申报缴纳税款	逃避缴纳税款	《税收征收管理法》第63条	纳税人伪造、变造、隐匿、擅自销毁账簿、记账凭证,或者在账簿上多列支出或者不列、少列收入,或者经税务机关通知申报而拒不申报或者进行虚假的纳税申报,不缴或者少缴应纳税款的,是偷税。对纳税人偷税的,由税务机关追缴其不缴或者少缴的税款、滞纳金,并处不缴或者少缴的税款50%以上5倍以下的罚款;构成犯罪的,依法追究刑事责任。 扣缴义务人采取前款所列手段,不缴或者少缴已扣、已收税款,由税务机关追缴其不缴或者少缴的税款、滞纳金,并处不缴或者少缴的税款50%以上5倍以下的罚款;构成犯罪的,依法追究刑事责任

续表

序号	合规事项	违法违规行为表现	相关规定	法律责任
5	依法依规开具、取得、使用发票	虚开发票	《发票管理办法》第21条、第35条	开具发票应当按照规定的时限、顺序、栏目,全部联次一次性如实开具,开具纸质发票应当加盖发票专用章。任何单位和个人不得有下列虚开发票行为:为他人、为自己开具与实际经营业务情况不符的发票;让他人为自己开具与实际经营业务情况不符的发票;介绍他人开具与实际经营业务情况不符的发票。 违反《发票管理办法》第21条第2款的规定虚开发票的,由税务机关没收违法所得;虚开金额在1万元以下的,可以并处5万元以下的罚款;虚开金额超过1万元的,并处5万元以上50万元以下的罚款;构成犯罪的,依法追究刑事责任。 非法代开发票的,依照前款规定处罚
6	依法依规如实办理纳税申报	纳税人、扣缴义务人编造虚假计税依据	《税收征收管理法》第64条第1款	纳税人、扣缴义务人编造虚假计税依据的,由税务机关责令限期改正,并处5万元以下的罚款
7	依法纳税申报	纳税人不进行纳税申报,不缴或者少缴应纳税款	《税收征收管理法》第64条第2款	纳税人不进行纳税申报,不缴或者少缴应纳税款的,由税务机关追缴其不缴或者少缴的税款、滞纳金,并处不缴或者少缴的税款50%以上5倍以下的罚款
8	依法代缴代扣	扣缴义务人应扣未扣、应收而不收税款	《税收征收管理法》第69条	扣缴义务人应扣未扣、应收而不收税款的,由税务机关向纳税人追缴税款,对扣缴义务人处应扣未扣、应收未收税款50%以上3倍以下的罚款

二、税务行政处罚裁量基准

《行政处罚法》第 34 条规定："行政机关可以依法制定行政处罚裁量基准，规范行使行政处罚裁量权。行政处罚裁量基准应当向社会公布。"这就为各地税务机关制定统一的行政处罚裁量基准提供了明确的上位法依据。2016 年国家税务总局发布《税务行政处罚裁量权行使规则》(2018 年 6 月已修订)，指导各地方税务机关制定税务行政处罚裁量基准。目前，各地税务行政机关根据本地实际情况，陆续发布税务行政裁量权基准，并且部分省市区域联合协同，统一区域标准，使行政裁量标准合理化、行为规范化(见表 6-2)。

表 6-2　各地税务行政处罚裁量基准(部分)

序号	名称	文号	公布日期	施行日期
1	《税务行政处罚裁量权行使规则》	国家税务总局公告 2016 年第 78 号，2018 年第 31 号修订	2016 年 11 月 30 日	2017 年 1 月 1 日
2	国家税务总局广东省税务局、国家税务总局河南省税务局、国家税务总局湖北省税务局、国家税务总局湖南省税务局、国家税务总局广西壮族自治区税务局、国家税务总局海南省税务局、国家税务总局深圳市税务局《关于发布〈中南区域税务行政处罚裁量基准〉的公告》	2023 年第 5 号	2023 年 11 月 30 日	2024 年 4 月 1 日
3	国家税务总局北京市税务局《关于发布〈京津冀税务行政处罚裁量基准〉的公告》	国家税务总局北京市税务局公告 2021 年第 2 号	2021 年 8 月 26 日	2021 年 10 月 1 日

续表

序号	名称	文号	公布日期	施行日期
4	国家税务总局辽宁省税务局、国家税务总局吉林省税务局、国家税务总局黑龙江省税务局、国家税务总局大连市税务局《关于修订发布〈东北区域税务行政处罚裁量基准〉的公告》	国家税务总局辽宁省税务局、国家税务总局吉林省税务局、国家税务总局黑龙江省税务局、国家税务总局大连市税务局公告2023年第2号	2023年11月28日	2023年12月1日
5	国家税务总局广西壮族自治区税务局《关于修订〈广西壮族自治区税务行政处罚裁量基准〉的公告》	国家税务总局广西壮族自治区税务局公告2023年第1号	2023年2月6日	2023年3月1日
6	国家税务总局湖北省税务局《关于发布〈湖北省税务行政处罚裁量基准〉的公告》	国家税务总局湖北省税务局公告2023年第1号	2023年3月28日	2023年5月1日
7	国家税务总局重庆市税务局、国家税务总局四川省税务局、国家税务总局贵州省税务局、国家税务总局云南省税务局、国家税务总局西藏自治区税务局、国家税务总局四川省税务局《关于发布〈西南区域税务行政处罚裁量基准〉的公告》	国家税务总局重庆市税务局、国家税务总局四川省税务局、国家税务总局贵州省税务局、国家税务总局云南省税务局、国家税务总局西藏自治区税务局、国家税务总局四川省税务局公告2023年第4号	2023年7月11日	2023年10月1日
8	国家税务总局四川省税务局、国家税务总局重庆市税务局《关于发布〈川渝地区税务行政处罚裁量权实施办法〉及〈川渝地区税务行政处罚裁量执行标准〉的公告》	国家税务总局四川省税务局、国家税务总局重庆市税务局公告2023年第4号	2023年10月31日	2023年12月1日

续表

序号	名称	文号	公布日期	施行日期
9	国家税务总局上海市税务局、国家税务总局江苏省税务局、国家税务总局浙江省税务局、国家税务总局安徽省税务局、国家税务总局宁波市税务局《关于发布〈长江三角洲区域登记账证征收检查类税务违法行为行政处罚裁量基准〉的公告》	国家税务总局上海市税务局公告2022年第5号	2022年12月28日	2023年2月1日
10	国家税务总局陕西省税务局、国家税务总局甘肃省税务局、国家税务总局青海省税务局、国家税务总局宁夏回族自治区税务局、国家税务总局新疆维吾尔自治区税务局《关于发布〈西北五省(区)税务行政处罚裁量基准〉的公告》	国家税务总局陕西省税务局、国家税务总局甘肃省税务局、国家税务总局青海省税务局、国家税务总局宁夏回族自治区税务局、国家税务总局新疆维吾尔自治区税务局公告2023年第2号	2023年10月30日	2023年12月1日

三、税务刑事风险控制清单

长期以来,国家对涉税犯罪始终保持从严打击的高压态势,有效地维护了国家税收征管秩序和国家财产安全。部分企业因为有些人员法治意识淡薄、企业规章制度不健全而实施了涉税违法犯罪活动。危害税收征管犯罪,无论是逃税、骗税,还是虚开、伪造、非法出售发票类犯罪,归根结底都与纳税主体法治意识淡薄有关。为避免企业触碰危害税收征管犯罪这条“高压线”,企业应当制定税务刑事风险控制清单,列出违法行为表现、触犯的罪名、法律后果及立案标准,警示相关人员和单位不要以身试险,并不断增强其法律意识(见表6-3)。

表 6－3　税务刑事风险控制清单(部分)

罪名	法律依据	违法行为	法律后果	立案标准
逃税罪	《刑法》第 201 条	纳税人采取欺骗、隐瞒手段进行虚假纳税申报或者不申报,逃避缴纳税款	处 3 年以下有期徒刑或者拘役,并处罚金;数额巨大并且占应纳税额 30% 以上的,处 3 年以上 7 年以下有期徒刑,并处罚金	(1)纳税人采取欺骗、隐瞒手段进行虚假纳税申报或者不申报,逃避缴纳税款,数额在 10 万元以上并且占各税种应纳税总额 10% 以上,经税务机关依法下达追缴通知后,不补缴应纳税款、不缴纳滞纳金或者不接受行政处罚的;(2)纳税人 5 年内因逃避缴纳税款受过刑事处罚或者被税务机关给予 2 次以上行政处罚,又逃避缴纳税款,数额在 10 万元以上并且占各税种应纳税总额 10% 以上的;(3)扣缴义务人采取欺骗、隐瞒手段,不缴或者少缴已扣、已收税款,数额在 10 万元以上的
虚开增值税专用发票、用于骗取出口退税、抵扣税款发票罪	《刑法》第 205 条	为他人虚开、为自己虚开、让他人为自己虚开、介绍他人虚开增值税专用发票用于骗取出口退税、抵扣税款	处 3 年以下有期徒刑或者拘役,并处 2 万元以上 20 万元以下罚金;虚开的税款数额较大或者有其他严重情节的,处 3 年以上 10 年以下有期徒刑,并处 5 万元以上 50 万元以下罚金;虚开的税款数额巨大或者有其他特别严重情节的,处 10 年以上有期徒刑或者无期徒刑,并处 5 万元以上 50 万元以下罚金或者没收财产	虚开的税款数额在 10 万元以上或者造成国家税款损失数额在 5 万元以上的

续表

罪名	法律依据	违法行为	法律后果	立案标准
非法购买增值税专用发票、购买伪造的增值税专用发票罪	《刑法》第208条	非法购买增值税专用发票、购买伪造的增值税专用发票	处5年以下有期徒刑或者拘役,并处或者单处2万元以上20万元以下罚金。 单位犯本罪的,对单位判处罚金,并对其直接负责的主管人员和其他直接责任人员,依照前款的规定处罚	(1)购买20份以上且票面税额在10万元以上的; (2)票面税额累计在20万元以上的

第三节　专项合规计划

一、高层承诺

企业的高级管理层应当对企业通过合规管理实现有效预防涉税违法违规行为的目标作出正式承诺,并能采取有效措施推进合规管理目标的实现。

二、建立合规政策及管理规范

(一)企业合规政策

根据企业实际情况,制定合规章程和制度,确立企业的合规价值理念、合规制度框架及基本政策。

(二)税务合规管理规范

制定企业合规指引,详细的税务合规管理办法等合规文件,围绕税务合规风险点健全各项税务合规制度,确立涉税人员的行为准则。

(三)税务合规管理流程

建立健全合规管理的规则和程序,企业内部各职能部门均应当根据其职能特点设立合规目标以及相应的措施。合规目标和措施应当符合合规政策,并将合规目标的完成情况纳入绩效考核管理之中。加强对企业内部经营及纳税申报、缴纳等环节的税务风险管理,提高企业内部税务管理部门对于风险自查、自纠及整改工作的能力,建立多层次的审核、审批制度。

(四)合规审计检查和控制制度

建立税务合规审计检查和控制制度,加强企业内部税务合规管理工作,快速、准确、及时掌握涉税相关数据信息,强化内部税务评估及审核水平。

三、合规组织体系

(一)合规管理部门

企业根据自身实际情况设立相应的合规管理机构,设置合规管理的岗位、部门或者兼职岗位、兼职部门,负责组织、协调和推动合规管理体系的建设和运行。

(二)确定责任人

企业主要负责人是合规管理的第一责任人,分管合规的公司领导和财务部门负责人是税务合规管理的主要负责人。企业董事长(执行董事)、总经理或实际控制人作为企业主要负责人,应当参与合规管理机构,直接推动合规计划的落实。

(三)合规专职岗位

根据企业规模大小,大型、中型企业可以选择设立首席合规官或者相关合规岗位,并设立独立的合规部门,不承担经营和财务等管理工作,避免岗位职责冲突,合规部门应配备必要的合规专员;小型、微型企业根据具体情况可不单独设立合规部门,但须设立合规官岗位,由董事长(执行董事)、总经理或实际控制人兼任。

(四)合规组织部门职权

合规管理人员应对企业的经营、财务、纳税等过程进行专项合规审查,并对企业财务及纳税情况开展定期检查,形成报告,定期向决策层汇报。对涉及重大合规风险的决策,合规部门或者首席合规官有一票否决权。

（五）人员配置

设立科学的岗位架构，配备具备财税专业知识、熟练掌握涉税相关法律法规、管理规章、制度以及风险控制能力和良好职业操守的税务管理人员，根据最新财税政策与法律法规情况，定期分析企业的税收缴纳情况；设置企业内部各项涉税事务规范、合法的日常管理工作机制，以便财税人员可依照规范指引进行相应操作。

四、落实与改进

（一）监督检查

合规管理人员应当建立定期和不定期巡查机制，监督各部门对企业合规管理政策的落实情况，对合规管理落实好的部门和个人给予奖励，对落实不到位的予以处罚，根据情节轻重，对相关责任人采取扣减绩效、降薪、调离工作岗位、辞退、交有关部门处理等惩戒措施。

（二）税务合规审计

大型、中型企业应当引入外部专业审计机构对企业进行定期税务合规审计；小型、微型企业可根据风险识别需要，引入外部审计专业机构进行审计。发现违反税务合规管理的行为及时上报、处理。企业应当建立问责与惩戒制度，明确相关措施，并对企业的制度漏洞和管理缺陷采取必要的修复措施，以改进和完善原有的税务合规体系。

（三）投诉举报机制

企业应建立税务风险举报制度，可以通过公布投诉举报电话、邮件、信函、举报箱等简单有效的方式接受举报和投诉，并对税务违法违规事实做出调查，对举报人予以适当的保护和奖励。

（四）持续改进

税务合规管理人员要树立正确的税务管理理念，根据国家税收政策的不断变化以及企业遇到的新情况、新问题，能快速、准确、及时掌握涉税政策与法律法规的最新情况，实时更新法律法规、税收政策库，制定新的应对措施，更新合规管理指引及员工手册,并对员工进行培训。

(五)全员教育培训,形成合规文化

针对重点岗位、重点人员进行有针对性的合规培训和教育,形成税务合规企业文化。制定和完善针对性、预防性的企业税务管理制度,确保税务合规管理制度在企业内贯彻落实,形成税务合规企业文化。对全体企业员工进行法律培训教育,签订员工合规承诺书,建立合规文化,持续不断将诚信和合规理念融入员工的思维之中。

第四节　涉税关联罪名及合规指引

一、逃税罪

典型案例 杨某逃税案

【案号】

(2019)甘0622刑初58号

【案情简介】

2013年至2014年,被告人杨某通过口头协议承包了古浪某洲生态移民扶贫产业开发有限公司(以下简称某洲公司)部分工程项目并进行施工建设,并从2013年7月15日至2016年2月6日通过出具白条收据及公司借款结算单为依据陆续从某洲公司取得工程款共计20,725,644.80元,应缴纳税款903,413.12元,已申报缴纳税款94,772.92元,欠缴税额为808,640.20元。2017年8月17日,古浪县地方税务局向杨某送达《限期缴纳税款通知书》,被杨某拒收。2017年10月10日,古浪县地方税务局在办税服务大厅采用电子屏幕滚动播放方式公告送达《限期缴纳税款通知书》;2018年1月17日,古浪县地方税务局再次在《武威日报》向被告人杨某公告送达《限期缴纳税款通知书》,但被告人杨某仍拒不缴纳税款。被告人杨某自2013年至2016年应缴纳税额共计

903,413.12 元,欠缴纳税额共计 808,640.20 元,逃避缴纳税款数额占应纳税额的 89.51%。2018 年 7 月 16 日,被告人杨某将欠缴税款 808,640.20 元,滞纳金 520,446.88 元,合计 1,329,087.08 元全部缴清。本案审理期间,经法院委托调查评估,古浪县司法局同意对被告人杨某实施社区矫正。

【法院判决】

一审法院认为,被告人杨某作为纳税人,经税务机关通知申报而不如实申报,逃避缴纳税款数额较大且占应纳税额 10% 以上,其行为构成逃税罪,应予刑罚。公诉机关指控被告人杨某的犯罪事实及罪名成立,予以支持。被告人杨某归案后如实供述其犯罪事实,其行为属坦白,依法可从轻处罚。被告人杨某案发后积极主动补缴应缴纳税款及滞纳金,依法可酌情从轻处罚。综合被告人杨某的犯罪情节和悔罪表现,并经社会调查评估,对杨某适用缓刑对所居住社区无重大不良影响,故依法可对被告人杨某适用缓刑。一审法院判决被告人杨某犯逃税罪,判处有期徒刑 1 年 6 个月,缓刑 2 年,并处罚金 6 万元。

【罪名解析】

逃税罪是指纳税人采取欺骗、隐瞒手段进行虚假纳税申报或者不申报,逃避缴纳税款数额较大并且占应纳税额 10% 以上,或者缴纳税款后,以假报出口或者其他欺骗手段,骗取所缴纳的税款的行为,以及扣缴义务人采取欺骗、隐瞒等手段,不缴或者少缴已扣、已收税款,数额较大的行为。

本罪中"采取欺骗、隐瞒手段"包括:(1)伪造、变造、转移、隐匿、擅自销毁账簿、记账凭证或者其他涉税资料的;(2)以签订"阴阳合同"等形式隐匿或者以他人名义分解收入、财产的;(3)虚列支出、虚抵进项税额或者虚报专项附加扣除的;(4)提供虚假材料,骗取税收优惠的;(5)编造虚假计税依据的;(6)为不缴、少缴税款而采取的其他欺骗、隐瞒手段。

本罪中"不申报"是指不向税务机关进行纳税申报的行为,主要表现为:(1)依法在登记机关办理设立登记的纳税人,发生应税行为而不申报纳税的;(2)依法不需要在登记机关办理设立登记或者未依法办理设立登记的纳税人,发生应税行为,经税务机关依法通知其申报而不申报纳税的;(3)其他明知应当依法申报纳税而不申报纳税的。

本罪中的“逃避缴纳税款数额”，是指在确定的纳税期间，不缴或者少缴税务机关负责征收的各税种税款的总额；“应纳税额”，是指应税行为发生年度内依照税收法律、行政法规规定应当缴纳的税额，不包括海关代征的增值税、关税等及纳税人依法预缴的税额。

本罪中的“数额较大”，是指纳税人逃避缴纳税款 10 万元以上，扣缴义务人不缴或者少缴已扣、已收税款 10 万元以上。

本罪的构成要件：(1)犯罪主体是特殊主体，即纳税人和扣缴义务人，既可以是自然人，也可以是单位。作为纳税人或扣缴义务人的建筑施工企业、职工都可以涉嫌构成本罪。(2)主观方面只能是故意，即明知自己的行为会发生逃避缴纳税款的结果，并且希望或者放任这种结果发生。其目的很明确，即逃避缴纳税款。(3)侵犯的客体是国家税收征收管理制度。(4)客观表现，对纳税人来说，构成本罪有两个情节要求，即逃避缴纳税款数额较大并且占应纳税额 10% 以上。对扣缴义务人来说，构成本罪只有一个要求，即不缴或者少缴已扣、已收税款数额较大。

【罪名认定】

根据最高人民法院、最高人民检察院《关于办理危害税收征管刑事案件适用法律若干问题的解释》第 3 条的规定，纳税人有《刑法》第 201 条第 1 款规定的逃避缴纳税款行为，在公安机关立案前，经税务机关依法下达追缴通知后，在规定的期限或者批准延缓、分期缴纳的期限内足额补缴应纳税款，缴纳滞纳金，并全部履行税务机关作出的行政处罚决定的，不予追究刑事责任。但是，5 年内因逃避缴纳税款受过刑事处罚或者被税务机关给予 2 次以上行政处罚的除外。纳税人有逃避缴纳税款行为，税务机关没有依法下达追缴通知的，依法不予追究刑事责任。

根据最高人民法院、最高人民检察院《关于办理危害税收征管刑事案件适用法律若干问题的解释》第 4 条第 4 款的规定，逃税行为跨越若干个纳税年度，只要其中一个纳税年度的逃税数额及百分比达到《刑法》第 201 条第 1 款规定的标准，即构成逃税罪。各纳税年度的逃税数额应当累计计算，逃税额占应纳税额百分比应当按照各逃税年度百分比的最高值确定。

漏税，是指纳税单位或者个人过失漏缴或少缴税款的行为，如因工作粗心大意，错用税率、漏报应税项目等，依法补缴即可，因漏税不具有偷逃税款的主观故意，所以漏税行为不构成逃税罪。

"小金库"，单位私设小金库，财务账上少列收入，因而导致少缴税款达到数额较大的，构成逃税罪。

通过税务筹划避税，是指根据财税规则，合理安排企业的运营方式，采用合法手段减轻或者免除税收负担的行为。避税行为表现为以下四种情况：一是利用选择性条文避税；二是利用不清晰的条文避税；三是利用伸缩性条文避税；四是利用矛盾性、冲突性条文避税。避税是在纳税义务发生前采取各种不违反法律规定的方法，并不为法律所禁止，避税不构成逃税罪。

【立案标准】

根据《立案追诉标准（二）》第52条规定，[逃税案（《刑法》第201条）]逃避缴纳税款，涉嫌下列情形之一的，应予立案追诉：

（1）纳税人采取欺骗、隐瞒手段进行虚假纳税申报或者不申报，逃避缴纳税款，数额在10万元以上并且占各税种应纳税总额10%以上，经税务机关依法下达追缴通知后，不补缴应纳税款、不缴纳滞纳金或者不接受行政处罚的；

（2）纳税人5年内因逃避缴纳税款受过刑事处罚或者被税务机关给予2次以上行政处罚，又逃避缴纳税款，数额在10万元以上并且占各税种应纳税总额10%以上的；

（3）扣缴义务人采取欺骗、隐瞒手段，不缴或者少缴已扣、已收税款，数额在10万元以上的。

纳税人在公安机关立案后再补缴应纳税款、缴纳滞纳金或者接受行政处罚的，不影响刑事责任的追究。

注意，上述规定中的"以上"，包括本数。

【刑事责任】

《刑法》第201条规定，纳税人采取欺骗、隐瞒手段进行虚假纳税申报或者不申报，逃避缴纳税款数额较大并且占应纳税额10%以上的，处3年以下有期徒刑或者拘役，并处罚金；数额巨大并且占应纳税额30%以上的，处3年以上7

年以下有期徒刑,并处罚金。

扣缴义务人采取前款所列手段,不缴或者少缴已扣、已收税款,数额较大的,依照前款的规定处罚。

对多次实施前两款行为,未经处理的,按照累计数额计算。

有第1款行为,经税务机关依法下达追缴通知后,补缴应纳税款,缴纳滞纳金,已受行政处罚的,不予追究刑事责任;但是,5年内因逃避缴纳税款受过刑事处罚或者被税务机关给予2次以上行政处罚的除外。

【合规指引】

1. 事前诚信守法

增强风险意识,依法诚信纳税。不要存在侥幸心理,避免不必要的税务风险和损失,以免受到行政处罚甚至刑事处罚。企业负责人以及相关管理人员不得强迫、指使财务人员进行虚假纳税申报或者不进行纳税申报。企业财务人员应当认真履责、依法为企业缴纳各项税款,避免因疏忽而漏缴税款,导致企业受到处罚。作为纳税人时不能采取欺骗、隐瞒手段进行虚假纳税申报或者不申报,逃避缴纳税款;作为扣缴义务人时不能采取欺骗、隐瞒手段,不缴或者少缴已扣、已收税款。企业可以建立财务人员定期考核办法,加强对财务人员的业务培训和管理。企业应当加强对账簿、记账凭证的管理,任何人不得伪造、变造、隐匿、擅自销毁相关财务凭证,不得在账簿上多列支出或者不列、少列收入。

2. 事中补救,降低风险

(1)如果企业因逃避缴纳税款被税务机关依法下达追缴通知,一定要及时补缴税款和缴纳滞纳金,并接受行政处罚,避免被追究刑事责任。行政处罚是追究刑事责任的前置程序,在行政机关没有作出认定和处罚之前,不能进行刑事处罚。在实践中,当税务机关发现纳税人有伪造、变造、隐匿、擅自销毁账簿、记账凭证,在账簿上多列支出或者不列、少列收入等手段,隐瞒真实情况,不缴或少缴税款行为时,会将该情形定性为偷税,税务机关会作出处理、处罚。通常情况下,税务机关会限期补缴税款及滞纳金。只要行为人在此期限内履行了税务机关的处理决定、处罚决定,则不应再追究刑事责任。行为人补缴应纳税款、滞纳金,缴纳罚款后,若对税务机关的处理不服提起行政复议或行政诉讼的,也不影响免予追究刑事责任条件的成立。但如果行为人没有在规定期限内缴纳相应的税款、滞纳金与罚款，税务机关会发文催告，催告期满，税务机关可以通过强制执行程序来追缴税款。

（2）依法维权，纳税争议遵循先缴税再复议。《税收征收管理法》第 88 条第 1 款和第 2 款规定，纳税人、扣缴义务人、纳税担保人同税务机关在纳税上发生争议时，必须先依照税务机关的纳税决定缴纳或者解缴税款及滞纳金或者提供相应的担保，然后可以依法申请行政复议；对行政复议决定不服的，可以依法向人民法院起诉。当事人对税务机关的处罚决定、强制执行措施或者税收保全措施不服的，可以依法申请行政复议，也可以依法向人民法院起诉。

（3）如果对税务机关的处罚决定置之不理，将会被强制执行。根据《税收征收管理法》第 88 条第 3 款的规定，当事人对税务机关的处罚决定逾期不申请行政复议也不向人民法院起诉、又不履行的，作出处罚决定的税务机关可以采取本法第 40 条规定的强制执行措施，或者申请人民法院强制执行。

（4）采取积极措施，阻断违法行为向犯罪行为转化。根据《立案追诉标准（二）》第 52 条的相关规定，逃税罪阻却事由的成立，需要同时满足三个条件：一是经过税务机关的处理；二是税务机关依法下达追缴通知后，行为人补缴应纳税款、缴纳滞纳金、已受行政处罚；三是行为人不存在在 5 年内因逃避缴纳税款受过刑事处罚或者被税务机关给予 2 次以上行政处罚的情形。在税务机关依法对企业下发了税款追缴通知书后，企业应当及时、全部补缴应纳税款，并依法缴纳全部滞纳金，接受行政处罚，切莫再拖延缴纳税款或滞纳金，避免涉嫌刑事犯罪。尤其要注意避免被税务机关给予 2 次以上行政处罚，如已受到 2 次行政处罚，则决不能再逃避缴纳税款，避免升级为刑事责任。

3. 完善企业税务管理体系

设立专门的税务管理部门及岗位，提高税务管理人员的综合素养。企业可以采取合法的税务筹划来降低税务成本，谨慎、合法、科学地利用税务筹划，同时防范外聘税筹顾问机构投机取巧，埋下隐患。建立健全税务管理机制，加强对企业内部经营及纳税申报、缴纳等环节的税务风险管理。建立内部税务审计检查和控制制度，加强企业内部税务合规管理工作。另外，企业应当进行涉税法律法规的培训，提高企业的诚信纳税意识。

二、虚开增值税专用发票、用于骗取出口退税、抵扣税款发票罪

典型案例 杨某标虚开增值税专用发票案

【案号】

(2022)粤1971刑初2087号

(2023)粤19刑终499号

【案情简介】

杨某标是东莞市某建筑工程有限公司（以下简称某建筑公司）法定代表人。2019年12月至2021年4月，杨某标在没有实际交易的情况下，通过向广西百色道某木业发展有限公司、广西百色某林木业发展有限公司、百色市闽某林木业发展有限公司、百色宏某林业有限公司四家公司（以下简称上游公司）虚开208张增值税发票，价税合计21,517,020元，税额合计2,584,949.41元，并通过父亲、妻子、员某及客户等人账户收取虚开增值税发票回流资金。上述208张增值税发票已申报抵扣增值税税款。案发后，杨某标尚未补缴上述税款。

【法院判决】

一审法院认为，被告人杨某标无视国法，虚开增值税专用发票，虚开税款数额为2,584,949.41元，数额巨大，其行为已构成虚开增值税专用发票罪，依法应予惩处。一审法院判决被告人杨某标犯虚开增值税专用发票罪，判处有期徒刑10年2个月，并处罚金人民币10万元。

杨某标不服一审判决，提起上诉。

二审法院查明，杨某标向上游公司虚开198张增值税专用发票，价税合计21,497,020元，税额合计2,473,108.81元。经税务机关调查核实，上述198张增值税专用发票已申报抵扣增值税税款。二审期间，尚宏公司向税务部门补缴税款1,928,847.56元。二审院认为，上诉人杨某标主动向税务机关退缴部分税款，酌情对其从轻处罚；原审判决唯有认定虚开增值税专用发票的数额、税额有误，导致量刑过重。二审法院判决维持一审法院定罪部分，撤销一审法院量

刑部分,上诉人杨某标犯虚开增值税专用发票罪,判处有期徒刑9年,并处罚金人民币10万元。

【罪名解析】

虚开增值税专用发票、用于骗取出口退税、抵扣税款发票罪是指有为他人虚开、为自己虚开、让他人为自己虚开、介绍他人虚开行为之一的,违反有关规定,造成国家税款损失的行为。

本罪的构成要件:(1)犯罪主体是一般主体,任何达到刑事责任年龄、具有刑事责任能力的自然人或者单位均可构成本罪;(2)主观要件为具有虚开特定发票牟利的主观故意;(3)侵犯的客体是国家税收征管制度;(4)客观表现为行为人实施了虚开特定发票的行为,且数额较大或巨大,或者情节严重或特别严重。

【罪名认定】

虚开增值税发票行为可以分为为他人虚开、为自己虚开、让他人为自己虚开、介绍他人虚开四种违法形式。

本罪中关于"虚开"的认定:

1. 根据最高人民法院、最高人民检察院《关于办理危害税收征管刑事案件适用法律若干问题的解释》第10条的规定,具有下列情形之一的,应当认定为《刑法》第205条第1款规定的"虚开增值税专用发票或者虚开用于骗取出口退税、抵扣税款的其他发票":(1)没有实际业务,开具增值税专用发票、用于骗取出口退税、抵扣税款的其他发票的;(2)有实际应抵扣业务,但开具超过实际应抵扣业务对应税款的增值税专用发票、用于骗取出口退税、抵扣税款的其他发票的;(3)对依法不能抵扣税款的业务,通过虚构交易主体开具增值税专用发票、用于骗取出口退税、抵扣税款的其他发票的;(4)非法篡改增值税专用发票或者用于骗取出口退税、抵扣税款的其他发票相关电子信息的;(5)违反规定以其他手段虚开的。

为虚增业绩、融资、贷款等不以骗抵税款为目的,没有因抵扣造成税款被骗损失的,不以本罪论处,构成其他犯罪的,依法以其他犯罪追究刑事责任。

2. 根据《发票管理办法》第21条的规定,开具发票应当按照规定的时限、顺序、栏目，全部联次一次性如实开具，开具纸质发票应当加盖发票专用章。任何单位和个人不得有下列虚开发票行为：

(1)为他人、为自己开具与实际经营业务情况不符的发票；

(2)让他人为自己开具与实际经营业务情况不符的发票；

(3)介绍他人开具与实际经营业务情况不符的发票。

3. 根据《全国部分法院经济犯罪案件审判工作座谈会综述》(2004)的意见，下列行为不宜认定为虚开增值税专用发票犯罪：

为虚增营业额、扩大销售收入或者制造虚假繁荣，相互对开或环开增值税专用发票的行为；

在货物销售过程中，一般纳税人为夸大销售业绩，虚增货物的销售环节，虚开进项增值税专用发票和销项增值税专用发票，但依法缴纳增值税并未造成国家税款损失的行为；

为夸大企业经济实力，通过虚开进项增值税专用发票虚增企业的固定资产，但并未利用增值税专用发票抵扣税款，国家税款亦未受到损失的行为。

4. 根据 2018 年 12 月 4 日最高人民法院发布的人民法院充分发挥审判职能作用保护产权和企业家合法权益典型案例第二批中“张某强虚开增值税专用发票案”，不具有骗取国家税款的目的，未造成国家税款损失的，其行为不构成虚开增值税专用发票罪。

【立案标准】

根据《立案追诉标准(二)》第 56 条的规定，[虚开增值税专用发票、用于骗取出口退税、抵扣税款发票案(《刑法》第 205 条)]虚开增值税专用发票或者虚开用于骗取出口退税、抵扣税款的其他发票，虚开的税款数额在 10 万元以上或者造成国家税款损失数额在 5 万元以上的，应予立案追诉。

根据《立案追诉标准(二)》第 57 条的规定，[虚开发票案(《刑法》第 205 条之一)]虚开《刑法》第 205 条规定以外的其他发票，涉嫌下列情形之一的，应予立案追诉：

(1)虚开发票金额累计在 50 万元以上的；

(2)虚开发票 100 份以上且票面金额在 30 万元以上的；

(3)5 年内因虚开发票受过刑事处罚或者 2 次以上行政处罚，又虚开发票，数额达到第一项、第二项标准 60% 以上的。

【刑事责任】

1. 根据《刑法》第 205 条的规定，虚开增值税专用发票或者虚开用于骗取出口退税、抵扣税款的其他发票的，处 3 年以下有期徒刑或者拘役，并处 2 万元以上 20 万元以下罚金；虚开的税款数额较大或者有其他严重情节的，处 3 年以上 10 年以下有期徒刑，并处 5 万元以上 50 万元以下罚金；虚开的税款数额巨大或者有其他特别严重情节的，处 10 年以上有期徒刑或者无期徒刑，并处 5 万元以上 50 万元以下罚金或者没收财产。

单位犯本条规定之罪的，对单位判处罚金，并对其直接负责的主管人员和其他直接责任人员，处 3 年以下有期徒刑或者拘役；虚开的税款数额较大或者有其他严重情节的，处 3 年以上 10 年以下有期徒刑；虚开的税款数额巨大或者有其他特别严重情节的，处 10 年以上有期徒刑或者无期徒刑。

虚开增值税专用发票或者虚开用于骗取出口退税、抵扣税款的其他发票，是指有为他人虚开、为自己虚开、让他人为自己虚开、介绍他人虚开行为之一的。

2. 根据最高人民法院、最高人民检察院《关于办理危害税收征管刑事案件适用法律若干问题的解释》第 11 条的规定，虚开增值税专用发票、用于骗取出口退税、抵扣税款的其他发票，税款数额在 10 万元以上的，应当依照《刑法》第 205 条的规定定罪处罚；虚开税款数额在 50 万元以上、500 万元以上的，应当分别认定为《刑法》第 205 条第 1 款规定的“数额较大”“数额巨大”。

具有下列情形之一的，应当认定为《刑法》第 205 条第 1 款规定的“其他严重情节”：

(1)在提起公诉前，无法追回的税款数额达到 30 万元以上的；

(2)5 年内因虚开发票受过刑事处罚或者 2 次以上行政处罚，又虚开增值税专用发票或者虚开用于骗取出口退税、抵扣税款的其他发票，虚开税款数额在 30 万元以上的；

(3)其他情节严重的情形。

具有下列情形之一的，应当认定为《刑法》第205条第1款规定的“其他特别严重情节”：

(1)在提起公诉前，无法追回的税款数额达到300万元以上的；

(2)5年内因虚开发票受过刑事处罚或者2次以上行政处罚，又虚开增值税专用发票或者虚开用于骗取出口退税、抵扣税款的其他发票，虚开税款数额在300万元以上的；

(3)其他情节特别严重的情形。

以同一购销业务名义，既虚开进项增值税专用发票、用于骗取出口退税、抵扣税款的其他发票，又虚开销项的，以其中较大的数额计算。

以伪造的增值税专用发票进行虚开，达到该条规定标准的，应当以虚开增值税专用发票罪追究刑事责任。

【合规指引】

企业应当合法诚信经营，在购销商品、提供或者接受服务以及从事其他经营活动中应当依法依规如实开具发票。

1. 严守“虚开”红线

发票违规交易的目的是逃税，企业不得通过低价购买或虚开发票、多列成本等方式减少应缴纳税额；不得以骗取税款为目的，在无实际生产经营活动的情况下开具增值税专用发票，抵扣进项税款，造成国家税款损失。

企业应认真落实增值税专用发票开具使用管理规定，合法取得或开具与实际交易相符的增值税专用发票，注意合同流、资金流、发票流、物流“四流一致”。

2. 严禁买卖发票

销售货物、提供劳务一方无法提供发票的，企业不得通过与第三方“空壳公司”“皮包公司”签订虚假合同，支付开票费后以私账回流的形式虚开发票。

企业应当建立发票使用登记制度，按照国家有关规定存放和保管发票，不得擅自损毁、转借、转让发票。已经开具的发票存根联要妥善保存。

3. 提高防范意识

如果善意取得了虚开的增值税专用发票，如能重新获取合法有效的专用发票，可以抵扣进项税款。税务部门追查时，要提供真实交易存在的证据，以规避刑事责任，减轻行政责任。

通过税务合规信息化建设，防范税务风险。建立税务合规信息化系统，实现对纳税申报和缴纳流程的监督和管理，提高纳税申报和缴纳的准确性和合法性。建立税务数据管理系统，实现对企业的纳税数据进行管理和分析，为企业税务合规管理提供数据支持。建立税务合规风险预警系统，对企业可能存在的税务风险进行预警和提醒，及时采取措施，防范和控制税务风险。

三、非法购买增值税专用发票、购买伪造的增值税专用发票罪

典型案例　林某非法购买增值税专用发票、购买伪造的增值税专用发票案

【案号】

(2021)闽0125刑初150号

【案情简介】

2017年9月，被告人林某因其挂靠在福建某龙建设工程有限公司、福建省某锐建设工程有限公司的工程项目，施工期间购买水泥等原材料，供货商未能及时开具增值税专用发票，为上述两家公司冲账需要，被告人林某先后用福建某龙建设工程有限公司、福建省某锐建设工程有限公司向福建某实业有限公司以票面金额的10%价格购买价税合计人民币1,748,000元、906,500元的增值税专用发票（票数共计23份），并于当月或次月全部进行了认证抵扣税款。

2018年7月，被告人林某分别要求福建某龙建设工程有限公司、福建省某锐建设工程有限公司财务人员将原价税人民币1,748,000元、906,500元的金额进行进项转出。2018年8月，福建某龙建设工程有限公司补缴增值税253,982.86元，福建某锐建设工程有限公司入库增值税213,256.35元（其中进项转出税额131,713.7元，当月应纳税款81,542.64元）。2021年6月3日，被告人林某补缴福建某龙建设工程有限公司因2017年价税人民币1,748,000元进行进项转入少缴的企业所得税人民币373,504.29元及滞纳金人民币205,240.61元；福建某锐建设工程有限公司企业所得税2017年、2018年均为核

实征收,以销售收入为计税依据,按年度销售收入的2%缴纳企业所得税,该项业务涉及的增值税、附加税费及企业所得税费均已缴纳入库。上述事实,被告人林某在开庭审理过程中亦无异议。公诉机关建议判处被告人林某有期徒刑1年,缓刑1年,并处罚金人民币3万元。被告人林某对起诉书指控的犯罪事实和罪名均无异议并自愿认罪认罚。

【法院判决】

法院认为,被告人林某违反国家发票管理法规购买增值税专用发票,其行为已构成非法购买增值税专用发票罪。被告人林某到案后如实供述自己的罪行,系坦白,可以从轻处罚。被告人林某认罪认罚,可以依法从宽处理。涉案受票企业已补缴了全部税款,被告人林某的犯罪行为所造成的国家税收损失得以挽回,酌情可以从轻处罚。公诉机关量刑意见适当,本院予以采纳。综上,根据被告人林某犯罪的事实、犯罪的性质、情节和对于社会的危害程度,判决:被告人林某犯非法购买增值税专用发票罪,判处有期徒刑1年,缓刑1年,并处罚金人民币3万元。

【罪名解析】

非法购买增值税专用发票、购买伪造的增值税专用发票罪是指违反国家发票管理法规,非法购买增值税专用发票,或者购买伪造的增值税专用发票的行为。

本罪的构成要件:(1)犯罪主体是达到刑事责任年龄且具有刑事责任能力的自然人或单位;(2)主观上是故意,行为人有购买增值税专用发票的目的,过失不构成本罪;(3)侵犯的客体是国家有关增值税专用发票管理制度;(4)客观表现为行为人实施了非法购买增值税专用发票或者购买伪造的增值税专用发票的行为。

【罪名认定】

非法购买增值税专用发票、购买伪造的增值税专用发票罪是一种行为犯,主观上行为人只要对非法买卖的行为有认知即可,无须附加其他主观目的;客观上只要实施了非法买卖的行为,无须造成一定的危害后果。行为人是否获利、出于何种目的买卖、是否造成了国家税款流失不是本罪罪与非罪的界限,但可以作为量刑情节考虑。

根据最高人民法院、最高人民检察院《关于办理危害税收征管刑事案件适用法律若干问题的解释》第 16 条第 3 款的规定，购买伪造的增值税专用发票又出售的，以出售伪造的增值税专用发票罪定罪处罚；非法购买增值税专用发票用于骗取抵扣税款或者骗取出口退税款，同时构成非法购买增值税专用发票罪与虚开增值税专用发票罪、骗取出口退税罪的，依照处罚较重的规定定罪处罚。

【立案标准】

根据《立案追诉标准（二）》第 60 条的规定，[非法购买增值税专用发票、购买伪造的增值税专用发票案（《刑法》第 208 条第 1 款）]非法购买增值税专用发票或者购买伪造的增值税专用发票，涉嫌下列情形之一的，应予立案追诉：

（1）非法购买增值税专用发票或者购买伪造的增值税专用发票 20 份以上且票面税额在 10 万元以上的；

（2）票面税额累计在 20 万元以上的。

根据最高人民法院、最高人民检察院《关于办理危害税收征管刑事案件适用法律若干问题的解释》第 16 条第 1 款和第 2 款的规定，非法购买增值税专用发票或者购买伪造的增值税专用发票票面税额 20 万元以上的，或者 20 份以上且票面税额 10 万元以上的，应当依照《刑法》第 208 条第 1 款的规定定罪处罚。非法购买真、伪两种增值税专用发票的，数额累计计算，不实行数罪并罚。

【刑事责任】

根据《刑法》第 208 条第 1 款规定，非法购买增值税专用发票或者购买伪造的增值税专用发票的，处 5 年以下有期徒刑或者拘役，并处或者单处 2 万元以上 20 万元以下罚金。

根据《刑法》第 211 条的相关规定，单位犯本罪的，对单位判处罚金，并对其直接负责的主管人员和其他直接责任人员，依照《刑法》第 208 条第 1 款的规定处罚。

【合规指引】

1. 建立合规审查机制

企业应当建立税务合规管理体系，将合规审查嵌入财税管理和审批的流程中,对决策事项的合规性提出明确意见。

2. 完善财务管理合规制度

企业应加强内部控制,建立完善的风险控制体系,明确税务风险控制的责任和程序;聘用专业会计人员进行公司财务管理,做到合同、报销单据、公司账目一一对应;严格遵守国家有关财务制度、规定和财经纪律,建立健全会计账簿,统一登记、核算各项业务事项,控制财务风险。

3. 完善增值税发票合规管理制度

建立发票使用登记制度,设置发票登记簿,并定期向主管税务机关报告发票使用情况。按照税务机关的规定存放和保管发票,已开具的发票存根联和发票登记簿按照法律法规规定的期限妥善保存;对所有的发票必须核查无误后方能付款和申报抵扣税款;加强存货、发货环节控制,财务人员须根据出库凭证及购销合同开具增值税专用发票,验证并留存领票人的身份信息;对交易对方提供的银行账户与发票信息的一致性进行审查,所有交易均通过银行转账方式进行结算并保留银行结算凭证。

4. 坚决避免买卖发票

金税四期以数控税,税务机关逐步实现数据互通共享,大数据税务监管呈现全方位和立体化。买卖发票,缺乏物流、资金流、合同流的相互印证,很容易被税务稽查。买卖发票属于违法行为,一旦被稽查到,不仅要补交税款,还要处以罚款、滞纳金,情节严重的,要承担刑事责任。

第七章　生态环境保护合规

环境，是指影响人类生存和发展的各种天然的和经过人工改造的自然因素的总体，包括大气、水、海洋、土地、矿藏、森林、草原、湿地、野生生物、自然遗迹、人文遗迹、自然保护区、风景名胜区、城市和乡村等。

1983 年 12 月，国务院召开第二次全国环境保护会议，将环境保护确定为一项基本国策，制定了中国环境保护事业的战略方针。2014 年，《环境保护法》以法律条文的形式确立保护环境是国家的基本国策，改变了发展优先、兼顾环保的思维定式，摒弃了以牺牲环境为代价的发展模式，为生态文明建设确定了法律基础。我国的环境保护坚持保护优先、预防为主、综合治理、公众参与、损害担责的原则，保护环境是一切单位和个人的法定义务。

第一节　生态环境保护合规概述

企业生态环境保护合规是指企业在制度制定环节、经营决策环节、生产运营环节、市场退出环节，严格执行生态环境保护相关法律法规，建立和完善企业生产经营规范和生态环境保护制度，加强生态环境保护合规检查，及时发现和整改生态环境保护违法违规等问题。

一、ESG 概述与合规整改

（一）ESG 的起源与发展

环境、社会责任与公司治理（Environmental，Social and Governance，ESG）在

20世纪六七十年代产生于投资的需要,基于投资行为反映投资者和社会公众的道德、伦理需求,资本开始在投资的选择强调劳工权益、种族及性别平等、商业道德、环境保护等问题;1992年联合国环境规划署成立了金融倡议(UNEP FI),希望金融机构能把环境、社会和治理因素纳入决策过程,发挥金融投资的力量促进可持续发展;1997年,由美国非营利环境经济组织(CERES)和联合国环境规划署(UNEP)共同发起,成立全球报告倡议组织(GRI),系统地将可持续发展报告涵盖了ESG三部分;2004年,联合国全球契约组织发布《who Cares wins》报告,正式提出ESG概念;2006年联合国责任投资原则组织提出的责任投资原则将社会责任、公司治理与环境保护相结合,首次提出ESG理念和评价体系,旨在帮助投资者理解环境、社会责任和公司治理对投资价值的影响,鼓励各成员机构将ESG因素纳入公司经营中,以降低风险、提高投资价值并创造长期收益,最终实现全社会的可持续性发展。

(二)ESG在中国的发展与实践

2006年,深圳证券交易所发布《深圳证券交易所上市公司社会责任指引》,开始提及上市公司环境保护和社会责任。

2008年,国内发行了第一只真正意义上的社会责任型公募基金(兴业全球社会责任基金)。

2018年9月,证监会修订《上市公司治理准则》,增加了环境保护与社会责任的内容,明确了上市公司对于利益相关者员工、社会环境等方面的责任,确立了ESG信息披露基本框架。

2018年11月,中国证券投资基金业协会发布《中国上市公司ESG评价体系研究报告》和《绿色投资指引(试行)》,提出了衡量上市公司ESG绩效的核心指标体系。

2020年9月我国提出“双碳”目标,即力争2030年前实现“碳达峰”与2060年前实现“碳中和”目标,中国ESG进入快速发展阶段。

2022年4月,中国证监会发布《上市公司投资者关系管理工作指引》,要求上市公司落实新发展理念的要求,在与投资者沟通内容中增加上市公司的环境、社会和治理(ESG)信息。

2022年5月,国资委发布《提高央企控股上市公司质量工作方案》,明确规定贯彻落实新发展理念，探索建立健全 ESG 体系，完善 ESG 工作机制，提升 ESG 绩效，积极参与构建具有中国特色的 ESG 信息披露规则、ESG 绩效评级和 ESG 投资指引。

（三）ESG 的内涵

环境（Environment）：涉及企业如何处理与环境的关系，诸如环境污染治理、废物治理、清洁制造、绿色建筑、可再生能源、减少碳排放、碳交易、水资源管理、土地资源管理、生态多样性、保护自然资源等。

社会（Social）：涉及企业如何对待其利益相关者和社会群体，以及其在社区层面的贡献，诸如社区关系、工作环境、劳动保护、员工福利、慈善活动、多元化与包容性、产品安全与质量、消费者权益保护、反不正当竞争、反垄断、数据安全与隐私等。

公司治理（Governance）：指企业内部管理和决策的结构，包括透明度和包容性管理架构的建设，诸如治理结构、股东权益保护、财务管理、薪酬制度、内控治理、风险与危机管理、贪污腐败、贿赂与欺诈、税务、商业道德等。

ESG 作为一种投资理念和企业评价标准，旨在衡量公司的可持续发展能力和对社会的积极影响。它不仅仅关注财务绩效，而是将环境、社会和治理的因素纳入企业的整体绩效评估中。这种做法有助于投资者了解和关注企业的非财务风险和非财务回报，从而促进长期价值的实现。

（四）企业 ESG 合规风险

ESG 合规风险，是指企业在经营管理过程中，因在环境、社会及治理层面的违规行为而引起的法律责任、造成经济或者声誉损失以及其他负面影响的可能性。企业在合法经营的基础上，应当结合社会责任承担的需要，从体系上符合相关法律法规和规范性文件的规定，实现企业合法经营及可持续发展。

在环境方面，企业的环境保护义务来源于我国的环境保护法律体系中法律法规及规章的相关规定，主要有《环境保护法》《环境影响评价法》《排污许可管理条例》《大气污染防治法》《水污染防治法》《固体废物污染环境防治法》《土壤污染防治法》《噪声污染防治法》《清洁生产促进法》等。

在社会责任方面，其义务来源主要集中在劳动者权益保障和产品责任两个监管领域。企业对员工的权益保障义务主要来源于《劳动法》《劳动合同法》《劳动争议调解仲裁法》《就业促进法》《劳动保障监察条例》《残疾人就业条例》《工伤保险条例》《女职工劳动保护条例》《禁止使用童工规定》等法律法规的规定;产品责任的义务来源主要体现在《安全生产法》《产品质量法》《消费者权益保护法》《反不正当竞争法》等法律法规的规定。另外还涉及《反垄断法》《广告法》《数据安全法》《网络安全法》《个人信息保护法》等法律法规的相关规定。

在公司治理方面,企业应当严格遵守《公司法》等法律法规,上市公司还应当遵守《证券法》以及证监会和交易所颁布的各项规范性文件,公司健全股东会、董事会、监事会等机构,建立现代企业治理制度,实现公司内部机构职权分工明确,与关联方之间的交易定价公允,不得损害债权人及投资者的合法权益,保证企业运行良好,合法经营,依法纳税。

(五)ESG入合规整改

为牢固树立和践行"绿水青山就是金山银山"的理念,防范企业环保法律风险,实现可持续发展,2023年12月20日,由四川省高级人民法院主办、广元市中级人民法院承办、青川县人民法院协办的四川法院环境资源案件涉案企业合规改革工作会在青川县人民法院召开[1],四川省法院环资庭法官周冀介绍道,ESG是关注环境、社会和治理绩效的企业评价标准,强调经济、环境、社会协调发展,ESG合规已成为企业合规的重要工作方向。本次将ESG合规评价标准引入环境资源类案件涉案企业的合规改革,是探索将企业合规改革延展到环资审判领域的重要实践,是建立完善环境资源刑事、民事、行政三位一体合规责任体系的重要举措和工作创新,对于贯彻新发展理念,构建新发展格局,推动高质量发展具有重要意义。

二、生态环境保护合规的重要意义

(一)指导思想

"绿水青山就是金山银山",保护绿水青山,必须依靠制度、依靠法治。习近平

---

〔1〕参见《推进环资案件涉案企业合规改革　这场会议有看点》,载四川长安网,https://www.jkh.leshanpeace.gov.cn/cayw/20231229/2826852.html。

总书记强调:“在生态环境保护问题上,就是要不能越雷池一步,否则就应该受到惩罚。”[1]“只有实行最严格的制度、最严密的法治,才能为生态文明建设提供可靠保障。”[2]

(二)对企业的要求趋高

近年来,随着政府对环境保护干预力度的加强,对企业生态环境保护工作的要求越来越高且更加明晰。

2021年12月,生态环境部发布《企业环境信息依法披露管理办法》,要求重点排污单位、实施强制性清洁生产审核的企业、符合规定情形的上市公司、发债企业等应当依法披露环境信息。否则,环境主管部门将责令改正,通报批评,并处罚款。

2022年4月,中国证监会发布《上市公司投资者关系管理工作指引》,要求上市公司在与投资者沟通内容中增加上市公司的环境、社会和治理(ESG)信息。

2022年5月,国资委发布《提高央企控股上市公司质量工作方案》,明确规定探索建立健全ESG体系,完善ESG工作机制。

2022年6月,国务院国资委出台《中央企业节约能源与生态环境保护监督管理办法》明确,中央企业要自觉履行环境信息强制性披露责任,自觉接受中央生态环境保护督察。

2023年新修订的《公司法》第20条规定,公司从事经营活动,应当充分考虑公司职工、消费者等利益相关者的利益以及生态环境保护等社会公共利益,承担社会责任。

(三)立法趋严,惩罚力度加强

为加大对污染环境罪的惩治力度,《刑法修正案(十一)》将污染环境罪刑期由两档修改为三挡,法定最高刑期由7年提升至15年,增设了适用“处7年以上有期徒刑”的4种情形:(1)在饮用水水源保护区、自然保护地核心保护区等依法确定的重点保护区域排放、倾倒、处置有放射性的废物、含传染病病原体的废物、有毒物质,情节特别严重的;(2)向国家确定的重要江河、湖泊水域排

---

〔1〕 王吉全、王倩:《人民日报:就是要不能越雷池一步》,载《人民日报》2017年12月18日,第6版。

〔2〕 吴大华:《制度建设是生态文明建设的重中之重》,载《人民日报》2016年10月14日,第7版。

放、倾倒、处置有放射性的废物、含传染病病原体的废物、有毒物质,情节特别严重的;(3)致使大量永久基本农田基本功能丧失或者遭受永久性破坏的;(4)致使多人重伤、严重疾病,或者致人严重残疾、死亡的。

2023 年 8 月 15 日起施行的最高人民法院 最高人民检察院《关于办理环境污染刑事案件适用法律若干问题的解释》明确对 4 种情形,诸如在饮用水水源保护区、自然保护地核心保护区等依法确定的重点保护区域排放、倾倒、处置有放射性的废物、含传染病病原体的废物、有毒物质,造成国家重点保护的野生动植物资源或者国家重点保护物种栖息地、生长环境严重破坏等情形的,处 7 年以上有期徒刑,还规定了 5 种从重处罚的情形,用最严格制度最严密法治保护生态环境,推动形成对环境污染违法犯罪的强大震慑。

有严管,也有"厚爱"。最高人民法院、最高人民检察院《关于办理环境污染刑事案件适用法律若干问题的解释》第 6 条规定:"实施刑法第三百三十八条规定的行为,行为人认罪认罚,积极修复生态环境,有效合规整改的,可以从宽处罚;犯罪情节轻微的,可以不起诉或者免予刑事处罚;情节显著轻微危害不大的,不作为犯罪处理。"

另外,对已经损害社会公共利益或者具有损害社会公共利益重大风险的污染环境、破坏生态的行为,可以提起公益诉讼。即对于污染环境、破坏生态的企业和个人,既要面临严厉的刑事处罚和巨额罚金,还要承担生态环境修复责任或承担生态环境修复费用、赔偿损失及其他费用。生态环境修复费用包括制定、实施修复方案的费用,修复期间的监测、监管费用,以及修复完成后的验收费用、修复效果后评估费用等。赔偿损失包括生态环境受到损害至修复完成期间服务功能丧失导致的损失、生态环境功能永久性损害造成的损失等。其他费用包括生态环境损害调查、鉴定评估等费用;清除污染以及防止损害的发生和扩大所支出的合理费用;合理的律师费以及为诉讼支出的其他合理费用。生态环境修复费用、赔偿损失及其他费用加起来就是天文数字,在最高人民法院公布的指导案例 129 号[1]中,涉案企业将经营过程中产生的危险废物交给不具

---

[1] 参见《指导案例 129 号:江苏省人民政府诉安徽海德化工科技有限公司生态环境损害赔偿案》,载最高人民法院网 2020 年 1 月 14 日,https://www.court.gov.cn/fabu-xiangqing-216911.html。

备危险废物处置资质的个人进行处置，导致废碱液被倾倒进长江和新通扬运河，严重污染环境，法院判决涉案企业赔偿环境修复费用、生态环境服务功能损失费用、评估费用共计5482.85万元。这种严重违反环境保护法律法规的行为，本可以通过环保合规管理而避免的。

目前，生态环境既是重大的政治问题，也是重大社会问题，生态环境保护制度愈加严格，生态环境违法配套惩戒体系已经形成，生态环境信用评价体系已经完善，企业环保不合规或者受到生态环境主管部门的行政处罚，将面临信用评级降低，投标难、融资难、上市难等系列问题，甚至还会受到刑事处罚，企业环保合规治理对于企业经营发展的重要性不言而喻。在环境污染案件中，行为人认罪认罚，积极修复生态环境，进行有效合规整改的，成为司法机关从宽处罚的前提条件。企业建立生态环境保护专项合规体系，不仅必要，而且紧迫，企业应当将环境治理、可持续性发展以及社会责任等复杂因素纳入企业战略发展的规划考量范畴。

三、生态环境保护合规主要内容

（一）法律框架与参照标准

我国环境保护法律框架主要包括：(1)《环境保护法》，它规定了环境保护的基本原则和政府、企事业单位、个人的环境责任，并确立了环境影响评价、污染物排放控制等制度；(2)《环境影响评价法》，它对实施重大工程、项目或政策进行环境影响评价作出了规定，要求相关主体在决策前对环境影响进行评估和预测，以减轻环境压力；(3)《大气污染防治法》(2018修正)，以大气环境质量改善为主线，加强了标准控制，坚持源头治理，信息公开、公众参与，加大了处罚力度；(4)《水污染防治法》，规定了对污染水环境行为的各种禁止性规定，即禁止超标排放、非法倾倒垃圾等违法行为，并对违法者设定了相应的法律责任；(5)《固体废物污染环境防治法》(2020修订)，它对工业固体废物、生活垃圾、建筑垃圾、农业固体废物、危险废物等污染环境防治作了规定……企业在进行法律合规审查时，应首先了解这些法律的基本要求和规章制度。

企业建立环保合规管理体系可以参照《合规管理体系　要求及使用指南》(ISO 37301：2021)、《环境、健康与安全指南》(EHS指南)、《合规管理体系要求及使用指南》（GB/T 35770—2022）、《中央企业合规管理办法》等。

（二）主要内容

企业建立生态环境保护合规管理体系的内容主要包括：（1）制定相应的合规管理政策及规章制度。（2）建立环境管理责任制，落实主体责任，包括环境保护责任人的设立、责任的明确、考核与奖惩机制等内容。（3）环境影响评价，评估项目对环境的潜在影响，并提出相应的环境保护措施。环境影响评价报告要真实准确，符合相关法律法规的要求。（4）排污许可证管理，企业在进行排污活动之前，必须获得相应的排污许可证，并严格按照许可证规定的内容进行排污，要确保排污许可证的有效性，还应当定期对排放情况进行监测和报告，确保达到国家规定的排放标准。（5）建设项目环保立项管理，确保与污染防治设施建设"三同时"。（6）污染防治设施的投入及持续有效，相关设施的建设、运营和维护情况进行详细的记录和报告，并接受相关行政监管部门的监督检查。（7）环境监测与报告，企业生产经营过程中产生的废水、大气排放物、噪声、固体废物及危险物质等的监测与管理，企业还应当按要求编制环境报告，定期向相关部门和公众公开报告环境监测结果，以实现信息公开和监督。（8）制定生态环境保护应急预案，并定期组织应急演练，提高应急响应水平，确保在突发环境事件发生时能够及时有效地应对。（9）制订生态环境改善计划，要详细规划改善环境的目标、措施及时间表。（10）企业员工生态环境保护合规培训，提高环保合规意识，形成合规文化。（11）清洁生产、节能减排及环境权益管理。（12）建立环境保护税制度，明确缴税责任主体，依法按时缴纳环境保护税。（13）环保合规报告编写等。

第二节　合规尽职调查与风险识别

一、合规义务依据

（一）合规尽职调查

企业生态环境保护合规义务总体来说包含环境影响评价、排污许可、环境风险监测、环境信息披露、专项领域污染防治等。企业生态环境保护合规的尽职调就是要查摸清企业环保现状，特别是风险因素状态，其主要内容包括：企业外部环境，如法律法规、监管政策、行业标准等；企业内部情况，如治理结构、业务模式等；影响企业环保因素情况，如原料、能源、工艺等；建设工程项目情况，如已建项目、在建项目和拟扩建项目；建设项目所涉及的环境影响报告书、环境影响报告表，以及建设项目环境保护验收批准文件等；企业环保制度落实情况，如排污许可制度、污染防治设施建设的“三同时”制度、企业环境信息公开制度等；还有企业污染防治设施建设及运行状况、企业环境违法情况、与企业环保有关的环保要求等；环境保护部门对环境影响评价报告出具的审批文件，环保设施检测报告或者环境保护验收调查报告；已经发生或者正在发生的环境事故的情况说明；环境保护部门对企业作出的行政处罚文件；项目地环境保护部门关于排水、排气、噪声及废物排放标准及“三废”检测报告；主要污染物应达到的国家或者地方规定的排放标准及排放水平；产生、转移、处置固体废物的情况。

（二）有效风险识别

结合企业的实际情况，特别是在尽职调查结果的基础上，筛选出相关的法律、法规、规章、政策和标准中的规定，通过风险识别，建立企业生态环境保护合规风险库。生态环境保护合规风险库要将所有的风险因素纳入其中，对入库因素进行风险影响程度、发生概率、处置难度等多维度分析，按照民事赔偿责任、行政责任、刑事责任进行分类整理。还要对每一项风险因素提出有效的、符合企业实际和需求的解决方案，并在有关规定修改后及时调整、动态更新，保证合规风险库责任体系始终有效。

（三）生态环境保护法律体系

企业环保合规的义务来源包括所有与生态环境保护相关的法律法规、政策规章，以及企业内部制定的环保标准。

环境保护法律体系是指调整保护和改善环境、防治污染和其他公害而产生的各种法律规范，以及由此所形成的有机联系的统一整体。我国现已基本形成了一套完整的法律体系，包括：（1）环境保护方面的法律主要有《环境保护法》

《大气污染防治法》《噪声污染防治法》《水污染防治法》《海洋环境保护法》《固体废物污染环境防治法》;(2)资源保护方面的法律主要有《森林法》《草原法》《煤炭法》《矿产资源法》《水法》《水土保持法》《野生动物保护法》《渔业法》《土地管理法》;(3)环境影响评价方面的法律主要有《环境影响评价法》;(4)环境保护方面的法规、规章主要有《建设项目环境保护管理条例》《防治陆源污染物污染损害海洋环境管理条例》《防治海岸工程建设项目污染损害海洋环境管理条例》《环境保护税法实施条例》《危险废物经营许可证管理办法》《医疗废物管理条例》《自然保护区条例》《风景名胜区条例》《基本农田保护条例》《生态环境行政处罚办法》等。

《环境保护法》是我国环境保护的基本法,在环境法律体系中占有核心地位,它对环境保护的重大问题作出了全面的原则性规定,是构成其他单项环境法的依据,相关企业义务及处罚见表 7 - 1。

表 7 - 1　环境保护法规定的企业义务、禁止行为及处罚(部分)

<table>
<tr><th>法律</th><th>类别</th><th>序号</th><th>内容</th><th>依据</th></tr>
<tr><td rowspan="10">环境保护法</td><td rowspan="10">十应该</td><td>1</td><td>应当防止、减少环境污染和生态破坏</td><td>《环境保护法》第 6 条、第 42 条、第 48 条</td></tr>
<tr><td>2</td><td>应当优先使用清洁能源</td><td>《环境保护法》第 40 条</td></tr>
<tr><td>3</td><td>应当执行“三同时”制度</td><td>《环境保护法》第 41 条</td></tr>
<tr><td>4</td><td>应当建立环境保护责任制度</td><td>《环境保护法》第 42 条第 1 款、第 2 款</td></tr>
<tr><td>5</td><td>应当安装使用监测设备</td><td>《环境保护法》第 42 条第 3 款</td></tr>
<tr><td>6</td><td>应当依法缴纳环境保护税</td><td>《环境保护法》第 43 条</td></tr>
<tr><td>7</td><td>应当落实总量控制责任</td><td>《环境保护法》第 44 条第 1 款</td></tr>
<tr><td>8</td><td>应当依证管理、按证排污</td><td>《环境保护法》第 45 条、第 63 条</td></tr>
<tr><td>9</td><td>应当制定突发环境事件预案</td><td>《环境保护法》第 47 条</td></tr>
<tr><td>10</td><td>应当如实公开排污信息</td><td>《环境保护法》第 55 条</td></tr>
</table>

续表

法律	类别	序号	内容	依据
环境保护法	七不得	1	不得未批先建	《环境保护法》第61条
		2	不得通过暗管等逃避监管的方式违法排污	《环境保护法》第42条第4款
		3	不得生产、销售或者转移、使用严重污染环境的工艺、设备和产品	《环境保护法》第46条
		4	不得将不符合标准的固体废物、废水施入农田	《环境保护法》第49条第2款
		5	不得生产、使用国家明令禁止生产、使用的农药	《环境保护法》第63条第4项
		6	不得超标、超总量排放污染物	《环境保护法》第60条
		7	不得违法排放污染物	《环境保护法》第45条第2款
	处罚	1	违法排放污染物:罚款、责令改正,拒不改正的可按日连续罚款	《环境保护法》第59条
		2	超标、超总量排放污染物:限制生产、停产整治;情节严重的,停业、关闭	《环境保护法》第60条
		3	未批先建:责令停止建设、罚款、并可以责令恢复原状	《环境保护法》第61条
		4	不公开或不如实公开环境信息:责令公开,处以罚款,并予以公告	《环境保护法》第62条
		5	未经环评拒不停建,无证排放拒不停排,通过暗管等逃避监管方式排污,生产或使用禁用农药拒不改正:依有关法规处罚外,移送公安机关,对直接负责的主管人员和其他直接责任人员拘留	《环境保护法》第63条
		6	污染环境和破坏生态造成损害:承担侵权责任	《环境保护法》第64条
		7	环评、监测等相关机构弄虚作假:依有关法规处罚外,承担连带责任	《环境保护法》第65条

表 7-2　环境保护行政合规指导清单(部分)

序号	违法行为表现	处罚	法律依据
1	未依法报批建设项目环境影响报告书、报告表，擅自开工建设的	责令停止建设，根据违法情节和危害后果，处建设项目总投资额1%以上5%以下的罚款，并可以责令恢复原状；对建设单位直接负责的主管人员和其他直接责任人员，依法给予行政处分	《环境影响评价法》第31条
2	未取得排污许可证排放污染物的	责令改正或者限制生产、停产整治，处20万元以上100万元以下的罚款；情节严重的，报经有批准权的人民政府批准，责令停业、关闭	《排污许可管理条例》第33条
3	需要配套建设的环境保护设施未建成、未经验收或者验收不合格，建设项目即投入生产或者使用，或者在环境保护设施验收中弄虚作假的	责令限期改正，处20万元以上100万元以下的罚款；逾期不改正的，处100万元以上200万元以下的罚款；对直接负责的主管人员和其他责任人员，处5万元以上20万元以下的罚款；造成重大环境污染或者生态破坏的，责令停止生产或者使用，或者报经有批准权的人民政府批准，责令关闭	《建设项目环境保护管理条例》第23条
4	超过污染物排放标准排放水污染物的	责令改正或者责令限制生产、停产整治，并处10万元以上100万元以下的罚款；情节严重的，报经有批准权的人民政府批准，责令停业、关闭	《水污染防治法》第83条
5	超过污染物排放标准排放大气污染物的	责令改正或者限制生产、停产整治，并处10万元以上100万元以下的罚款；情节严重的，报经有批准权的人民政府批准，责令停业、关闭	《大气污染防治法》第99条
6	利用渗井、渗坑、裂隙、溶洞，私设暗管，篡改、伪造监测数据，或者不正常运行水污染防治设施等逃避监管的方式排放水污染物的	责令改正或者责令限制生产、停产整治，并处10万元以上100万元以下的罚款；情节严重的，报经有批准权的人民政府批准，责令停业、关闭	《水污染防治法》第83条

续表

序号	违法行为表现	处罚	法律依据
7	通过偷排、篡改或者伪造监测数据、以逃避现场检查为目的的临时停产、非紧急情况下开启应急排放通道、不正常运行大气污染防治设施等逃避监管的方式排放大气污染物的	责令改正或者限制生产、停产整治，并处10万元以上100万元以下的罚款；情节严重的，报经有批准权的人民政府批准，责令停业、关闭	《大气污染防治法》第99条
8	未按照国家环境保护标准贮存、利用、处置危险废物或者将危险废物混入非危险废物中贮存的	责令改正，处10万元以上100万元以下的罚款，没收违法所得；情节严重的，报经有批准权的人民政府批准，可以责令停业或者关闭	《固体废物污染环境防治法》第112条
9	擅自倾倒、堆放危险废物的；将危险废物提供或者委托给无许可证的单位或者其他生产经营者从事经营活动的；未采取相应防范措施，造成危险废物扬散、流失、渗漏或者其他环境污染的	责令改正，处所需处置费用3倍以上5倍以下的罚款，所需处置费用不足20万元的，按20万元计算，没收违法所得；情节严重的，报经有批准权的人民政府批准，可以责令停业或者关闭	《固体废物污染环境防治法》第112条

二、关键领域、重点事项

企业应当根据自身性质、生产经营特点，明确企业环保的关键领域和重点事项。

危险品的处置、转移、放置是环保的关键领域，必须高度重视。企业在生产经营中产生的危险品在处置、转移、放置等一系列流程必须保证安全、合法合规。企业对危险品是否有详尽的台账记录，诸如危险品产生和处置台账、危险品利用处置设施运行台账、新产生危险品处置台账等；企业是否对环境进行了有效监测，对产生的污染物是否加以控制，是否达标排放标准；企业自身无法处置、转移、放置危险品的，是否委托给了具备相应资质的单位等。

企业要明确重点岗位员工权责清单，污染环境犯罪具有高度类型化特征，非法排放重金属、非法处置危险废物、设置暗管隐蔽排污等行为成为高发的犯罪行为，涉及的罪名主要有污染环境罪、非法处置进口的固体废物罪等。企业环保合规的重点是企业必须取得国家危险废物排放经营许可，对危险废物的排放、倾倒、处置建立相应的规章制度以及合规义务清单，尤其需要对一线的操作人员建立权责岗位清单。

三、生态环境保护刑事风险

(一)刑事风险类型

1. 破坏资源类风险，主要涉及对生态环境稀缺性及生物物种的破坏。涉及的主要罪名有：非法占用农用地罪，非法采矿罪，破坏性采矿罪，非法捕捞水产品罪，危害珍贵、濒危野生动物罪，非法狩猎罪，危害国家重点保护植物罪，滥伐林木罪等。

2. 污染环境类风险，违反国家规定，排放、倾倒或者处置有放射性的废物、含传染病病原体的废物、有毒物质或其他有害物质，可能构成污染环境罪。

3. 非法进口固体废物类风险，主要有：违反国家规定，将境外的固体废物进境倾倒、堆放、处置，可能构成非法处置进口的固体废物罪；未经国务院有关部门许可，擅自进口固体废物用作原料，可能涉嫌擅自进口固体废物罪；逃避海关监管，将境外固体废物、液态废物、气态废物运输进境，或以原料利用为名，进口不能用作原料的固体废物、液态废物、气态废物，可能构成走私废物罪。

4. 涉及文物、名胜古迹类刑事风险，涉及的主要罪名有：故意损毁文物罪，过失损毁文物罪，故意损毁名胜古迹罪，倒卖文物罪，盗掘古文化遗址、古墓葬罪，盗掘古人类化石、古脊椎动物化石罪等。

(二)刑事风险控制机制

企业涉生态环境犯罪与其内部治理结构、规章制度、人员管理等方面存在密切联系。在明确了类型化的刑事风险和具体风险环节之后，企业应当在内部治理和业务经营中嵌入刑事风险控制机制，明确企业内部不同治理层级的权限和职责,在治理架构和业务管理中嵌入有效的决策、授权、审批、监督及保护措施。

(三)刑事风险处置机制

在发生风险事件时,通过合规化的应对方式化解和处置风险,企业应当立即停止违法行为,采取补救措施,配合监管部门调查,立即整改,及时足额缴纳罚款、生态环境修复费用。同时,企业还应当向行政部门或司法部门申请合规整改,把握住当前的刑事风险控制改革制度,通过制定、落实切实有效的合规整改方案,争取案件宽大处理。

第三节 专项合规计划

一、建立合规管理体系

(一)高层重视与承诺

企业高层必须在思想上认识到保护环境是国家的基本国策,是一切单位和个人的法定义务;积极践行绿色发展理念,将生态环保要求融入发展战略和公司治理过程;保持企业持续发展的同时,在公益事业等方面积极履行社会责任。企业在生产经营过程中应当防止、减少环境污染和生态破坏,对所造成的损害依法承担责任。企业高层应当承诺通过建立生态环境保护合规管理体系预防生态破坏、环境污染事故的发生。

(二)制定合规管理目标

加强企业的生态环境保护合规管理,预防发生生态破坏、环境污染事故,加强生态环境保护,走绿色发展之路。

(三)制定合规管理政策

企业根据自身对生态环境影响的实际情况,制定符合本企业生产活动特点的合规章程和制度,有条件的企业可以建立起 ESG 管理体系,确立企业的生态环境合规价值理念、合规制度框架及基本政策。

(四)制定合规管理制度

全面覆盖是建立健全合规管理体系的重要原则,制度制定是合规管理的重点环节之一,企业应当建立起全领域、全部门、全体员工及全流程的全面合规管理体系。企业应当根据自身实际情况,制定诸如生态环境保护教育培训制度、环保设备设施管理制度、环境污染事故报告和处理制度、应急救援等管理制度。

(五)制定应急救援预案

企业应当制定生态环境应急预案,在突发生态环境事件时,能够及时采取有效的应对措施。企业应当根据内部、外部环境的变化及出现的新情况,及时更新生态环境应急预案,并保证应急预案的有效性。企业还应定期组织应急演练,提高应急响应水平,确保在突发生态环境事件时能够及时有效地应对。

(六)加大经费投入

企业应当加大生态环境保护经费投入,将经费纳入年度财务预算,足额安排生态环境保护费用,确保环境保护设施设备能够及时建设、购买、维护、更新,投入足够的人力、物力保障对隐患排查整治、治污设施维修保养、环境保护教育与培训、环境污染责任险的购买,以及应急防范、事故救援等必要的环境保护支出。

二、合规组织机构

(一)生态环境保护机构及人员配备

企业应根据自身对生态环境的影响情况及生态环境保护的需要设置相应的环境保护管理机构,配备专职或兼职的环境保护管理人员,其中重点排污单位和危险废物经营单位应当单独设置环境保护机构,配备专职环境保护管理人员。

(二)生态环境保护责任制

企业应制定环境保护责任制度,明确企业法定代表人、实际控制人等主要负责人是企业生态环境保护的第一责任人,明确企业涉及生态环境保护的高级管理人员和关键部门、关键岗位负责人是企业生态环境保护的直接责任人，并将责任制落实情况纳入企业绩效考核。

（三）其他岗位责任

企业在制定环保设施、设备使用操作规程的基础上，确认岗位操作人员，并指定为环保设施、设备责任人，做好环保设备的日常运行管理工作，做好运行情况记录，确保环保设施、设备与企业生产设备同步启动运行。

三、教育与培训

企业应当加强生态环境保护教育培训，开展相关生态环境保护法律、法规、监管政策、警示案例及生态环境保护知识及业务能力的专项培训。通过培训活动，使企业负责人和生态环境保护管理人员具备与岗位相适应的生态环境保护知识和管理能力，使一线岗位人员具备生态环境保护相关的基本知识和生态环境保护设施、设备的操作技能。

对高层管理者重点培养其环保意识，真正重视环保，自觉支持企业环保合规工作；对中层管理者，重点培养其环保管理的能力，具备了解环保详细规定、能够精准识别风险、能够组织或选择专业力量有效应对环保风险；对于基层一线员工，要培养识别风险因素、发现风险因素变化的能力，能够及时发现风险，及时反映问题并临时处置。

企业应当加强员工生态环境保护意识的培养，使员工深切意识到环保工作的重要性；通过内部培训、宣传教育、奖惩激励等方式，增强员工的生态环境保护责任感，提高生态环境保护意识，形成良好的企业文化。企业还应当积极参与各类生态环境保护活动，树立积极的环保形象，提高引领和推动社会的环保意识。

四、落实与改进

（一）环境影响评价

企业应当严格执行环境影响评价制度，企业在规划新项目或对现有项目进行扩建、改建时，都应当进行环境影响评价，评估项目对环境的潜在影响，并提出相应的环境保护措施。环境影响评价报告的主要内容包括产业和规划相符性分析、污染产生情况分析并提出相应的污染治理措施等，企业应确保报告真实准确，符合相关法律法规的要求。

企业应当依据《建设项目环境影响评价分类管理名录》（2021 年版）的规定编制相应的环境影响评价文件：（1）可能造成重大环境影响的，应当编制环境影响报告书，对产生的环境影响进行全面评价；（2）可能造成轻度环境影响的，应当编制环境影响报告表，对产生的环境影响进行分析或者专项评价；（3）对环境影响很小、不需要进行环境影响评价的，应当填报环境影响登记表。报告书或报告表等级的建设项目未经环评审批，不得开工建设；登记表等级的建设项目应当在建成并投入生产运营前，办理登记备案手续。

（二）合规性评价的内容

企业的合规性评价包括：（1）生态环境保护政策的合规性，包括环境保护法律、法规、政策及其他有关文件的合规性，以及相关制度的健全性，保障及时形成有效的环境保护法律文件；（2）环境管理组织的合规性，包括环境管理机构、许可机制、监督检查和管理体系、责任制度等的合规性，是否满足环境保护的要求；（3）环境保护技术装备的合规性，包括设备的技术要求、安装环境、操作管理等的合规性，以及污染控制设备及应急预案的安全性、可靠性和有效性的合规性；（4）环境保护监测的合规性，包括污染源的管理、排放监测、工业废气污水处理、环境应急等监测的合规性，以及监测数据采集、处理及发布的合规性。

（三）关键领域

企业在生产经营中产生的危险品是必须高度重视的关键领域，企业应当发挥环境影响评价的指导作用，危险品处置、转移、放置必须保证安全、合法合规：（1）做好危险品产生和处置台账、危险品利用处置设施运行台账、新产生危险品处置台账，使危险品的处置、转移、放置都有详尽的台账记录；（2）强化环境监测，对利用处置过程中产生的污染物加以控制，做到达标排放；（3）企业自身无法处置、转移、放置危险品的，应当委托给具备相应资质的单位处置、转移、放置危险品。

(四)改进

合规管理部门与业务部门之间建立便捷、畅通、有效的信息平台及沟通渠道，保障企业外部法律法规、监管政策、行业标准及企业内部制度、业务模式发生变化时环保合规管理体系及时调整、动态更新，保证责任体系始终有效。

第四节　关联罪名及合规指引

一、污染环境罪

典型案例 李某博、李某与陈某常、陈某东等污染环境案

【案号】

(2018)琼97刑初174号

(2019)琼刑终79号

【案情简介】

2017年1月，被告人李某博为承揽中某六局安装工程有限公司三亚人工岛南护岸钢圆筒工程重防腐蚀涂层施工项目，2017年1月18日，李某博以挂靠天津某景建筑劳务有限公司的形式，以该公司名义向中某六局安装工程有限公司分包了三亚人工岛南护岸钢圆筒工程重防腐蚀涂层劳务施工项目。因李某博带领其施工队在海南国投裕廊洋浦港口有限公司港口码头施工过程中，产生大量废弃的油漆桶、油漆渣、沾染油漆涂料的黄色胶带等废物，为清理上述废物，被告人李某博擅自雇请被告人陈某常、李某两名无危险废物经营许可资质的车主，让陈某常和李某安排车辆将上述废物转运到有垃圾堆放的地方倾倒。接到该运输业务后，为赚取运费，被告人陈某常擅自安排司机陈某东，李某擅自安排

司机董某春、陈某安将上述废物运走倾倒。被告人陈某东驾驶车辆擅自将上述废物倾倒在某区附近两处低洼地内；被告人董某春、陈某安驾驶车辆擅自将上述废物倾倒在洋浦污水处理厂后面海边空地处。经鉴别，被倾倒的废油漆渣属于 HW12 类危险废物，废油漆桶属于 HW49 类危险废物，废漆渣及废油漆桶混合之物质亦属于危险废物。自 2017 年 3 月至 5 月，在上述地点共倾倒危险废物 83.96 吨，其中海南宝来工贸有限公司在处置上述危险废物时从高田村附近清运走废油漆桶 32.45 吨、从洋浦污水处理厂后面海边空地处清运走废油漆桶 23.88 吨，另外还共清运走沾染油漆的黄色胶带 13.12 吨、废油漆渣及混合物 14.51 吨。

【法院判决】

一审法院认为，被告人李某博、陈某常、李某、陈某东、董某春、陈某安违反国家规定，非法倾倒危险废物，严重污染环境，构成污染环境罪。根据被告人李某博、陈某常、李某、陈某东、董某春、陈某安犯罪的事实、犯罪的性质、情节以及对社会的危害程度，判决被告人李某博犯污染环境罪，判处有期徒刑 2 年，并处罚金人民币 2 万元；被告人陈某常犯污染环境罪，判处有期徒刑 1 年，缓刑 2 年，并处罚金人民币 1 万元；被告人李某犯污染环境罪，判处有期徒刑 1 年，并处罚金人民币 1 万元……

李某博、李某不服一审判决，提起上诉。

二审法院认为，原审判决认定事实清楚，证据确实、充分，定罪准确，量刑适当，程序合法。裁定驳回上诉，维持原判。

【罪名解析】

污染环境罪，是指自然人或者单位违反国家规定，排放、倾倒或者处置有放射性的废物、含传染病病原体的废物、有毒物质或者其他有害物质，严重污染环境的行为。

本罪中的“违反国家规定”，主要是指违反《环境保护法》《大气污染防治法》《固体废物污染环境防治法》《水污染防治法》《海洋环境保护法》等法律以及国务院颁布的相关法规规章。

本罪的犯罪构成要件：(1)犯罪主体是一般主体，达到刑事责任年龄和具有刑事责任能力的自然人,以及单位都可以成为本罪的主体;(2)本罪在主观方面到底是过失犯罪,还是故意犯罪,学术界有争议,笔者更倾向于故意犯罪[1],即行为人明知自己的行为可能发生污染环境的结果,并且希望或者放任这种结果发生(另一种观点认为主观方面为过失,就行为人对造成环境污染,致公私财产遭受重大损失或者人身伤亡严重后果的心理态度而言,行为人对这种事故及严重后果本应预见,但由于疏忽大意而没有预见,或者虽已预见到但轻信能够避免);(3)侵犯的客体是国家防治环境污染的管理制度;(4)客观方面表现为违反国家规定,向土地、水体、大气排放、倾倒或者处置有放射性的废物、含传染病病原体的废物、有毒物质或其他危险废物,造成环境污染,致使公私财产遭受重大损失或者人身伤亡的严重后果的行为。

【罪名认定】

根据最高人民法院、最高人民检察院《关于办理环境污染刑事案件适用法律若干问题的解释》的相关规定,无危险废物经营许可证从事收集、贮存、利用、处置危险废物经营活动,严重污染环境的,按照污染环境罪定罪处罚;同时构成非法经营罪的,依照处罚较重的规定定罪处罚。

明知他人无危险废物经营许可证,向其提供或者委托其收集、贮存、利用、处置危险废物,严重污染环境的,以共同犯罪论处。

违反国家规定,排放、倾倒、处置含有毒害性、放射性、传染病病原体等物质的污染物,同时构成污染环境罪、非法处置进口的固体废物罪、投放危险物质罪等犯罪的,依照处罚较重的规定定罪处罚。

针对环境质量检测系统的作弊行为的认定,即违反国家规定,针对环境质量监测系统实施下列行为,或者强令、指使、授意他人实施下列行为,后果严重的,应当依照《刑法》第286条的规定,以破坏计算机信息系统罪论处:(1)修改参数或者监测数据的;(2)干扰采样,致使监测数据严重失真的;(3)其他破坏环境质量监测系统的行为。重点排污单位篡改、伪造自动监测数据或者干扰自

[1] 参见《污染环境罪的罪过形式属于故意》,载最高人民检察院官网2017年4月19日,https://www.spp.gov.cn/llyj/201704/t20170419_188478.shtml。

动监测设施,排放化学需氧量、氨氮、二氧化硫、氮氧化物等污染物,同时构成污染环境罪和破坏计算机信息系统罪的,依照处罚较重的规定定罪处罚。从事环境监测设施维护、运营的人员实施或者参与实施篡改、伪造自动监测数据、干扰自动监测设施、破坏环境质量监测系统等行为的,应当从重处罚。

本罪属于结果犯,行为人非法排放、倾倒、处置危险废物的行为造成严重后果的,以本罪论;未造成严重后果的,不构成犯罪。

【立案标准】

根据最高人民检察院、公安部《关于〈公安机关管辖的刑事案件立案追诉标准的规定(一)的补充规定》第10条的规定,将《立案追诉标准(一)》第60条修改为:[污染环境案(《刑法》第338条)]违反国家规定,排放、倾倒或者处置有放射性的废物、含传染病病原体的废物、有毒物质或者其他有害物质,涉嫌下列情形之一的,应予立案追诉:

(1)在饮用水水源一级保护区、自然保护区核心区排放、倾倒、处置有放射性的废物、含传染病病原体的废物、有毒物质的;

(2)非法排放、倾倒、处置危险废物3吨以上的;

(3)排放、倾倒、处置含铅、汞、镉、铬、砷、铊、锑的污染物,超过国家或者地方污染物排放标准3倍以上的;

(4)排放、倾倒、处置含镍、铜、锌、银、钒、锰、钴的污染物,超过国家或者地方污染物排放标准10倍以上的;

(5)通过暗管、渗井、渗坑、裂隙、溶洞、灌注等逃避监管的方式排放、倾倒、处置有放射性的废物、含传染病病原体的废物、有毒物质的;

(6)二年内曾因违反国家规定,排放、倾倒、处置有放射性的废物、含传染病病原体的废物、有毒物质受过两次以上行政处罚,又实施前列行为的;

(7)重点排污单位篡改、伪造自动监测数据或者干扰自动监测设施,排放化学需氧量、氨氮、二氧化硫、氮氧化物等污染物的;

(8)违法减少防治污染设施运行支出100万元以上的;

(9)违法所得或者致使公私财产损失30万元以上的;

(10)造成生态环境严重损害的;

(11)致使乡镇以上集中式饮用水水源取水中断12小时以上的；

(12)致使基本农田、防护林地、特种用途林地5亩以上，其他农用地10亩以上，其他土地20亩以上基本功能丧失或者遭受永久性破坏的；

(13)致使森林或者其他林木死亡50立方米以上，或者幼树死亡2500株以上的；

(14)致使疏散、转移群众5000人以上的；

(15)致使30人以上中毒的；

(16)致使3人以上轻伤、轻度残疾或者器官组织损伤导致一般功能障碍的；

(17)致使1人以上重伤、中度残疾或者器官组织损伤导致严重功能障碍的；

(18)其他严重污染环境的情形。

本条规定的"有毒物质"，包括列入国家危险废物名录或者根据国家规定的危险废物鉴别标准和鉴别方法认定的具有危险特性的废物，《关于持久性有机污染物的斯德哥尔摩公约》附件所列物质，含重金属的污染物，以及其他具有毒性可能污染环境的物质。

本条规定的"非法处置危险废物"，包括无危险废物经营许可证，以营利为目的，从危险废物中提取物质作为原材料或者燃料，并具有超标排放污染物、非法倾倒污染物或者其他违法造成环境污染情形的行为。

本条规定的"重点排污单位"，是指设区的市级以上人民政府生态环境主管部门依法确定的应当安装、使用污染物排放自动监测设备的重点监控企业及其他单位。

本条规定的"公私财产损失"，包括直接造成财产损毁、减少的实际价值，为防止污染扩大、消除污染而采取必要合理措施所产生的费用，以及处置突发环境事件的应急监测费用。

本条规定的"生态环境损害"，包括生态环境修复费用，生态环境修复期间服务功能的损失和生态环境功能永久性损害造成的损失，以及其他必要合理费用。

本条规定的“无危险废物经营许可证”，是指未取得危险废物经营许可证，或者超出危险废物经营许可证的经营范围。

【刑事责任】

1. 根据《刑法》第338条的规定，违反国家规定，排放、倾倒或者处置有放射性的废物、含传染病病原体的废物、有毒物质或者其他有害物质，严重污染环境的，处3年以下有期徒刑或者拘役，并处或者单处罚金；情节严重的，处3年以上7年以下有期徒刑，并处罚金；有下列情形之一的，处7年以上有期徒刑，并处罚金：

（1）在饮用水水源保护区、自然保护地核心保护区等依法确定的重点保护区域排放、倾倒、处置有放射性的废物、含传染病病原体的废物、有毒物质，情节特别严重的；

（2）向国家确定的重要江河、湖泊水域排放、倾倒、处置有放射性的废物、含传染病病原体的废物、有毒物质，情节特别严重的；

（3）致使大量永久基本农田基本功能丧失或者遭受永久性破坏的；

（4）致使多人重伤、严重疾病，或者致人严重残疾、死亡的。

有前款行为，同时构成其他犯罪的，依照处罚较重的规定定罪处罚。

应当判处7年以上的情形：

2. 根据最高人民法院、最高人民检察院《关于办理环境污染刑事案件适用法律若干问题的解释》第3条的规定，实施《刑法》第338条规定的行为，具有下列情形之一的，应当处7年以上有期徒刑，并处罚金：

（1）在饮用水水源保护区、自然保护地核心保护区等依法确定的重点保护区域排放、倾倒、处置有放射性的废物、含传染病病原体的废物、有毒物质，具有下列情形之一的：

①致使设区的市级城区集中式饮用水水源取水中断12小时以上的；

②造成自然保护地主要保护的生态系统严重退化，或者主要保护的自然景观损毁的；

③造成国家重点保护的野生动植物资源或者国家重点保护物种栖息地、生长环境严重破坏的；

④其他情节特别严重的情形。

(2)向国家确定的重要江河、湖泊水域排放、倾倒、处置有放射性的废物、含传染病病原体的废物、有毒物质,具有下列情形之一的:

①造成国家确定的重要江河、湖泊水域生态系统严重退化的;

②造成国家重点保护的野生动植物资源严重破坏的;

③其他情节特别严重的情形。

(3)致使永久基本农田 50 亩以上基本功能丧失或者遭受永久性破坏的;

(4)致使 3 人以上重伤、严重疾病,或者 1 人以上严重残疾、死亡的。

3. 根据最高人民法院、最高人民检察院《关于办理环境污染刑事案件适用法律若干问题的解释》第 5 条的规定,实施《刑法》第 338 条、第 339 条规定的犯罪行为,具有下列情形之一的,应当从重处罚:

(1)阻挠环境监督检查或者突发环境事件调查,尚不构成妨害公务等犯罪的;

(2)在医院、学校、居民区等人口集中地区及其附近,违反国家规定排放、倾倒、处置有放射性的废物、含传染病病原体的废物、有毒物质或者其他有害物质的;

(3)在突发环境事件处置期间或者被责令限期整改期间,违反国家规定排放、倾倒、处置有放射性的废物、含传染病病原体的废物、有毒物质或者其他有害物质的;

(4)具有危险废物经营许可证的企业违反国家规定排放、倾倒、处置有放射性的废物、含传染病病原体的废物、有毒物质或者其他有害物质的;

(5)实行排污许可重点管理的企业事业单位和其他生产经营者未依法取得排污许可证,排放、倾倒、处置有放射性的废物、含传染病病原体的废物、有毒物质或者其他有害物质的。

4. 根据最高人民法院、最高人民检察院《关于办理环境污染刑事案件适用法律若干问题的解释》第 6 条的规定,实施《刑法》第 338 条规定的行为,行为人认罪认罚,积极修复生态环境,有效合规整改的,可以从宽处罚;犯罪情节轻微的,可以不起诉或者免予刑事处罚;情节显著轻微危害不大的,不作为犯罪处理。

【合规指引】

1. 企业应当严格遵守建设项目环境影响评价管理规定，不得在未依法报批建设项目环境影响报告书、报告表情况下，擅自开工建设。建设单位需对照《建设项目环境影响评价分类管理名录》(2021 年版)确定环评类型，进行报批，批复后先购买总量，再申请排污许可证。

2. 企业排污必须先取得排污许可证，未取得排污许可证，不得排放污染物。排污企业需对照《固定污染源排污许可分类管理名录》(2019 年版)确定排污许可管理类别，取得排污许可证。尤其是排污许可重点管理的企业，必须取得排污许可证，未取得排污许可证非法排污已被法律明确规定为从重处罚的情形。

3. 企业应当遵守建设项目"三同时"管理规定，建设项目需要配套建设的环境保护设施，必须与主体工程同时设计、同时施工、同时投产使用。环境影响报告书(表)项目竣工后，企业应当按照有关标准和程序要求，对配套建设的环境保护设施进行验收，编制验收报告。

4. 企业排放污染物应当符合污染物排放标准和许可排放浓度，不得超标准排放。

5. 企业应当遵守污染防治设施运行相关规定，贯彻执行环保设备设施使用相关管理制度及各项管理要求；禁止通过偷排、篡改或者伪造监测数据、以逃避现场检查为目的的临时停产、非紧急情况下开启应急排放通道、不正常运行大气污染防治设施等逃避监管的方式排放大气污染物；严禁利用渗井、渗坑、裂隙、溶洞，私设暗管，篡改、伪造监测数据，或者不正常运行水污染防治设施等逃避监管的方式排放水污染物。

6. 企业应当遵守危险废物管理的相关规定，建设危险废物贮存场所，危险废物的处置、转移、贮存必须保证安全，禁止擅自倾倒、堆放。企业自身没有相关资质或无法处置、转移、贮存的，必须委托给具备相应资质的单位处理。

7. 涉罪后及时补救，争取从宽处罚。行为人已经涉嫌环境污染犯罪的，应当立即停止违法犯罪活动，配合相关部门调查，积极修复生态环境，全额退赃退赔，缴纳罚款，认罪认罚，有效合规整改，争取免予刑事处罚。

二、非法占用农用地罪

典型案例 附带民事公益诉讼被告美姑某投矿业有限公司、肖某勇非法占用农用地案

【案号】

(2020)川3436刑初67号

【案情简介】

2009年4月19日,被告人肖某勇与美姑某投矿业有限公司(以下简称某投矿业公司)签订劳务合同,2009年12月1日签订委托管理协议,2010年12月16日某投矿业公司任命肖某勇担任矿山工程部部长,负责矿山公路、选厂、办公楼等建设工作。

2012年4月16日,某投矿业公司在美姑县林业局取得临时任占林地手续,获得临时使用林地面积1.2607公顷(18.9105亩),后在候播乃拖多洛沙村、乃拖村、瓦基村采用挖掘机、装载机进行矿山公路、探槽探洞等建设,某投矿业公司于2014年在征占林地手续到期后,没有按照规定恢复林业生产条件,恢复森林植被,继续占用林地进行矿山公路,探槽、探洞等建设,其间,肖某勇作为该公司实施犯罪行为直接负责的主管人员。

2019年12月18日,美姑县森林公安局聘请美姑县林业和草原局对美姑县宝投矿业有限公司使用林地现状出具了调查报告:在候播乃拖洛沙村3组(小地名瓦基)非法占用林地的面积以及林地种属等情况进行鉴定,该铜矿超期使用林地18.9105亩,超范围未批占用林地面积74.6995亩(其中公益林地面积41.65亩,商品林地面积33.0495亩),林地种属为公益林和商品林,林地原有地貌已完全改变,原有植被严重毁坏。

另查明被告单位在积极组织恢复生态环境。

【法院判决】

一审法院认为,被告单位某投矿业公司违反土地管理法,未经主管部门批准非法占用林地,造成林地原有植被严重破坏,构成非法占用农用地罪;被告人

肖某勇作为矿山工程部部长，负责管理矿山公路、选厂、办公楼等建设工作，应认定为单位犯罪的直接负责的主管人员，构成非法占用农用地罪，对被告单位依法应判处罚金，对直接责任人员依法应在5年以下有期徒刑或者拘役，并处或者单处罚金的幅度内量刑处罚。由于宝投公司的犯罪行为致使生态环境资源严重破坏，侵害了社会公共利益，依法应当承担民事责任。经审判委员会讨论决定，判决被告单位某投矿业公司犯非法占用农用地罪，判处罚金人民币10万元；被告人肖某勇犯非法占用农用地罪，判处有期徒刑1年6个月，缓刑2年，并处罚金人民币5000元。某投矿业公司按照美姑县林草局植被恢复方案于2021年12月16日前完成植被恢复，由美姑县人民检察院组织相关部门进行验收。若未规定时间按照植被恢复方案恢复植被或植被恢复未通过验收，则支付植被修复费用人民币475,030元。

【罪名解释】

非法占用农用地罪，是指自然人或者单位违反土地管理法规，非法占用耕地、林地等农用地，改变被占用土地用途，数量较大，造成耕地、林地等农用地大量毁坏的行为。

本罪中的“违反土地管理法规”，是指违反土地管理法、森林法、草原法等法律以及有关行政法规中关于土地管理的规定。

本罪的常见情形有：未经批准占用农用地，即未经国家土地管理机关审理，并报经人民政府批准，擅自占用农用地；少批多占农用地的，即超过政府批准的数量多占农用地，并且数量较大；骗取政府批准占用农用地，即以提供虚假文件、谎报用途或借用、盗用他人的名义申请等欺骗手段取得批准手续而占用农用地，且数量较大；违法改作他用，即改变农用地的种植用途，诸如建房屋、造厂房、修堆料场、筑路、采石、采矿、采土、采砂、倾倒废物等。

本罪的犯罪构成要件：(1)犯罪主体是一般主体，凡达到刑事责任年龄，具备刑事责任能力的自然人，以及单位都可以构成本罪；(2)主观方面为故意，即明知占用农用地改作他用的行为违反土地管理法规，并会造成大量农用地被毁坏的后果；(3)侵犯的客体是国家的土地管理制度；(4)客观方面表现为违反土地管理法规，非法占用耕地、林地等农用地，改变被占用土地用途，数量较大，造成耕地、林地等农用地大量毁坏的行为。

【罪名认定】

根据最高人民法院《关于审理破坏草原资源刑事案件应用法律若干问题的解释》的相关规定，违反草原法等土地管理法规，非法占用草原，改变被占用草原用途，数量较大，造成草原大量毁坏的，以非法占用农用地罪定罪处罚。非法占用草原，改变被占用草原用途，数量在20亩以上的，或者曾因非法占用草原受过行政处罚，在3年内又非法占用草原，改变被占用草原用途，数量在10亩以上的，应当认定为“数量较大”。非法占用草原，改变被占用草原用途，数量较大，具有下列情形之一的，应当认定为“造成耕地、林地等农用地大量毁坏”：(1)开垦草原种植粮食作物、经济作物、林木的；(2)在草原上建窑、建房、修路、挖砂、采石、采矿、取土、剥取草皮的；(3)在草原上堆放或者排放废弃物，造成草原的原有植被严重毁坏或者严重污染的；(4)违反草原保护、建设、利用规划种植牧草和饲料作物，造成草原沙化或者水土严重流失的；(5)其他造成草原严重毁坏的情形。

【立案标准】

根据《立案追诉标准(一)》第67条的规定，[非法占用农用地案(《刑法》第342条)]违反土地管理法规，非法占用耕地、林地等农用地，改变被占用土地用途，造成耕地、林地等农用地大量毁坏，涉嫌下列情形之一的，应予立案追诉：

(1)非法占用基本农田5亩以上或者基本农田以外的耕地10亩以上的；

(2)非法占用防护林地或者特种用途林地数量单种或者合计5亩以上的；

(3)非法占用其他林地10亩以上的；

(4)非法占用本款第2项、第3项规定的林地，其中一项数量达到相应规定的数量标准的50%以上，且两项数量合计达到该项规定的数量标准的；

(5)非法占用其他农用地数量较大的情形。

违反土地管理法规，非法占用耕地建窑、建坟、建房、挖沙、采石、采矿、取土、堆放固体废物或者进行其他非农业建设，造成耕地种植条件严重毁坏或者严重污染，被毁坏耕地数量达到以上规定的，属于该条规定的“造成耕地大量毁坏”。

违反土地管理法规，非法占用林地，改变被占用林地用途，在非法占用的林地上实施建窑、建坟、建房、挖沙、采石、采矿、取土、种植农作物、堆放或者排泄废弃物等行为或者进行其他非林业生产、建设，造成林地的原有植被或者林业种植条件严重毁坏或者严重污染，被毁坏林地数量达到以上规定的，属于本条规定的“造成林地大量毁坏”。

【刑事责任】

根据《刑法》第 342 条的规定，违反土地管理法规，非法占用耕地、林地等农用地，改变被占用土地用途，数量较大，造成耕地、林地等农用地大量毁坏的，处 5 年以下有期徒刑或者拘役，并处或者单处罚金。

【合规指引】

国务院办公厅于 2020 年 9 月印发《关于坚决制止耕地“非农化”行为的通知》，严禁违规占用耕地绿化造林，严禁超标准建设绿色通道，严禁违规占用耕地挖湖造景，严禁占用永久基本农田扩大自然保护地，严禁违规占用耕地从事非农建设，严禁违法违规批地用地。同年 11 月又印发《关于防止耕地“非粮化”稳定粮食生产的意见》，禁止占用永久基本农田从事林果业以及挖塘养鱼、非法取土等破坏耕作层的行为，禁止闲置、荒芜永久基本农田。自然资源部办公厅于 2021 年 11 月印发《关于开展 2021 年违法违规占用耕地重点问题整治的通知》，重点整治农村乱占耕地建房问题，违法违规占用耕地挖湖造景问题，违法违规占用耕地超标准建设绿化带、绿色通道问题，违法违规占用耕地绿化造林或将耕地转为园地等其他类型农用地问题。

2024 年 1 月 10 日，最高人民法院发布 10 件依法保护农用地典型案例，涉及非法占用农用地的刑事案件、民事案件、行政案件以及公益诉讼案件，进一步强化农用地司法保护力度，推动全社会提升共同保护农用地的法治意识。例如，在典型案例三季某辉、李某非法占用农用地案中，季某辉、李某以修建大棚、发展农业养殖为名，从农民手中承包、置换大量土地，非法破坏土壤种植层，取土洗砂销售，造成永久基本农田 54.25 亩被毁坏，构成非法占用农用地罪，分别被判处有期徒刑 3 年 6 个月和 1 年 6 个月，并处罚金 5 万元，追缴违法所得。

企业在用地过程中，应当避免未经批准或者采取欺骗手段骗取批准非法占用农民集体所有土地,避免擅自改变土地的农业用途、弃耕抛荒,避免以任何形式毁坏、污染耕地,严禁擅自将耕地改为建设用地。

三、非法采矿罪

典型案例 海南某源建设工程有限公司、王某洪等非法采矿案

【案号】

(2019)琼02刑初88号

(2020)琼刑终62号

【案情简介】

2017年9月19日,海南某源建设工程有限公司(以下简称某源公司)竞得城投公司公开招标的保城镇石峒河打南河段的河砂开采权。2017年9月21日,某源公司和城投公司签订河砂开采委托服务租赁合同,约定打南河段的河道采砂点由某源公司开采、运输(开采长度约300m,成品砂预采量28,000立方米),承包范围为海南省保亭黎族苗族自治县水务局规定的河道设计红线区域内的采砂和砂石料的生产、运输和修缮边坡,不得超出红线范围,不得私自对外销售。合同签订后,被告人王某洪、郑某、李某超、林某、黄某前(后二人另案处理)共同投资该项目,其中,王某洪出资40万元并负责项目对外交接工作,郑某出资40万元并负责现场施工,李某超以挖掘机入股负责在河段挖砂、筛砂并协助郑某管理采砂船,林某、黄某前分别出资10万元、5万元参与分红。2017年10月,被告人王某洪、郑某、李某超等人组织工人进驻打南河段4号开采点开采河砂。其间,由于受到当地村民的阻挠,王某洪、郑某、李某超转至开采范围外的打南河段1号、2号、3号、5号开采点继续开采。经查,2017年10月至2018年11月超范围采砂量约13,019立方米,价值人民币2,211,928元。

【法院判决】

一审法院认为,被告单位某源公司违反矿产资源法的规定,在未经政府主管部门批准,在未取得采矿许可证的情况下擅自采砂,矿砂价值达2,211,928元,情节特别严重,被告单位某源公司行为已构成非法采矿罪,应依法处罚。被

告人王某洪、郑某、李某超作为该公司的直接责任人员已构成(单位)非法采矿罪,应依法处罚。判决被告单位某源公司犯非法采矿罪,判处罚金人民币3万元;被告人王某洪犯非法采矿罪,判处有期徒刑3年并处罚金人民币2万元;被告人郑某犯非法采矿罪,判处有期徒刑3年并处罚金人民币2万元;被告人李某超犯非法采矿罪,判处有期徒刑3年并处罚金人民币2万元;在案扣押的挖掘机一台予以没收,上缴国库。

各被告不服一审判决,提起上诉。

二审法院认为,原审判决认定事实清楚,证据确实、充分,定罪准确,量刑适当,程序合法。裁定驳回上诉,维持原判。

【罪名解析】

非法采矿罪,是指自然人或者单位违反矿产资源法的规定,未取得采矿许可证擅自采矿,擅自进入国家规划矿区、对国民经济具有重要价值的矿区和他人矿区范围采矿,或者擅自开采国家规定实行保护性开采的特定矿种,情节严重的行为。

本罪中的"违反矿产资源法的规定",是指违反《矿产资源法》《水法》等法律、行政法规有关矿产资源开发、利用、保护和管理的规定。

本罪中的"未取得采矿许可证",是指无许可证的;许可证被注销、吊销、撤销的;采矿许可证被依法暂扣的;超越许可证规定的矿区范围或者开采范围的;超出许可证规定的矿种的(共生、伴生矿种除外);其他未取得许可证的情形。

本罪的构成要件:(1)犯罪主体是一般主体,凡达到刑事责任年龄、具备刑事责任能力的自然人,以及单位都可以构成本罪;(2)主观方面为故意,即行为人明知是非法采矿而故意为之,其目的是获取矿产品以牟利;(3)侵犯的客体是国家对矿产资源的所有权和矿业生产的管理制度;(4)客观表现为违反矿产资源保护法的规定,实施非法采矿行为,包括未取得采矿许可证擅自采矿,进入国家规划矿区、对国民经济具有重要价值的矿区或他人矿区范围采矿,或擅自开采国家规定实行保护性开采的特定矿种。

【罪名认定】

1. 非法采矿罪

非法采矿行为情节严重才能构成本罪，情节未达严重程度，不以犯罪论。根据最高人民法院、最高人民检察院《关于办理非法采矿、破坏性采矿刑事案件适用法律若干问题的解释》第 3 条第 1 款的规定，实施非法采矿行为，具有下列情形之一的，应当认定为《刑法》第 343 条第 1 款规定的“情节严重”：

（1）开采的矿产品价值或者造成矿产资源破坏的价值在 10 万元至 30 万元以上的；

（2）在国家规划矿区、对国民经济具有重要价值的矿区采矿，开采国家规定实行保护性开采的特定矿种，或者在禁采区、禁采期内采矿，开采的矿产品价值或者造成矿产资源破坏的价值在 5 万元至 15 万元以上的；

（3）二年内曾因非法采矿受过两次以上行政处罚，又实施非法采矿行为的；

（4）造成生态环境严重损害的；

（5）其他情节严重的情形。

2. 河道采砂行为

根据最高人民法院、最高人民检察院《关于办理非法采矿、破坏性采矿刑事案件适用法律若干问题的解释》第 4 条的规定，在河道管理范围内采砂，具有下列情形之一，符合《刑法》第 343 条第 1 款和该解释第 2 条、第 3 条规定的，以非法采矿罪定罪处罚：

（1）依据相关规定应当办理河道采砂许可证，未取得河道采砂许可证的；

（2）依据相关规定应当办理河道采砂许可证和采矿许可证，既未取得河道采砂许可证，又未取得采矿许可证的。

实施前款规定行为，虽不具有该解释第 3 条第 1 款规定的情形，但严重影响河势稳定，危害防洪安全的，应当认定为《刑法》第 343 条第 1 款规定的“情节严重”。

3. 采挖海砂行为

根据最高人民法院、最高人民检察院《关于办理非法采矿、破坏性采矿刑事案件适用法律若干问题的解释》第 5 条的规定，未取得海砂开采海域使用权证，且未取得采矿许可证，采挖海砂，符合《刑法》第 343 条第 1 款和该解释第 2 条、第 3 条规定的，以非法采矿罪定罪处罚。

实施前款规定行为，虽不具有该解释第 3 条第 1 款规定的情形，但造成海岸线严重破坏的，应当认定为《刑法》第 343 条第 1 款规定的“情节严重”。

4. 共犯问题

根据最高人民法院、最高人民检察院《关于办理非法采矿、破坏性采矿刑事案件适用法律若干问题的解释》第 7 条的规定，明知是犯罪所得的矿产品及其产生的收益，而予以窝藏、转移、收购、代为销售或者以其他方法掩饰、隐瞒的，依照《刑法》第 312 条的规定，以掩饰、隐瞒犯罪所得、犯罪所得收益罪定罪处罚。

实施前款规定的犯罪行为，事前通谋的，以共同犯罪论处。

是构成掩饰、隐瞒犯罪所得、犯罪所得收益罪，还是构成非法采矿罪，关键要看是否存在事前通谋，无通谋则构成前罪，有通谋则构成后罪。

5. 雇佣人员问题

根据最高人民法院、最高人民检察院《关于办理非法采矿、破坏性采矿刑事案件适用法律若干问题的解释》第 11 条的规定，对受雇佣为非法采矿、破坏性采矿犯罪提供劳务的人员，除参与利润分成或者领取高额固定工资的以外，一般不以犯罪论处，但曾因非法采矿、破坏性采矿受过处罚的除外。

6. 想象竞合问题

非法采矿情节严重，同时触犯非法占用农用地罪的，按想象竞合择一重罪论处；未取得采矿许可证擅自采矿的，擅自进入国家规划矿区、对国民经济具有重要价值的矿区和他人矿区范围采矿的行为，同时触犯盗窃罪的，按想象竞合择一重罪论处。

7. 数罪问题

非法采矿情节严重，同时非法排放、倾倒、处置有害物质严重污染环境的，以非法采矿罪与污染环境罪实行数罪并罚；非法采矿情节严重，同时造成重大伤亡事故或者其他严重后果，以非法采矿罪与重大责任事故罪实行数罪并罚。

【立案标准】

根据《立案追诉标准(一)》第 68 条的规定,[非法采矿案(《刑法》第 343 条第 1 款)]违反矿产资源法的规定,未取得采矿许可证擅自采矿的,或者擅自进入国家规划矿区、对国民经济具有重要价值的矿区和他人矿区范围采矿的,或者擅自开采国家规定实行保护性开采的特定矿种,经责令停止开采后拒不停止开采,造成矿产资源破坏的价值数额在 5 万元至 10 万元以上的,应予立案追诉。

具有下列情形之一的,属于本条规定的"未取得采矿许可证擅自采矿":

(1)无采矿许可证开采矿产资源的;

(2)采矿许可证被注销、吊销后继续开采矿产资源的;

(3)超越采矿许可证规定的矿区范围开采矿产资源的;

(4)未按采矿许可证规定的矿种开采矿产资源的(共生、伴生矿种除外);

(5)其他未取得采矿许可证开采矿产资源的情形。

在采矿许可证被依法暂扣期间擅自开采的,视为该条规定的"未取得采矿许可证擅自采矿"。

造成矿产资源破坏的价值数额,由省级以上地质矿产主管部门出具鉴定结论,经查证属实后予以认定。

【刑事责任】

根据《刑法》第 343 条第 1 款的规定,违反矿产资源法的规定,未取得采矿许可证擅自采矿,擅自进入国家规划矿区、对国民经济具有重要价值的矿区和他人矿区范围采矿,或者擅自开采国家规定实行保护性开采的特定矿种,情节严重的,处 3 年以下有期徒刑、拘役或者管制,并处或者单处罚金;情节特别严重的,处 3 年以上 7 年以下有期徒刑,并处罚金。

【合规指引】

非法采矿是近年来国家有关部门重点治理的违法领域。企业应当建立合规管理体系,为企业行为画红线,守法经营。

首先,绝不能无证开采,即企业或个人不能在未取得采矿许可证情况下擅自开采矿产资源。需要注意的是,采矿许可证被注销、吊销后继续开采矿产资源的，在采矿许可证被依法暂扣期间擅自开采矿产资源的，超越采矿许可证规定的矿区范围开采矿产资源的，未按采矿许可证规定的矿种开采矿产资源（共生、伴生矿种除外）等情形，视为未取得采矿许可证开采矿产资源。

其次，坚决不能破坏性开采。即使取得了采矿许可证，如果违反《矿产资源法》的规定，采取破坏性的开采方法开采矿产资源，造成矿产资源严重破坏的，将涉嫌更重的破坏性采矿罪，将会被处 5 年以下有期徒刑或者拘役，并处罚金。

再次，不能以各类工程为名违法采矿。企业以环境治理、矿山修复、土地整理等工程的名义违法开采矿产资源，依旧会被认定为非法采矿行为，情节严重的，涉嫌非法采矿罪。

最后，已经涉嫌非法采矿犯罪，应立即采取补救措施，争取免予刑事处罚。如果行为人已经实施了非法采矿行为，不属于“情节特别严重”，或者实施了破坏性采矿行为，行为人应当立即停止违法行为，配合相关部门查处，积极修复环境，全部退赃退赔，认罪认罚，有效合规整改，相关部门根据相关犯罪情节、悔改表现等，可以认定为犯罪情节轻微，不起诉或者免予刑事处罚。

第八章　安全生产合规

第一节　安全生产合规概述

一、安全生产的意义

2016 年 11 月 24 日,江西丰城发电厂三期扩建工程发生冷却塔施工平台坍塌特大事故,造成 73 人死亡、2 人受伤,直接经济损失 10,197.2 万元,法院对 28 名被告人和 1 个被告单位依法判处刑罚。[1]

2022 年 1 月 20 日,应急管理部新闻宣传司司长申展利在应急管理部 2022 年 1 月例行新闻发布会上透露,2021 年全年共发生各类生产安全事故 3.46 万起、死亡 2.63 万人,发生死亡 10 人以上的重大事故 16 起,直接经济损失超过 5000 万元的重大事故 1 起。[2]

2023 年 2 月 28 日,国家统计局发布《中华人民共和国 2022 年国民经济和社会发展统计公报》,该公报数据显示,2022 年全年各类生产安全事故共死亡 20,963 人。[3]

2024 年 2 月 29 日,国家统计局发布《中华人民共和国 2023 年国民经济和社会发展统计公报》,该公报数据显示,2023 年全年各类生产安全事故共死亡

---

〔1〕 参见《江西丰城发电厂致 73 人死亡特大事故案一审宣判!》,载陕西法制网百家号 2020 年 4 月 25 日,https://baijiahao.baidu.com/s?id=1664921212133785645&wfr=spider&for=pc。

〔2〕 参见《应急管理部 2022 年 1 月例行新闻发布会》,载应急管理部官网 2022 年 1 月 20 日,https://www.mem.gov.cn/xw/xwfbh/2022n1y20rxwfbh/。

〔3〕 参见《中华人民共和国 2022 年国民经济和社会发展统计公报》,载国家统计局官网 2023 年 2 月 28 日,http://www.stats.gov.cn/sj/zxfb/202302/t20230228_1919011.html。

21,242人。[1]

安全是人类最重要、最基本的需求,是人民群众生命健康的基本保证。

安全生产合规是指企业在生产经营过程中,遵守国家有关法律、法规及相关标准要求,按照规定实施安全生产。安全生产合规是企业提高安全生产管理水平和防范风险的重要措施,对保障员工生命财产安全、维护社会稳定和可持续发展具有重要意义。

企业的安全生产是通过全体员工的努力来实现的。增强员工的安全意识,必须大力宣传安全生产方针、政策、法规和安全生产的规章制度,强化员工的安全知识,把员工的思想统一到安全作业、严格操作规程依法管理上来。开展安全为主题的安全生产宣传活动,营造"关爱生命、关注安全"的舆论氛围。培养全体员工的自我安全意识,形成安全生产坚不可摧的防线。

二、安全生产合规主要内容

企业建立安全生产合规管理体系,应当从以下几个方面入手:

(一)健全安全生产规章制度

企业建立健全安全生产管理制度,包括安全生产责任制、安全生产管理制度、安全生产培训、安全生产检查等。企业应该确保员工熟知这些制度,并落实到具体的工作中。

(二)制定安全防范措施

企业需要针对生产过程中的各种安全隐患,采取相应的安全防范措施。这些措施包括安全设施的建设、应急预案的制定、安全教育培训等。

(三)落实安全生产责任

1. 责任主体

生产经营单位的主要负责人是本单位安全生产第一责任人,对本单位的安全生产工作全面负责。其他负责人对职责范围内的安全生产工作负责。安全

---

〔1〕 参见《中华人民共和国2023年国民经济和社会发展统计公报》,载国家统计局官网2023年2月29日,https://www.stats.gov.cn/sj/zxfb/202402/t20240228_1947915.html。

生产责任的主体不仅是主要负责人,还包括其他负责人,如专职安全生产分管负责人。企业的负责人都需要对其职责范围内安全生产工作承担起安全责任,确保企业遵守相关的法律、法规及标准,落实安全生产管理制度,制定安全生产预案,保证员工的安全。

2. 全员参与

企业所有从业人员都应该认识到自己在安全生产中的责任和义务,积极参与安全生产管理和监督。安全生产,人人有责。建立健全全员安全生产责任制,调动全体员工的积极性,形成人人关心安全生产、人人提升安全素质、人人做好安全生产的局面,从而形成安全生产的企业文化。

3. 安全生产管理机构及安全管理人员的职责

组织或者参与拟定本单位安全生产规章制度、操作规程和生产安全事故应急救援预案;组织或者参与本单位安全生产教育和培训,如实记录安全生产教育和培训情况;组织开展危险源辨识和评估,督促落实本单位重大危险源的安全管理措施;组织或者参与本单位应急救援演练;检查本单位的安全生产状况,及时排查生产安全事故隐患,提出改进安全生产管理的建议;制止和纠正违章指挥、强令冒险作业、违反操作规程的行为;督促落实本单位安全生产整改措施。

生产经营单位可以设置专职安全生产分管负责人,协助本单位主要负责人履行安全生产管理职责。

4. 培养安全生产文化

企业需要建立安全生产文化,通过宣传教育等方式,培养员工的安全意识和安全素养。

第二节　合规尽职调查与风险识别

通过合规尽职调查,查找出威胁企业安全生产的风险源,列出风险清单,识别风险类别,标记风险等级,列出安全生产可能涉及的法律责任。

刑事责任包括重大责任事故罪，强令、组织他人违章冒险作业罪，危险作业罪，重大劳动安全事故罪，危险物品肇事罪，工程重大安全事故罪，消防责任事故罪，不报、谎报安全事故罪等。涉及安全生产的刑罚多由企业相关责任人承担。

行政责任分为单位行政责任、单位责任人及相关人员的行政责任，单位涉及的责任类型包括限期改正，警告，罚款，没收违法所得，停止建设、施工、使用、作业、违法经营，暂扣、撤销或吊销有关证照，限期治理，停业整顿，关闭；责任人员涉及的责任类型包括撤职、罚款、撤销证照、行政处分。

民事责任主要体现在安全事故造成的人员、财产损失赔偿责任。

一、合规义务依据

为保障安全生产，加强安全生产监督管理，防止和减少生产安全事故的发生，国家出台了一系列监管规范。企业合规的第一要务是保障安全生产，企业应当梳理合规义务来源，将法律法规等外部监管要求转化为企业内部规章制度，持续完善企业内部管理制度体系。建设工程企业安全生产合规所涉法律法规、规章、规范性文件见表 8－1。

表 8－1　安全生产合规法律法规清单（部分）

名称	文号	发布时间	施行时间
《安全生产法》	主席令第 88 号	2021 年 6 月 10 日	2021 年 9 月 1 日
《建筑法》	主席令第 29 号	2019 年 4 月 23 日	2019 年 4 月 23 日
《消防法》（2021 修正）	主席令第 81 号	2021 年 4 月 29 日	2021 年 4 月 29 日
《矿山安全法》（2009 修正）	主席令第 18 号	2009 年 8 月 27 日	2009 年 8 月 27 日
《道路交通安全法》（2021 修正）	主席令第 81 号	2021 年 4 月 29 日	2021 年 4 月 29 日
《食品安全法》（2021 修正）	主席令第 81 号	2021 年 4 月 29 日	2021 年 4 月 29 日

续表

名称	文号	发布时间	施行时间
《职业病防治法》(2018 修正)	主席令第 24 号	2018 年 12 月 29 日	2018 年 12 月 29 日
《危险化学品安全管理条例》(2013 修订)	国务院令第 645 号	2013 年 12 月 7 日	2013 年 12 月 7 日
《水污染防治法》(2017 修正)	主席令第 70 号	2017 年 6 月 27 日	2018 年 1 月 1 日
《环境影响评价法》(2018 修正)	主席令第 24 号	2018 年 12 月 29 日	2018 年 12 月 29 日
《建设工程安全生产管理条例》	国务院令第 393 号	2003 年 11 月 24 日	2004 年 2 月 1 日
《建筑施工企业安全生产管理机构设置及专职安全生产管理人员配备办法》(2008 修订)	建质〔2008〕91 号	2008 年 5 月 13 日	2008 年 5 月 13 日
《电力安全生产监督管理办法》	国家发展和改革委员会令第 21 号	2015 年 2 月 17 日	2015 年 3 月 1 日
《特种设备安全监察条例》(2009 修订)	国务院令第 549 号	2009 年 1 月 24 日	2009 年 5 月 1 日
《煤矿安全生产条例》	国务院令第 774 号	2024 年 1 月 24 日	2024 年 5 月 1 日
《建设项目安全设施“三同时”监督管理办法》(2015 修正)	国家安全监管总局令第 77 号	2015 年 4 月 2 日	2015 年 5 月 1 日
《建筑施工安全检查标准》(JGJ 59—2011)	住建部公告第 1204 号	2011 年 12 月 7 日	2012 年 7 月 1 日
《建筑施工高处作业安全技术规范》(JGJ 80—2016)	住建部公告第 1205 号	2016 年 7 月 9 日	2016 年 12 月 1 日
《房屋市政工程生产安全重大事故隐患判定标准》(2022 年版)	建质规〔2022〕2 号	2022 年 4 月 19 日	2022 年 4 月 19 日

续表

名称	文号	发布时间	施行时间
《安全生产违法行为行政处罚办法》(2015 修正)	国家安全监管总局令第 77 号	2015 年 4 月 2 日	2015 年 5 月 1 日
《刑法》	主席令第 18 号	2023 年 12 月 29 日	2024 年 3 月 1 日
《生产安全事故罚款处罚规定》	应急管理部令第 14 号	2024 年 1 月 10 日	2024 年 3 月 1 日

二、各主体安全义务

在工程建设过程中,建设单位、勘查单位、设计单位、监理单位和施工单位各自承担着不同的角色和责任。建设单位作为项目的发起人和负责人,对项目的整体安全负责;勘查单位和设计单位负责提供准确的地质勘查和设计文件,为施工提供依据;监理单位负责监督施工质量,确保施工符合设计要求;施工单位则负责具体的施工操作。为了确保各单位在工程建设过程中能够明确各自的安全责任,从而有效保障工程质量和施工安全,应当明确建设单位、勘查单位、设计单位、监理单位、施工单位的主体安全义务清单(见表 8－2)。

表 8－2　建设工程项目各主体的安全义务清单(部分)

序号	单位名称	安全义务
1	建设单位	应当向施工单位提供必要的资料,应当提供建设工程有关安全施工措施的资料,应当将拆除工程发包给具有相应资质等级的施工单位。建设单位不得对勘察、设计、施工、工程监理等单位提出不符合建设工程安全生产法律、法规和强制性标准规定的要求,不得压缩合同约定的工期,不得明示或者暗示施工单位购买、租赁、使用不符合安全施工要求的安全防护用具、机械设备、施工机具及配件、消防设施和器材等
2	勘察单位	应当按照法律、法规和工程建设强制性标准进行勘察,应当严格执行操作规程,采取措施保证各类管线、设施和周边建筑物、构筑物的安全等
3	设计单位	设计单位应当按照法律、法规和工程建设强制性标准进行设计,防止因设计不合理导致生产安全事故的发生等
4	监理单位	工程监理单位应当审查施工组织设计中的安全技术措施或者专项施工方案是否符合工程建设强制性标准等

续表

序号	单位名称	安全义务
5	施工单位	应当具备国家规定的注册资本、专业技术人员、技术装备和安全生产等条件，依法取得相应等级的资质证书并在其资质等级许可的范围内承揽工程，施工单位主要负责人依法对本单位的安全生产工作全面负责，应当设立安全生产管理机构并配备专职安全生产管理人员，建设工程实行施工总承包的由总承包单位对施工现场的安全生产负总责，对因建设工程施工可能造成损害的毗邻建筑物、构筑物和地下管线等应当采取专项防护措施，应当在施工现场建立消防安全责任制度并确定消防安全责任人，应当向作业人员提供安全防护用具和安全防护服装，作业人员进入新的岗位或者新的施工现场前应当接受安全生产教育培训等

三、重点领域、重点事项

企业开展安全生产，首先要抓重点领域，是因为这些领域存在较高的安全风险和潜在的事故隐患，对员工生命安全和企业的稳定发展构成直接威胁；其次要抓重点事项，因为这些事项直接关系到企业的安全生产状况和员工、财产的安全。企业是安全生产的第一责任人，必须全面负责本单位的安全生产工作，而企业对重点领域、重点事项的把握是确保安全生产的关键，须紧盯重点领域和重点事项进行有针对性的监管（见表8－3）。

表8－3 重点领域、重点事项合规清单（部分）

序号	重点领域	重点事项	合规要求
1	设备	仪器设备	不得超负荷和带缺陷运行，并要做到正确使用，经常维护，定期检修，不符合安全要求的陈旧设备，应有计划地更新和改造
		电气设备和线路	应符合国家有关安全规定。电气设备应有可熔保险和漏电保护，绝缘必须良好，并有可靠的接地或接零保护措施；产生大量蒸汽、腐蚀性气体或粉尘的工作场所，应使用密闭型电气设备；有易燃易爆危险的工作场所，应配备防爆型电气设备；潮湿场所和移动式电气设备，应采用安全电压。电气设备必须符合相应防护等级的安全技术要求
		引进国外设备	对国内不能配套的安全附件，必须同时引进，引进的安全附件应符合我国的安全技术要求

续表

序号	重点领域	重点事项	合规要求
		特种设备	特种设备生产、经营、使用、检验、检测应当遵守有关特种设备安全技术规范及相关标准,生产、经营、使用单位应当按照国家有关规定配备特种设备安全管理人员、检测人员和作业人员,并对其进行必要的安全教育和技能培训;生产、经营、使用单位应当进行自行检测和维护保养,对国家规定实行检验的特种设备应当及时申报并接受检验。 对溶解乙炔气瓶、锅炉、压力容器、压力管道、电梯、起重机、索道等必须按照相关规定定期维护、定期进行安全性能检测
2	建设工程	新建、改建、扩建以及技术改造的生产场所及工程建设	必需安排劳动保护设施的建设,并要与主体工程同时设计、同时施工、同时投产
3	劳动场所	厂房、建筑物	布局合理,清洁、整齐,有毒有害的作业必须有防护措施。生产用房、建筑物必须坚固、安全;通道平坦、畅顺,光线足;为生产所设的坑、壕、池、走台、升降口等有危险的处所必须有安全设施和明显的安全警示标志,安全警示标志必须符合国家标准;有高温、低温、潮湿、静电等危险的劳动场所,必须采取相应的有效防护措施
		外来施工人员	加强管理,对违反作业规定并造成公司财产损失的,须索赔并严加处理
4	管线	管路	应为每个管道进行标识,以便快速准确地识别它的用途和功能;发现管路破损时,应及时维修或更换,避免触电或燃气泄漏引起爆炸等危险
		电信线路	电信线路的设计、施工和维护,应符合有关安全技术规定凡从事电信线路施工和维护等的工作人员,均应严格执行有关安全技术操作规程。电信线路施工必须按照安全施工程序组织施工。对架空线路、天线、地下电缆及地下管道等电信施工工程及施工环境都必须采取安全防护措施。施工工具和仪表要合格、灵敏、安全、可靠。高空作业工具和防护用品,必须由专业生产厂家和管理部门提供,并经常检查、定期鉴定。电信线路维护要严防触电、高空坠落和倒杆事故。严格按照操作规程作业。不得聘用或留用退休职工担任线路架设工作

续表

序号	重点领域	重点事项	合规要求
5	危险品	易燃易爆腐蚀性物品	易燃、易爆、腐蚀性物品的运输、贮存、使用、废品处理等，必须设有防火、防爆设施，严格执行安全操作守则和定员定量定品种的安全规定。易燃、易爆、腐蚀性物品的使用地和贮存点、要严禁烟火，要严格消除可能发生火灾的一切隐患

四、安全生产刑事风险

为了确保建工企业有效地开展安全刑事风险识别评估，督促企业主要负责人和相关从业人员落实自身安全生产主体责任，企业应当制定安全生产刑事风险控制清单，针对在生产过程中可能触犯的刑事罪名、违法行为表现、立案标准及应承担的法律后果进行梳理，对相关人员进行法治教育，从而达到警示和预防违法犯罪的目的(见表8－4)。

表8－4　安全生产刑事风险控制清单(部分)

罪名	法律依据	违法行为	法律后果	立案标准
重大责任事故罪	《刑法》第134条第1款	在生产、作业中违反有关安全管理规定，因而发生重大伤亡事故或者造成其他严重后果	处3年以下有期徒刑或者拘役；情节特别恶劣的，处3年以上7年以下有期徒刑	(1)造成死亡1人以上，或者重伤3人以上；(2)造成直接经济损失50万元以上的；(3)发生矿山生产安全事故，造成直接经济损失100万元以上的；(4)其他造成严重后果的情形
强令、组织他人违章冒险作业罪	《刑法》第134条第2款	强令他人违章冒险作业，或者明知存在重大事故隐患而不排除，仍冒险组织作业	处5年以下有期徒刑或者拘役；情节特别恶劣的，处5年以上有期徒刑	(1)造成死亡1人以上，或者重伤3人以上；(2)造成直接经济损失50万元以上的；(3)发生矿山生产安全事故，造成直接经济损失100万元以上的；(4)其他造成严重后果的情形

续表

罪名	法律依据	违法行为	法律后果	立案标准
危险作业罪	《刑法》第134条之一	在生产、作业中违反下列有关安全管理的规定：(1)关闭、破坏直接关系生产安全的监控、报警、防护、救生设备、设施，或者篡改、隐瞒、销毁其相关数据、信息的；(2)因存在重大事故隐患被依法责令停产停业、停止施工、停止使用有关设备、设施、场所或者立即采取排除危险的整改措施，而拒不执行的；(3)涉及安全生产的事项未经依法批准或者许可，擅自从事矿山开采、金属冶炼、建筑施工，以及危险物品生产、经营、储存等高度危险的生产作业活动的	处1年以下有期徒刑、拘役或者管制	本罪属于危险犯，具有发生重大伤亡事故或者其他严重后果的现实危险性就可以构成犯罪
重大劳动安全事故罪	《刑法》第135条	安全生产设施或者安全生产条件不符合国家规定，因而发生重大伤亡事故或者造成其他严重后果	处3年以下有期徒刑或者拘役；情节特别恶劣的，处3年以上7年以下有期徒刑	(1)造成死亡1人以上，或者重伤3人以上；(2)造成直接经济损失50万元以上的；(3)发生矿山生产安全事故，造成直接经济损失100万元以上的；(4)其他造成严重后果的情形

续表

罪名	法律依据	违法行为	法律后果	立案标准
工程重大安全事故罪	《刑法》第 137 条	建设单位、设计单位、施工单位、工程监理单位违反国家规定，降低工程质量标准，造成重大安全事故	处 5 年以下有期徒刑或者拘役，并处罚金；后果特别严重的，处 5 年以上 10 年以下有期徒刑，并处罚金	(1)造成死亡 1 人以上，或者重伤 3 人以上的；(2)造成直接经济损失 50 万元以上的；(3)其他造成严重后果的情形
不报、谎报安全事故罪	《刑法》第 139 条之一	在安全事故发生后，负有报告职责的人员不报或者谎报事故情况，贻误事故抢救，情节严重的	处 3 年以下有期徒刑或者拘役；情节特别严重的，处 3 年以上 7 年以下有期徒刑	(1)导致事故后果扩大，增加死亡 1 人以上，或者增加重伤 3 人以上，或者增加直接经济损失 100 万元以上的；(2)实施下列行为之一，致使不能及时有效开展事故抢救的：①决定不报、迟报、谎报事故情况或者指使、串通有关人员不报、迟报、谎报事故情况的；②在事故抢救期间擅离职守或者逃匿的；③伪造、破坏事故现场，或者转移、藏匿遇难人员尸体，或者转移、藏匿受伤人员的；④毁灭、伪造、隐匿与事故有关的图纸、记录、计算机数据等资料以及其他证据的；(3)其他不报、谎报安全事故情节严重的情形

第三节　专项合规计划

一、建立合规管理体系

(一)高层重视与承诺

企业高层必须在思想上始终把安全放在各项工作的首位，贯彻“安全第一，预防为主”的安全生产方针，承诺通过建立安全生产合规管理体系预防安全事故的发生。

(二)制定合规管理目标

加强企业的安全生产监督管理,防止和减少生产安全事故,加强生产工作的劳动保护,改善劳动条件,保护劳动者在生产过程中的安全和健康,促进企业事业的发展。

(三)制定合规管理政策

企业根据自身实际情况,制定符合本企业生产劳动特点的合规章程和制度,确立企业的安全生产合规价值理念、合规制度框架及基本政策。

(四)制定合规管理制度

企业应当根据自身实际情况,制定诸如安全生产教育培训制度、安全生产检查制度、安全风险分级管控制度、安全生产事故隐患排查治理制度、劳动防护用品配备和管理制度、生产安全事故报告和处理制度、安全生产奖罚制度等。

(五)制定应急救援预案

企业应针对自身行业属性、生产作业环境、生产工具、特种机械设备等特点,制定本单位生产安全事故应急救援预案,建立相应的应急救援组织。

各项目部应当就各自项目生产建设活动制定出生产安全事故应急救援预案,配备应急救援人员。各项目部应当明确主管救援工作的领导,指定负责救援工作的专(兼)职人员,对本项目部的救援工作实行日常管理。企业各级应急救援组织在生产安全事故发生时,除做好事故救援工作外,应及时上报,重大安全事故应及时上报。

二、合规组织机构

(一)领导负责制

贯彻执行安全生产领导负责制,要坚持"管生产必须管安全""谁主管谁负责"的原则,生产要服从安全的需要,公司的各级领导和职能部门领导必须在各自工作范围内,对安全生产责任负责。

公司法定代表人作为安全生产的第一责任人,对公司的安全生产负全面领导责任，具体包括下列职责：

（1）建立、健全公司安全生产责任制；

（2）组织制定公司安全生产规章制度；

（3）保证公司安全生产投入的有效实施；

（4）督促、检查公司的安全生产工作，及时消除生产安全事故隐患。

（二）安全生产合规领导机构

设立安全生产委员会，作为企业安全生产合规的组织领导机构，由企业领导和有关单位的主要负责人组成。其主要职责是：全面负责公司安全生产管理工作，研究制定安全生产技术措施，实施安全生产检查和监督，调查处理事故等工作。

（三）下属单位责任

企业的下属单位（包括项目部）必须成立安全生产领导小组，负责对本单位的职工进行安全生产教育，制定安全生产实施细则和操作规程。实施安全生产监督检查，贯彻执行安全生产委员会的各项安全指令，确保生产安全。安全生产领导小组组长由各单位的领导担任，并按规定配备专（兼）职安全生产管理人员。各生产性项目部要选配一名不脱产的安全员。

各单位安全生产主要责任人的划分：单位行政第一把手是本单位安全生产的第一责任人，分管生产的领导和专（兼）职安全生产管理员是本单位安全生产的主要责任人。各职能部门必须在本职业务范围内做好安全生产的各项工作。

（四）各级专职干部职责

1. 协助领导贯彻执行劳动保护法律、法规、制度，综合管理日常安全生产的各项工作。

2. 汇总和审查安全生产措施计划，并督促有关单位、部门切实按期执行。

3. 制定、修订安全生产管理制度，并对这些制度的贯彻、执行情况进行监督检查。

4. 组织开展安全生产大检查。经常深入现场指导生产中的安全及劳动保护工作。遇有特别紧急的不安全情况时，有权指令停止生产，并立即报告领导研究处理。

5. 总结和推广安全生产的先进经验，协助有关单位、部门搞好安全生产的宣传教育和专业培训。

6. 参加审查新建、改建、扩建工程的设计文件和工程验收及试运转工作。

7. 参加安全事故的调查和处理，负责伤亡事故的统计、分析和报告，协助有关部门提出防止事故的措施，并督促按时实现。

8. 对上级的指示和基层的情况上传下达，做好信息反馈工作。

各生产性项目部安全员要经常检查、督促本项目部人员遵守安全生产制度和操作规程，做好设备、工具等安全检查、保养工作，及时向上级报告本项目部的安全生产情况，做好原始资料的登记和保管工作。各级工程师和技术人员在审核、批准技术计划、方案、图纸及其他各种技术文件时，必须保证安全技术和劳动卫生技术运用的准确性。

三、安全教育培训

安全生产，关乎每个人的生命健康和财产安全，必须全员参与。企业职工在生产、工作中要认真学习和执行安全技术操作规程，遵守各项规章制度。爱护生产设备和安全防护装置、设施及劳动保护用品发现不安全因素，及时报告领导，迅速予以排除。

对新职工、临时工、民工、实习人员，必须先进行安全生产三级教育(单位、工作部门、生产岗位)才能准其进入工作岗位。对改变工种的工人，必须重新进行安全教育才能上岗。

对操作锅炉、压力容器、电梯、电气、起重机和从事焊接、车辆驾驶、杆线作业、易燃易爆等特殊工种人员，必须进行专业安全技术培训，经有关部门严格考核并取得合格操作证后，才能准其独立操作。对特殊工种的在岗人员，必须进行经常性的安全教育。

企业所属各单位每年应编制年度安全技术培训计划，上报公司安全生产委员会并结合实际情况认真组织实施。

四、落实与改进

(一)落实检查制度

坚持定期或不定期的安全生产检查制度。安全生产委员会全面负责安全检查的管理工作,指导企业的安全检查活动。各下属单位安全生产领导小组负责督促、检查本单位的安全检查情况,支持本单位的安全检查工作的开展。安全生产委员会组织本企业的检查,每年应不少于两次;各下属单位每季度检查不少于一次;各生产性项目部及各部门应制定并坚持经常性检查制度;特殊工种和设备的操作者应进行每天检查。发现安全隐患,必须及时整改,如本单位不能进行整改的,要立即报告安全生产委员会统一安排整改。

(二)安全检查主要内容

1. 安全工作方针、指示、决定及劳动安全法规的贯彻执行。
2. 各级领导和各职能部门安全生产责任制的贯彻执行。
3. 各项安全生产规章制度和安全确认,有无违章指挥和违章作业情况。
4. 各项生产活动是否做到“管生产必须管安全”,是否制定有安全措施。
5. 对已发生事故、险情事故是否整改并作出总结。
6. 特殊工种及全员安全教育制度是否贯彻执行。
7. 危及安全生产和人身安全的事故隐患是否整改。
8. 生产作业现场的安全管理情况。

(三)奖励与惩罚

1. 考核

企业应当将安全生产合规的落实情况计入绩效考核,在安全工作考核的基础上实现奖励与处罚。企业通过检查,对安全生产合规落实得好的单位、部门和个人,应予以奖励;落实得不好的单位、部门和个人,应予处罚。安全生产委员会每年制定出本企业及下属单位安全生产目标,并下达各单位。各单位的安全生产目标完成情况与其年终目标考核挂钩。企业的安全生产工作应每年总结一次,在总结的基础上,评选出安全生产先进集体和先进个人。

2. 奖励

对安全生产有特殊贡献的，应给予特别奖励，有下列情况的单位或个人，企业有关单位应当给予奖励：(1)改善劳动条件，预防生产安全伤亡事故有显著成绩的；(2)在实际工作中及时发现并报告险情隐患，避免事故发生，在事故发生后能妥善处理或积极抢救，减少生命财产损失的；(3)在劳动安全防护技术方面有发明创造的，或对劳动安全卫生工作提出切实有效的重大合理化建议的；(4)敢于抵制、举报、制止违反劳动安全生产规定的指挥或作业的。

3. 追责

发生重大事故或死亡事故，对事故单位给予处罚，并追究单位领导人的责任。对事故责任者视情节给予批评教育、经济处罚、行政处分或交司法部门追究责任。

4. 报告与处理

凡发生事故，要按有关规定报告。如有瞒报、虚报、漏报或故意延迟不报的，除责成补报外，对事故单位给予处罚，并追究责任者的责任；对触及刑律的，依法追究其刑事责任。

发生事故的单位必须按照事故处理程序进行事故处理：(1)事故现场人员应立即抢救伤员，保护现场，如因抢救伤员和防止事故扩大，需要移动现场物件时，必须做出标志，详细记录或拍照和绘制事故现场图。(2)立即向单位主管部门(领导)报告，事故单位立即向安全生产委员会报告，根据事故大小，上报至政府相关部门。(3)开展事故调查，分析事故原因。(4)制定整改防范措施。(5)处理事故责任者。(6)以事故通报和事故分析会等形式教育职工。

在调查处理事故中，对玩忽职守、滥用职权、私舞弊者应追究其行政责任，触及刑律的，追究刑事责任。

(四)发挥工会作用

工会应依法组织职工参加本单位安全生产工作的民主管理和民主监督，维护职工在安全生产方面的合法权益。

工会对本单位违反安全生产法律、法规，侵犯从业人员合法权益的行为，有权监督检查和要求纠正。发现违章指挥、强令冒险作业或者发现事故隐患时，有权提出解决的建议，各单位应当处理。

（五）持续改进

企业通过各种方法对安全生产合规管理体系的适宜性、充分性和有效性进行定期评估和持续改进，当发现安全生产隐患或管理漏洞，以及发生安全生产违规行为时，应当立即采取补救、控制和纠正措施，进行有效的处置；消除威胁安全生产的原因，避免其再次发生或在其他地方发生；及时评审所采取的纠正措施的有效性，适时调整合规管理体系。

第四节　安全生产关联罪名及合规指引

一、重大责任事故罪

典型案例　**张某、吴某君重大责任事故案**

【案号】

（2017）渝0106刑初1521号

（2018）渝01刑终453号

（2020）渝刑申31号

【案情简介】

2017年1月8日，某公司库管员李某1电话联系被告人张某派吊车到某公司位于重庆市沙坪坝区某农场的货场内进行吊装作业。次日，张某派遣有特种作业资质的被告人吴某君驾驶张某所有的吊车开赴某公司货场内实施吊运。同日14时许，吴某君到达货场内最后一处吊运点，某公司员工何某、聂某在吊臂下方给需要吊运的搅拌机挂钢丝绳。钢丝绳固定好后，吊车驾驶员吴某君在明知吊运点上方有电线的情况下开始吊运，聂某和何某站在地面扶着被吊起的搅拌机。后吊臂在转动过程中触碰到上方高压电线，聂某和何某当场被电击死亡，站在旁边的某公司总经理李某2触电倒地，吊车车轮被点燃。2017年4月

20 日,民警传唤被告人张某、吴某君到派出所接受调查。

重庆市安全生产监督管理局认定本次事件属生产安全责任事故。直接原因是吊车驾驶员吴某君明知吊运点上方有高压电线、被吊物下方有人,仍然冒险作业,吊臂在旋转时触碰到上方的高压线导致吊臂下方的聂某、何某、李某2触电倒地。车主张某吊装作业时未配备指挥人员,吊车作业未配备安全管理人员,未对作业人员进行安全教育培训,不具备安全生产条件是造成本次事故的间接原因。

【法院判决】

一审法院认为,被告人张某、吴某君的行为均已构成重大责任事故罪。被告人张某、吴某君基本能如实供述案件事实,可以酌情从轻处罚。一审法院判决被告人张某、吴某君犯重大责任事故罪,各判处有期徒刑 1 年 6 个月。

张某、吴某君不服一审判决,提起上诉。

二审法院判决驳回上诉,维持原判。

张某不服,向重庆市高级人民法院申诉。

再审法院认为,危害生产安全犯罪主体包括对生产、作业负有管理职责的实际控制人、投资人,张某购置吊车从事生产经营活动,是吊车的所有人,作为使用单位是本案的适格主体,负有吊车使用过程中的安全保障义务。张某雇用他人从事吊装作业,未按照安全生产的要求配备作业指挥人员、安全管理人员,不对作业人员进行安全教育培训,在不具备安全生产的条件下施工,间接导致重大责任事故发生,张某的行为构成重大责任事故罪,请求改判无罪的意见不予采纳。申诉不符合应当重新审判的条件,应当予以驳回。

【罪名解析】

重大责任事故罪是指在生产、作业中违反有关安全管理的规定,因而发生重大伤亡事故或者造成其他严重后果的行为。

本罪的构成要件:(1)犯罪主体是一般主体,既包括对生产、作业负有组织、指挥或者管理职责的负责人、管理人员、实际控制人、投资人等人员,也包括直接从事生产、作业的人员。(2)主观上只能是过失,即行为人应当预见到自己的行为可能发生重大伤亡事故或者造成其他严重后果,因为疏忽大意而没有预见或者已经预见而轻信能够避免,以致发生这种结果。(3)侵犯的客体是生产安全,也就是人的生命安全和财产损失。(4)客观表现为在生产、作业中违反有关安全管理规定。

【罪名认定】

本罪属于过失犯罪,主观方面是过失,即对危害后果的出现在主观意志上是反对的、不希望发生的,但违反安全管理规定可能是明知的、故意的,即便如此也不能认定为故意犯罪。

本罪中"违反有关安全管理的规定"的范围,根据最高人民法院《关于进一步加强危害生产安全刑事案件审判工作的意见》,认定相关人员是否违反有关安全管理规定,应当根据相关法律、行政法规,参照地方性法规、规章及国家标准、行业标准,必要时可参考公认的惯例和生产经营单位制定的安全生产规章制度、操作规程。对于负有安全生产管理、监督职责的工作人员,应根据其岗位职责、履职依据、履职时间等,综合考察工作职责、监管条件、履职能力、履职情况等,合理确定罪责。

需要"发生重大伤亡事故或者造成其他严重后果"才能构成本罪。

根据最高人民法院、最高人民检察院《关于办理危害生产安全刑事案件适用法律若干问题的解释》的相关规定,在生产、作业中违反有关安全管理的规定因而发生安全事故,具有下列情形之一的,应当认定为"造成严重后果"或者"发生重大伤亡事故或者造成其他严重后果",对相关责任人员,处 3 年以下有期徒刑或者拘役:(1)造成死亡 1 人以上,或者重伤 3 人以上的;(2)造成直接经济损失 100 万元以上的;(3)其他造成严重后果或者重大安全事故的情形。

根据最高人民法院、最高人民检察院、公安部《关于办理涉窨井盖相关刑事案件的指导意见》第 5 条的规定,在生产、作业中违反有关安全管理的规定,擅自移动窨井盖或者未做好安全防护措施等,发生重大伤亡事故或者造成其他严重后果的,依照《刑法》第 134 条第 1 款的规定,以重大责任事故罪定罪处罚。窨井盖建设、设计、施工、工程监理单位违反国家规定,降低工程质量标准,造成重大安全事故的,依照《刑法》第 137 条的规定,以工程重大安全事故罪定罪处罚。

根据《特种设备安全监察条例》(2009 修订)第 75 条的规定,未经许可,擅自从事锅炉、压力容器、电梯、起重机械、客运索道、大型游乐设施、场(厂)内专用机动车辆及其安全附件、安全保护装置的制造、安装、改造以及压力管道元件的制造活动的,由特种设备安全监督管理部门予以取缔,没收非法制造的产品,已经实施安装、改造的,责令恢复原状或者责令限期由取得许可的单位重新安装、改造,处 10 万元以上 50 万元以下罚款;触犯刑律的,对负有责任的主管人员和其他直接责任人员依照刑法关于生产、销售伪劣产品罪、非法经营罪、重大责任事故罪或者其他罪的规定,依法追究刑事责任。

根据《特种设备安全监察条例》(2009 修订)第 87 条的规定,发生特种设备事故,有下列情形之一的,对单位,由特种设备安全监督管理部门处 5 万元以上 20 万元以下罚款;对主要负责人,由特种设备安全监督管理部门处 4000 元以上 2 万元以下罚款;属于国家工作人员的,依法给予处分;触犯刑律的,依照刑法关于重大责任事故罪或者其他罪的规定,依法追究刑事责任:(1)特种设备使用单位的主要负责人在本单位发生特种设备事故时,不立即组织抢救或者在事故调查处理期间擅离职守或者逃匿的;(2)特种设备使用单位的主要负责人对特种设备事故隐瞒不报、谎报或者拖延不报的。

根据《特种设备安全监察条例》(2009 修订)第 90 条的规定,特种设备作业人员违反特种设备的操作规程和有关的安全规章制度操作,或者在作业过程中发现事故隐患或者其他不安全因素,未立即向现场安全管理人员和单位有关负责人报告的,由特种设备使用单位给予批评教育、处分;情节严重的,撤销特种设备作业人员资格;触犯刑律的,依照刑法关于重大责任事故罪或者其他罪的规定,依法追究刑事责任。

根据最高人民法院《关于审理交通肇事刑事案件具体应用法律若干问题的解释》第 8 条的规定,在公共交通管理的范围外,驾驶机动车辆或者使用其他交通工具致人伤亡或者致使公共财产或者他人财产遭受重大损失,构成犯罪的,分别依照《刑法》第 134 条、第 135 条、第 233 条等规定,以重大责任事故罪、重大劳动安全事故罪、过失致人死亡罪等定罪处罚。

根据最高人民法院、最高人民检察院《关于办理危害生产安全刑事案件适用法律若干问题的解释》第10条的规定，在安全事故发生后，直接负责的主管人员和其他直接责任人员故意阻挠开展抢救，导致人员死亡或者重伤，或者为了逃避法律追究，对被害人进行隐藏、遗弃，致使被害人因无法得到救助而死亡或者重度残疾的，分别依照《刑法》第232条、第234条的规定，以故意杀人罪或者故意伤害罪定罪处罚。

【立案标准】

根据《立案追诉标准（一）》第8条的规定，[重大责任事故案（《刑法》第134条第1款）]在生产、作业中违反有关安全管理的规定，涉嫌下列情形之一的，应予立案追诉：

（1）造成死亡1人以上，或者重伤3人以上；

（2）造成直接经济损失50万元以上的；

（3）发生矿山生产安全事故，造成直接经济损失100万元以上的；

（4）其他造成严重后果的情形。

【刑事责任】

根据《刑法》第134条第1款的规定，在生产、作业中违反有关安全管理的规定，因而发生重大伤亡事故或者造成其他严重后果的，处3年以下有期徒刑或者拘役；情节特别恶劣的，处3年以上7年以下有期徒刑。

【合规指引】

（一）加强管理、培训教育

施工单位应加强施工全流程的安全管理，认真落实安全责任制，定期检查、考核，并作好记录。加强安全教育工作，定期开展施工安全知识培训，避免施工期间可能出现的一些危险因素和违规操作。通过安全事故案件警示，提高工作人员的安全意识。加强对劳务分包单位的管理，严格审核劳务分包人员和技术施工人员的相应资质，在劳务分包合同中细化安全责任制度，加强对劳务分包单位施工人员的安全培训，对违规施工加大处罚力度。

（二）积极救援、上报

当发生安全事故时，要积极采取科学的救援措施。根据事故具体情况，必要时请求专业救援队支援，做好次生灾害事故应急预案，确保出现次生灾害时能够及时有效地开展救援工作,最大限度地减少人员伤亡和财产损失。救援的同时立即上报相关部门,要积极配合调查,不得谎报瞒报。

(三)从业禁止

对于实施危害生产安全犯罪适用缓刑的犯罪分子,可以根据犯罪情况,禁止其在缓刑考验期限内从事与安全生产相关联的特定活动;对于被判处刑罚的犯罪分子,可以根据犯罪情况和预防再犯罪的需要,禁止其自刑罚执行完毕之日或者假释之日起3年至5年内从事与安全生产相关的职业。

二、重大劳动安全事故罪

典型案例　甘某华、廖某武、罗某重大劳动安全事故案

【案号】

(2019)陕0724刑初114号

(2020)陕07刑终76号

【案情简介】

福建省某市水利水电工程有限公司(以下简称水利水电公司),法定代表人巫某某,主要从事水利水电工程施工、设计与监理,以及港口航运、市政房建、送变电、公路桥梁工程施工等经营活动,营业执照有效期至2023年10月20日,具有水利水电工程施工总承包壹级资质(有效期至2022年2月23日),具有建筑施工企业《安全生产许可证》(有效期至2019年11月18日)。2016年3月13日,水利水电公司与西乡县某某水电开发有限公司(以下简称开发公司)以议标的方式签订施工承包合同,承担杨家河水电站1号、2号引水隧洞开挖工程施工。水利水电公司设立杨家河水电站项目部,任命蔡某某为项目经理,主持项目部工作,由水利水电公司副总经理被告人甘某华负责安全生产,由汉中某水利水电工程技术有限公司(法定代表人边某某因犯伪造国家机关证件罪、伪造事业单位印章罪被判刑)负责设计,由汉中某建设工程监理咨询有限公司(以下简称监理公司)负责工程监理(法定代表人即被告人罗某)。2016年年底,蔡某某回水利水电公司总部工作,由项目部副经理被告人廖某武全权负责该项目施

工管理工作。2016 年 4 月 15 日杨家河水电站开始施工，水利水电公司项目部将 1 号引水隧洞分进口端和出口端交由两支施工队相向施工，董某乙施工队负责出口端施工。2017 年 3 月 27 日，1 号隧洞出口端开挖至 800 米处，洞内距出水口 675 米处地段发现不明气体，遂暂停施工，水利水电公司于同年 3 月 30 日书面建议采取相应措施，之后开发公司根据水利水电公司的书面建议采取了相应措施。2017 年 4 月 7 日 1 号引水隧洞出口端经加强通风后气体浓度达到正常范围，开发公司杨家河水电站建设指挥部书面同意 1 号引水隧洞出口端恢复施工。2017 年 9 月 26 日，因天气和施工车原因杨家河水电站停止施工，水利水电公司项目部和监理公司于同年 9 月 28 日联合发布 10 月 1 日至 4 日停工 4 天的通知。2017 年 10 月 2 日 15 时左右，西乡县大河镇杨家河水电站 1 号引水隧洞出口端发生瓦斯爆炸事故，造成 2 名工人董某乙、林某乙被困。后在施工单位自行救援过程中又有 2 名工人董某甲、张某某被困。10 月 3 日 15 时 30 分，铜川矿业公司矿山救护大队将 4 名被困工人从隧洞中救出，经医护人员检查 4 人均已无生命体征。事故发生后，汉中市人民政府于 10 月 4 日组成了“水利水电公司‘10·2’西乡县大河镇杨家河水电站较大事故调查组”，经事故调查组调查认定：该事故是一起因施工单位安全管理混乱、有关安全技术措施不到位、盲目施救，相关部门和单位监督管理不力导致的生产安全责任事故。事故共造成 4 人死亡。事故的直接原因是：(1) 1 号引水隧洞出口端爆炸事故地段岩层为寒武系泥质灰岩，该地层泥质灰岩中蕴藏着岩层气（主要成分为甲烷）。隧洞开挖后岩层气不断逸出，停工 5 天的独头隧洞内未通风，甲烷浓度达到爆炸限值。(2) 董某乙、林某乙在未充分通风的情况下，未采取任何防护措施私自进入隧洞中达到爆炸限值的瓦斯气体范围内，因抽烟或服装摩擦产生静电引起瓦斯气体爆炸。(3) 由于隧洞内空气有限，瓦斯气体爆炸时消耗氧气，产生大量一氧化碳气体，氧气含量相对下降，水利水电公司作业人员未佩戴专业救援器材擅自进入隧洞内爆炸区域救人，造成董某甲、张某某缺氧窒息。事故的间接原因为：施工环节：水利水电公司安全生产责任不落实、安全管理措施不落实、事故隐患排查治理不落实、安全技术措施不落实、应急救援工作不落实；监理环节：监理公司设置虚假项目建立机构，虚设项目总监理师和监理工程师，造成不能及时纠正参建单位安全生产违规行为，致使重大隐患未能得到有效治理；项目设计、建设项目管理、质量安全监督、行业安全监管环节也存在相应问题。被告人廖某武作为水利水电公司杨家河水电站项目部负责人，不具备相关施工资质，违规从事水电站工程项目施工管理工作；履行安全管理职责不到位，事故隐患排查治理不力；重要节假日未安排领导值班，致使事故发生、扩大，应对事故负主要责任。被告人甘某华作为水利水电公司副总经理，主管安全生产工作，对杨家河水电站项目部安全管理工作监督不力；将项目部主要负责人、专业技术人员、安全管理人员调离岗位，安排不具备相应资质的人员从事项目部管理工作；对项目部违法违规行为失察失管；对施工工地重大事故隐患排查治理监督不力，应对事故负主要领导责任。被告人罗某作为监理公司董事长，违规组建虚假项目监理机构，编造虚假建立资料，对监理施工项目安全监督不力，造成严重后果，应对事故负重要责任。事故发生后，水利水电公司与四名被害人家属达成赔偿协议，赔偿4名被害人家属共计520万元，4名被害人家属出具谅解书对被告人廖某武、甘某华的行为表示谅解。

【法院判决】

一审法院认为，被告人廖某武、甘某华、罗某违规、违法组建工程项目部、监理部，在杨家河水电站施工过程中，1号隧洞出水口675米处发生瓦斯不断逸出后，违反行业规范进行施工、监理，不向主管部门和安监机关报告，且三被告人失职、失察不正确履行职责，未排除安全隐患，在安全生产设施，安全生产条件不符合国家规定的情况下，造成重大事故的发生，其行为已构成重大劳动安全事故罪。鉴于被告人廖某武、甘某华具有自首情节，被告人罗某具有坦白情节，被告人廖某武、甘某华赔偿了被害人的经济损失，取得了谅解，被告人廖某武，罗某自愿签署了认罪认罚具结书，三被告人当庭自愿认罪，悔罪态度诚恳，可对三被告人从轻、从宽处罚，宣告缓刑对其所居住的社区没有重大不良影响，可对三被告人适用缓刑。一审法院判决被告人廖某武犯重大劳动安全事故罪，判处有期徒刑3年，宣告缓刑4年。被告人甘某华犯重大劳动安全事故罪，判处有期徒刑3年，宣告缓刑3年。被告人罗某犯重大劳动安全事故罪，判处有期徒刑3年，宣告缓刑3年。

甘某华不服一审判决，提起上诉。

廖某武、罗某对原审判决无异议。

二审法院认为，上诉人甘某华、原审被告人廖某武、罗某违规、违法组建涉案项目部、监理部，不具备相关施工资质违规开展施工管理工作，虚构监理部门，未及时发现、纠正安全生产重大隐患，落实安全生产责任不到位，安全管理工作监督不力，在涉案隧洞发生瓦斯不断溢出后，未按相关要求上报主管部门和安监机关，在安全生产条件不符合国家规定的情况下，未对施工场所进行有效安全管理，导致涉案4名被害人进入隧洞发生重大事故而身亡，其3人的行为已构成重大劳动安全事故罪，情节特别恶劣，犯罪事实及罪名成立，依法应予惩处。二审法院裁定驳回上诉，维持原判。

【罪名解析】

重大劳动安全事故罪是指安全生产设施或者安全生产条件不符合国家规定，因而发生重大伤亡事故或者造成其他严重后果的行为。

本罪的构成要件：(1)犯罪主体是特殊主体，即企事业单位中的对造成重大责任事故负有直接责任的主管人员或其他直接责任人员。(2)主观上只能是过失，对造成的后果没有预见，或者轻信能够避免。(3)侵犯的客体是工厂、矿山、林场、建筑企业或其他企业、事业单位的劳动安全，即劳动者的生命、健康和重大公私财产的安全。(4)客观表现为厂、矿、林、建等企业、事业单位的劳动安全设施不符合国家规定，经有关部门或单位职工提出后，仍不采取措施，因而发生重大伤亡事故或者造成其他严重后果的行为。

【罪名认定】

犯罪主体上，必须是直接责任人员。《刑法》第135条中的“直接负责的主管人员和其他直接责任人员”，是指对安全生产设施或者安全生产条件不符合国家规定负有直接责任的生产经营单位负责人、管理人员、实际控制人、投资人，以及其他对安全生产设施或者安全生产条件负有管理、维护职责的人员。对于非直接责任人员的普通职工不构成本罪。

构成本罪的前提是“安全生产设施或者安全生产条件不符合国家规定”。“安全生产设施”，主要是指为了防止和消除在生产过程中的伤亡事故，防止生产设备遭到破坏,用以保障劳动者安全的技术设备、设施和各种用品。主要包括:一是防护装置,即用屏护方法使人体与生产中危险部分相隔离的装置;二是保险装置,即能自动消除生产中由于设备故障和部件损害而引起的人身事故危险的装置;三是信号装置,即应用信号警告、预防危险的装置;四是危险牌示和识别标志,即危险告示标志和借助醒目颜色或者图形判断是否安全的标志。“安全生产条件”,主要是指劳动生产者在进行劳动生产时所处的环境条件及用于保护劳动者安全生产作业的安全防护措施、安全防护用品等。特别是从事某种特殊或者危险工作的劳动生产,如从事某种有毒、高空作业等,都必须配备相应的、符合国家有关生产安全标准的防毒设备和高空安全防护用具,如用于防毒、绝缘、防火、避雷、防暴、通风等用品和措施,确保劳动者在一个安全的劳动条件或者具备安全防护措施的条件下进行劳动生产。“不符合国家规定”,主要是指用于劳动生产的安全生产设施或者安全生产条件,不符合国家的有关安全标准或者有关安全要求的规定。这些规定包括法律、行政法规、行政措施以及发布的决定和命令等。

需要“发生重大伤亡事故或者造成其他严重后果”才能构成本罪。“重大伤亡事故”是指事故造成死亡 1 人以上,或者重伤 3 人以上的情形。“造成其他严重后果”,是指事故造成直接经济损失 50 万元以上,或者矿山生产安全事故造成直接经济损失 100 万元以上,或者其他严重后果的情况。

根据《最高人民法院研究室关于被告人阮某重大劳动安全事故案有关法律适用问题的答复》(法研〔2009〕228 号,2009 年 12 月 25 日发布),用人单位违反职业病防治法的规定,职业病危害预防设施不符合国家规定,因而发生重大伤亡事故或者造成其他严重后果的,对直接负责的主管人员和其他直接责任人员,可以依照《刑法》第 135 条的规定,以重大劳动安全事故罪定罪处罚。

【立案标准】

根据《立案追诉标准(一)》第 10 条的规定,[重大劳动安全事故案(《刑法》第 135 条)]安全生产设施或者安全生产条件不符合国家规定,涉嫌下列情形之一的,应予立案追诉:

(1)造成死亡1人以上,或者重伤3人以上;

(2)造成直接经济损失50万元以上的;

(3)发生矿山生产安全事故,造成直接经济损失100万元以上的;

(4)其他造成严重后果的情形。

【刑事责任】

根据《刑法》第135条的规定,安全生产设施或者安全生产条件不符合国家规定,因而发生重大伤亡事故或者造成其他严重后果的,对直接负责的主管人员和其他直接责任人员,处3年以下有期徒刑或者拘役;情节特别恶劣的,处3年以上7年以下有期徒刑。

根据最高人民法院、最高人民检察院《关于办理危害生产安全刑事案件适用法律若干问题的解释》的相关规定,实施《刑法》第135条规定的行为,因而发生安全事故,具有下列情形之一的,对相关责任人员,处3年以上7年以下有期徒刑:

(1)造成死亡3人以上或者重伤10人以上,负事故主要责任的;

(2)造成直接经济损失500万元以上,负事故主要责任的;

(3)其他造成特别严重后果、情节特别恶劣或者后果特别严重的情形。

【合规指引】

(一)树立"生命至上、安全第一"理念

重大劳动事故侵犯劳动者的生命、健康和重大公私财产安全,劳动者作为生产力中的决定因素,对经济、社会的发展起着非常重要的作用。企业应致力于形成安全生产理念,通过对安全生产的定期宣传、应急演练、设置发现安全隐患奖励等激励手段,使所有员工认可并自发宣传安全生产理念,争取从源头上降低事故发生的可能性。

坚持"安全第一"的生产方针,在思想上始终把安全放在各项工作的首位。重视生产安全,遵守国家法律法规和相关规定,采取一切必要的措施预防和消除生产安全事故的发生,保障生命和财产安全。建立健全企业的安全制度,加强安全管理,确保生产劳动过程中不发生事故。加强安全技术措施,加大对安全技术、安全设备、安全装置、安全防护等的投入,确保人员、设备和环境的安全。

（二）严格管理，从源头消除安全隐患

建设单位要严格办理施工前各类审批手续，依法领取建设工程施工许可证；向建设工程各方主体（包括勘查、设计、施工、监理等）尽到如实告知义务，真实、准确、齐全地提供工程相关原始资料；将工程依法承包给有资质的施工单位，合理确定工期、概预算、设施设备等。

施工单位及一线管理人员应当在制度上严格遵守资质管理制度、明确安全生产责任制度、安全生产教育培训制度、安全生产规章制度和操作规程等，并按规定领取安全生产许可证；在机构上设置安全生产管理机构，并配备专职安全生产管理人员；在施工现场管理上区分办公和生活作业区，按规定设立安全警示标志；在设施设备上配备专项防护措施工具和安全防护用具，并为一线作业人员购买相应意外伤害保险；施工单位一线管理人员应当持证上岗、遵守强制性标准、规章制度和操作规程、组织并接受安全生产教育培训等，力争将预防做在前头。

（三）压实责任，不踩红线

工程建设项目建设单位未与施工合同施工单位签订生产安全责任书的，不得动工；施工合同项目经理部、施工工区、施工班组等相关人员安全责任关系未明确的，不得动工；施工班组未开展班前教育和岗位风险告知，工人不清楚当日施工风险，工前未进行安全隐患排查的，不得动工；新开工或重新复工的施工区域，应严格落实安全生产条件核查工作，不满足开工条件的，不得动工。

（四）发现隐患，及时排除

建设工程企业应当保证安全生产设施，安全生产条件符合国家规定，对相关设施及生产场地环境等进行经常性检查，发现安全隐患，应当及时排除。在安全隐患未排除前，必须停止作业，确保安全。

三、不报、谎报安全事故罪

典型案例 戴某某不报、谎报安全事故案

【案号】

(2016)桂0107刑初266号

【案情简介】

2014年10月7日晚9时许,由广东华某建设股份有限公司(以下简称华某公司)负责施工的南宁轨道交通1号线土建7标工地发生一起坍塌事故,当场导致3名工人被掩埋。2014年10月8日12时许,工人韦某某被挖出并送往医院,当日医院确认其死亡。2014年12月31日、2015年1月2日工人陈某3、黄某1分别被搜救出来,并确认已死亡。

事故发生后,被告人戴某某作为华某公司7标项目部项目经理没有按照规定,将事故发生情况立即上报南宁市轨道公司、监理公司、南宁安全生产监督管理局等单位,直到2014年10月11日才让华某公司7标项目部安全总监王某1上报上述单位。其间,华某公司先后与3名被害人家属达成赔偿协议,要求家属不得对外透露事故信息,并在南宁市安全生产监督管理局等单位向项目部进行核实时均予以否认,私自进行坍塌地段土方回填,导致延误事故上报抢救。

【法院判决】

一审法院认为,被告人戴某某作为负有报告职责的人员,隐瞒不报事故情况,贻误事故抢救,情节严重,其行为构成不报安全事故罪。被告人戴某某自愿认罪,可以从轻处罚。鉴于事故发生后,戴某某召集人员组织事故现场施救和家属协商赔偿等工作,且已赔偿被害人家属经济损失,取得谅解,酌情对其从轻处罚。根据被告人的犯罪事实、犯罪性质、情节以及悔罪表现,一审法院判决被告人戴某某犯不报安全事故罪,免予刑事处罚。

【罪名解析】

不报、谎报安全事故罪是指在安全事故发生后,负有报告职责的人员不报或者谎报事故情况,贻误事故抢救,情节严重的行为。

本罪的构成要件:(1)犯罪主体是特殊主体,即对安全事故负有报告职责的人员。(2)主观方面为故意,即明知而不报或者谎报。(3)侵犯的客体是国家安全事故监管制度。(4)客观表现为在安全事故发生后,负有报告职责的人员不报或者谎报事故情况,贻误事故抢救,情节严重的行为。

【罪名认定】

根据最高人民法院、最高人民检察院《关于办理危害生产安全刑事案件适用法律若干问题的解释》第 4 条的规定,《刑法》第 139 条之一规定的"负有报告职责的人员",是指负有组织、指挥或者管理职责的负责人、管理人员、实际控制人、投资人,以及其他负有报告职责的人员。不负有报告职责的人员不报或谎报不构成本罪。但是,在安全事故发生后,与负有报告职责的人员串通,不报或者谎报事故情况,贻误事故抢救,情节严重的,依照《刑法》第 139 条之一的规定,以不报、谎报安全事故罪共犯论处。

本罪中的"不报",是指行为人不按照规定及时报告,包括不报和迟报,既包括封锁消息,隐瞒不报,也包括拖延报告时间,不及时报告。不报告的前提是负有报告职责的人员能够报告且应当报告;应当报告,是指行为人负有报告事故的职责;能够报告,是指行为人知道事故的情况,并且在知道事故发生时有条件报告。如果行为人在安全事故发生后隐瞒了事故真实情况,被发现后不得已再报告,这种情况应视为不报,不影响本罪的成立。

根据《安全生产法》第 83 条、第 84 条的规定,事故发生后或接报后,事故现场有关人员、生产经营单位、负有安全生产监督管理职责的部门和有关地方人民政府均应立即上报,不得隐瞒不报、谎报或者迟报,不得故意破坏事故现场、毁灭有关证据。本罪在客观上就是对立即报告或上报义务的直接违反,导致贻误事故抢险,达到情节严重的程度。

需要达到"情节严重"的程度才能构成本罪。根据最高人民法院、最高人民检察院《关于办理危害生产安全刑事案件适用法律若干问题的解释》第 8 条的规定,在安全事故发生后,负有报告职责的人员不报或者谎报事故情况,贻误事故抢救,具有下列情形之一的,应当认定为《刑法》第 139 条之一规定的"情节严重":(1)导致事故后果扩大,增加死亡 1 人以上,或者增加重伤 3 人以上,或者增加直接经济损失 100 万元以上的。(2)实施下列行为之一,致使不能及时有效开展事故抢救的:①决定不报、迟报、谎报事故情况或者指使、串通有关人员不报、迟报、谎报事故情况的;②在事故抢救期间擅离职守或者逃匿的;③伪造、破坏事故现场,或者转移、藏匿、毁灭遇难人员尸体,或者转移、藏匿受伤人员的;④毁灭、伪造、隐匿与事故有关的图纸、记录、计算机数据等资料以及其他证据的。(3)其他情节严重的情形。具有下列情形之一的,应当认定为《刑法》第139 条之一规定的"情节特别严重":(1)导致事故后果扩大,增加死亡 3 人以上,或者增加重伤 10 人以上,或者增加直接经济损失 500 万元以上的;(2)采用暴力、胁迫、命令等方式阻止他人报告事故情况,导致事故后果扩大的;(3)其他情节特别严重的情形。

【立案标准】

根据最高人民检察院、公安部《关于公安机关管辖的刑事案件立案追诉标准的规定(一)的补充规定》第 1 条第 1 款的相关规定,[不报、谎报安全事故案(《刑法》第 139 条之一)]在安全事故发生后,负有报告职责的人员不报或者谎报事故情况,贻误事故抢救,涉嫌下列情形之一的,应予立案追诉:

1. 导致事故后果扩大,增加死亡 1 人以上,或者增加重伤 3 人以上,或者增加直接经济损失 100 万元以上的;

2. 实施下列行为之一,致使不能及时有效开展事故抢救的:

(1)决定不报、迟报、谎报事故情况或者指使、串通有关人员不报、迟报、谎报事故情况的;

(2)在事故抢救期间擅离职守或者逃匿的;

(3)伪造、破坏事故现场,或者转移、藏匿、毁灭遇难人员尸体,或者转移、藏匿受伤人员的;

(4)毁灭、伪造、隐匿与事故有关的图纸、记录、计算机数据等资料以及其他证据的;

3. 其他不报、谎报安全事故情节严重的情形。

【刑事责任】

根据《刑法》第 139 条之一的规定,在安全事故发生后,负有报告职责的人员不报或者谎报事故情况，贻误事故抢救，情节严重的，处 3 年以下有期徒刑或者拘役；情节特别严重的，处 3 年以上 7 年以下有期徒刑。

1. 从重处罚情节

根据最高人民法院、最高人民检察院《关于办理危害生产安全刑事案件适用法律若干问题的解释》第 12 条的规定，实施不报、谎报安全事故犯罪行为，具有下列情形之一的，从重处罚：

(1)未依法取得安全许可证件或者安全许可证件过期、被暂扣、吊销、注销后从事生产经营活动的；

(2)关闭、破坏必要的安全监控和报警设备的；

(3)已经发现事故隐患，经有关部门或者个人提出后，仍不采取措施的；

(4)一年内曾因危害生产安全违法犯罪活动受过行政处罚或者刑事处罚的；

(5)采取弄虚作假、行贿等手段，故意逃避、阻挠负有安全监督管理职责的部门实施监督检查的；

(6)安全事故发生后转移财产意图逃避承担责任的；

(7)其他从重处罚的情形。

实施前款第 5 项规定的行为，同时构成《刑法》第 389 条规定的犯罪的，依照数罪并罚的规定处罚。

2. 从轻处罚情节

根据最高人民法院、最高人民检察院《关于办理危害生产安全刑事案件适用法律若干问题的解释》第 13 条的规定，实施不报、谎报安全事故犯罪行为，在安全事故发生后积极组织、参与事故抢救，或者积极配合调查、主动赔偿损失的，可以酌情从轻处罚。

【合规指引】

建立安全管理制度，健全事故上报流程及追责机制。在生产过程中强化安全管理，提高安全意识，用人单位对于劳动者加强对于安全培训教育，形成安全生产作业意识，加强安全事故的反应处置能力。

在发生安全事故后，应按规定及时准确地上报安全事故，不能故意隐瞒不报或者谎报安全事故的具体情况，而应当第一时间进行报告，并迅速联系救援，避免贻误抢救时机而扩大损害后果从而导致承担更严重的责任。

四、强令、组织他人违章冒险作业罪

典型案例 康某方、王某刚强令违章冒险作业案

【案号】

（2020）豫0902刑初527号

【案情简介】

2019年5月，被告人康某方在担任濮阳市某诚房地产开发有限公司技术员时，在濮阳市公园一路“诚诚·幸福里”工地违章指挥施工方进行挖土放坡，导致实际放坡坡度不足，未达到设计标准要求，形成坍塌隐患。后在明知基坑西侧边坡存在安全隐患的情况下，未采取有效措施，指挥施工方对西侧边坡进行支护，加重基坑边坡荷载，加大坍塌的可能性。2019年5月22日，被告人王某刚在担任河南省某胜建筑工程有限公司项目经理时，在明知基坑西侧边坡存在安全隐患的情况下，指挥施工人员进入基坑进行灌沙工作，基坑西侧边坡突然发生坍塌，致施工人员宋某田、许某勤被掩埋死亡，陈某真受伤。案发后，被告人康某方、王某刚赔偿被害人近亲属152万元。上述事实有被告人供述、证人证言、相关书证及现场勘验笔录、调查报告等证据证实。另查明，被告人康某方、王某刚于2019年11月11日向濮阳市公安局孟轲分局投案，如实供述了犯罪事实；被告人康某方向濮阳市公安局中原分局举报他人非法持有假币，根据该线索，公安机关将犯罪嫌疑人抓获并予以刑事拘留。

【法院判决】

一审法院认为，被告人康某方强令他人违章冒险作业，因而发生重大伤亡事故，其行为构成强令违章冒险作业罪；被告人王某刚在作业中违反有关安全管理的规定，因而发生重大伤亡事故，其行为构成重大责任事故罪。被告人康某方、王某刚犯罪以后自动投案，如实供述自己的罪行，是自首，依法可以从轻处罚。被告人康某方提供重要线索，从而得以侦破其他案件，系立功，依法可以

从轻处罚。一审法院判决被告人康某方犯强令违章冒险作业罪，判处有期徒刑1年4个月，缓刑1年6个月；被告人王某刚犯重大责任事故罪，判处有期徒刑1年4个月，缓刑1年6个月。

【罪名解析】

强令、组织他人违章冒险作业罪是指强令他人违章冒险作业，或者明知存在重大事故隐患而不排除，仍冒险组织作业，因而发生重大事故伤亡或者造成其他严重后果的行为。

本罪中的"强令"不一定表现为恶劣的态度、强硬的语言或者行动，只要是利用组织、指挥、管理职权，能够对工人产生精神强制、使其不敢违抗命令，不得不违章冒险作业的，均可构成"强令"。

本罪中的"重大事故隐患"，依照法律、行政法规、部门规章、强制性标准以及有关行政规范性文件进行认定。

本罪中的"强令他人违章冒险作业"表现为：(1)利用组织、指挥、管理职权，强制他人违章作业的；(2)采取威逼、胁迫、恐吓等手段，强制他人违章作业的；(3)故意掩盖事故隐患，组织他人违章作业的；(4)其他强令他人违章作业的行为。

本罪的构成要件是：(1)犯罪主体是特殊主体，即对生产、作业负有组织、指挥或者管理职责的负责人、管理人员、实际控制人、投资人等人员，以及直接从事生产、作业的人员；(2)主观上只能是过失，对危害后果不希望发生，但对行为的违章和冒险则是明知的；(3)侵犯的客体是公共安全；(4)客观表现为强令、组织他人违章冒险作业，因而发生重大伤亡事故或者造成其他严重后果的行为。

【罪名认定】

根据最高人民法院、最高人民检察院《关于办理危害生产安全刑事案件适用法律若干问题的解释(二)》第1条的规定，明知存在事故隐患，继续作业存在危险，仍然违反有关安全管理的规定，有下列情形之一的，属于《刑法》第134条第2款规定的"强令他人违章冒险作业"：

(1)以威逼、胁迫、恐吓等手段，强制他人违章作业的；

(2)利用组织、指挥、管理职权,强制他人违章作业的;

(3)其他强令他人违章冒险作业的情形。

明知存在重大事故隐患,仍然违反有关安全管理的规定,不排除或者故意掩盖重大事故隐患,组织他人作业的,属于《刑法》第 134 条第 2 款规定的“冒险组织作业”。

本罪中所指的“重大事故隐患”,依照法律、行政法规、部门规章、强制性标准以及有关行政规范性文件进行认定。

需要达到“发生重大伤亡事故或者造成其他严重后果”的程度才能构成本罪,即造成死亡 1 人以上,或者重伤 3 人以上,或者造成直接经济损失 100 万元以上,或者其他造成严重后果或者重大安全事故的情形。

根据最高人民法院《关于审理交通肇事刑事案件具体应用法律若干问题的解释》第 7 条、第 8 条的规定,在公共交通管理的范围外,单位主管人员、机动车辆所有人或者机动车辆承包人指使、强令他人违章驾驶致人伤亡或者致使公共财产或者他人财产遭受重大损失,如果上述人员在日常工作中即发现车辆存在重大事故隐患,但为了短期利益对之置之不理,客观上又实施了强令驾驶人违章冒险运输或者冒险组织运输的行为,并因此导致人员伤亡事故发生的,构成强令、组织他人违章冒险作业罪。

【立案标准】

根据《立案追诉标准(一)》第 9 条的规定,[强令违章冒险作业案(《刑法》第 134 条第 2 款)]强令他人违章冒险作业,涉嫌下列情形之一的,应予立案追诉:

(1)造成死亡 1 人以上,或者重伤 3 人以上;

(2)造成直接经济损失 50 万元以上的;

(3)发生矿山生产安全事故,造成直接经济损失 100 万元以上的;

(4)其他造成严重后果的情形。

【刑事责任】

根据《刑法》第 134 条第 2 款的规定,强令他人违章冒险作业,或者明知存在重大事故隐患而不排除,仍冒险组织作业,因而发生重大伤亡事故或者造成其他严重后果的，处5年以下有期徒刑或者拘役；情节特别恶劣的，处5年以上有期徒刑。

1. 从轻处罚情节

在安全事故发生后积极组织、参与事故抢救，或者积极配合调查、主动赔偿损失的，可以酌情从轻处罚。

2. 从重处罚情节

（1）未依法取得安全许可证件或者安全许可证件过期、被暂扣、吊销、注销后从事生产经营活动的；（2）关闭、破坏必要的安全监控和报警设备的；（3）已经发现事故隐患，经有关部门或者个人提出后，仍不采取措施的；（4）一年内曾因危害生产安全违法犯罪活动受过行政处罚或者刑事处罚的；（5）采取弄虚作假、行贿等手段，故意逃避、阻挠负有安全监督管理职责的部门实施监督检查的；（6）安全事故发生后转移财产意图逃避承担责任的；（7）其他从重处罚的情形。

【合规指引】

（一）加强培训教育

安全生产教育培训，必须全员参与。企业领导及各级管理者，尤其是负责安全管理的人员，提高安全风险防范意识。员工在生产、工作中要认真学习和执行安全技术操作规程，遵守各项规章制度。对新职工、临时工、民工、实习人员，必须先进行安全生产三级教育（单位、工作部门、生产岗位）才能准其进入工作岗位。对改变工种的工人，必须重新进行安全教育才能上岗。对特殊工种，应当经常性安全培训教育。

（二）发现安全生产隐患应当及时排除

建设工程企业应当建立健全生产安全事故隐患排查治理制度，采取技术、管理措施，及时发现并消除事故隐患；安全生产管理人员应当根据本单位的生产经营特点，对安全生产状况进行经常性检查，对检查中发现的安全问题，应当立即处理；不能处理的，应当及时报告本单位有关负责人，有关负责人应当及时处理，安全隐患未排除前不得施工。

(三)强化监督,杜绝“三违”

企业应当加强内部监督管理工作,杜绝“三违”现象。

违章指挥,是指管理人员违反安全生产方针、政策、法律、条例、规章制度等有关规定指挥生产的行为,常表现为管理人员不遵守安全生产规程、制度和安全技术措施,指挥使用未经安全培训的劳动者或无专门资质认证的人员,指挥员工在安全防护设施或设备有缺陷、隐患未解决的条件下冒险作业,发现员工违章作业不制止等。

违章作业,是指员工违反劳动岗位的安全规章和制度(如安全生产责任制、安全操作规程、工作交接制度等)的行为。常表现为不正确使用个人劳动保护用品、不遵守工作场所的安全操作规程和不执行安全生产指令等。

违反劳动纪律,是指员工违反生产经营单位的劳动纪律的行为。常表现为不履行劳动合同及违约承担的责任,违反生产与工作纪律,不遵守考勤与休假纪律、奖惩制度及其他纪律等。

(四)强化考核,违者重罚

企业应当将“三违”纳入绩效考核,在安全工作考核的基础上实行奖励与处罚措施。企业通过监督检查,在安全生产中没有“三违”行为的单位、部门和个人,给予奖励;出现“三违”行为的单位、部门和个人,给予处罚。

企业管理者及相关人员不得在明知存在重大事故隐患,仍然违反有关安全管理的规定,不排除或者故意掩盖重大事故隐患的情况下,组织他人作业,或者利用职权强令他人违章冒险作业,违者应当重罚,根据情节轻重,给予通报批评、降薪、调离工作岗位、辞退等惩戒措施;构成犯罪的,移交司法部门。

第九章　劳动用工合规

第一节　劳动用工合规概述

一、劳动用工合规的意义

劳动用工合规，是指企业的劳动用工行为符合国家法律、法规、规章、规范性文件等规定，切实维护企业和员工合法权益。

企业发展壮大离不开劳动用工，建设工程企业属于劳动密集型企业，建筑人员劳务费是成本组成的重要部分。建筑市场是卖方市场，为了争取工程业务，建筑企业垫资承揽工程的现象较为普遍，如何压低劳动用工成本，成为建筑企业控制成本的一项重要手段。用人单位以"临时用工"形式规避社会保险缴纳责任、让工人超时加班、拖欠农民工工资等违规情形普遍存在，侵害劳动者权益的情形时有发生，甚至出现讨薪民工被砍断手、打断腿的恶性事件，影响社会的和谐稳定。

劳动用工合规风险，是指企业在劳动用工过程中因不合规行为引发法律责任、造成经济或者声誉损失以及其他负面影响的可能性。建设劳动用工合规管理体系，规范劳动用工流程，保障劳动者权益，依法处理用人单位和劳动者之间的经济利益，履行国际公约义务，不仅可以提高劳动者积极性和企业的生产效率，减少群访群诉等群体事件的发生，维护企业的声誉和良好形象，提高国际竞争能力，还可以避免因违法违规带来的行政处罚甚至刑事处罚。

二、劳动用工合规主要内容

总体来说，劳动用工合规应当从以下五个方面入手。

（一）企业内部规章制度方面

《劳动合同法》第 4 条规定，用人单位应当依法建立和完善劳动规章制度，保障劳动者享有劳动权利、履行劳动义务。用人单位在制定、修改或者决定有关劳动报酬、工作时间、休息休假、劳动安全卫生、保险福利、职工培训、劳动纪律以及劳动定额管理等直接涉及劳动者切身利益的规章制度或者重大事项时，应当经职工代表大会或者全体职工讨论，提出方案和意见，与工会或者职工代表平等协商确定。在规章制度和重大事项决定实施过程中，工会或者职工认为不适当的，有权向用人单位提出，通过协商予以修改完善。用人单位应当将直接涉及劳动者切身利益的规章制度和重大事项决定公示，或者告知劳动者。用人单位应当确保其制定的规章制度内容合法、制定程序合法、劳动者知情权和参与权得到充分尊重，这是建立和谐劳动关系的基础。

（二）订立劳动合同、约定权利义务方面

用人单位应当根据《劳动合同法》的相关规定及时与劳动者签订书面劳动合同，依法、公平、合理地约定劳动报酬、工作时间、休息休假等权利义务。对完成一定任务的短期临时用工，亦应及时签订劳务合同，参照《民法典》等相关法律法规的规定公平合理地约定双方的权利义务。

（三）女职工和未成年工的特殊劳动保护方面

（1）根据《女职工劳动保护特别规定》的相关规定，用人单位应当加强对女职工的劳动保护，采取措施改善女职工的劳动安全卫士条件，用人单位应当遵守女职工禁忌从事的劳动范围的规定，并且应当将本单位属于女职工禁忌从事的劳动范围的岗位以书面形式告知女职工，还应特别注意对怀孕女工的保护，用人单位不得因女职工怀孕、生育、哺乳而降低其工资、予以辞退、与其解除劳动或者聘用合同。

（2）用人单位不得安排未成年工从事《未成年工特殊保护规定》第 3 条所列范围的劳动，不得安排患有某种疾病或具有某些生理缺陷（非残疾型）的未成年工从事《未成年工特殊保护规定》第 4 条所列范围的劳动，还应当按要求对未成年工定期进行健康检查。

(四)参加社会保险方面

根据相关法律规定,企业有为员工缴纳五险一金(医疗保险、养老保险、工伤保险、失业保险、生育保险和住房公积金)的义务,企业应当依法、及时、足额支付保险费用。

(五)解聘及劳动争议解决方面

解聘(或裁员)劳动者应依法依规,必要时发挥工会的作用,并向劳动行政部门报告。在产生纠纷不能通过协商解决时,应当及时引导劳动者通过法律途径解决。

第二节　尽职调查与风险识别

通过合规尽职调查,了解企业的劳动用工是否符合法律法规、政府监管规定、行业准则和企业章程规章制度以及国际条约、贸易规则等的相关要求,找出违法、违规风险点,以评估并识别企业及其员工存在不合规行为可能引发的法律责任、受到相关行政处罚及刑事处罚的风险。

通过合规尽职调查,对企业内部的章程、规章制度,以及企业外部的法律法规、政府监管规定、行业准则及国际条约、贸易规则等进行梳理,评估并识别企业及其员工履行合规业务的风险,编制合规清单和应对预案。

一、行政法律规范

我国相继制定了劳动法、劳动合同法及相关司法解释、行政法规和部门规章,使劳动者的合法权益得到有效保障(见表9-1)。

表 9-1 劳动用工合规法律法规清单(部分)

序号	名称	文号	发布时间	施行时间
1	《劳动法》(2018 修正)	主席令第 24 号	2018 年 12 月 29 日	2018 年 12 月 29 日
2	《劳动合同法》(2012 修正)	主席令第 73 号	2012 年 12 月 28 日	2013 年 7 月 1 日
3	《劳动合同法实施条例》	国务院令第 535 号	2008 年 9 月 18 日	2008 年 9 月 18 日
4	《劳动争议调解仲裁法》	主席令第 80 号	2007 年 12 月 29 日	2008 年 5 月 1 日
5	《职业病防治法》(2018 修正)	主席令第 24 号	2018 年 12 月 29 日	2018 年 12 月 29 日
6	《安全生产法》(2021 修正)	主席令第 88 号	2021 年 6 月 10 日	2021 年 9 月 1 日
7	《社会保险法》(2018 修正)	主席令第 25 号	2018 年 12 月 29 日	2018 年 12 月 29 日
8	《工会法》(2021 修正)	主席令第 107 号	2021 年 12 月 24 日	2022 年 1 月 1 日
9	《就业服务与就业管理规定》(2022 修订)	人力资源和社会保障部令第 47 号	2022 年 1 月 7 日	2022 年 1 月 7 日
10	《工伤保险条例》(2010 修订)	国务院令第 586 号	2010 年 12 月 20 日	2011 年 1 月 1 日
11	《劳动保障监察条例》	国务院令第 423 号	2004 年 11 月 1 日	2004 年 12 月 1 日
12	《女职工劳动保护特别规定》	国务院令第 619 号	2012 年 4 月 28 日	2012 年 4 月 28 日
13	《未成年工特殊保护规定》	劳部发〔1994〕498 号	1994 年 12 月 9 日	1995 年 1 月 1 日

续表

序号	名称	文号	发布时间	施行时间
14	《禁止使用童工规定》(2002)	国务院令第364号	2002年10月1日	2002年12月1日
15	《工资支付暂行规定》	劳部发〔1994〕489号	1994年12月6日	1995年1月1日
16	《保障农民工工资支付条例》	国务院令第724号	2019年12月30日	2020年5月1日

二、行政合规指导清单

为确保劳动用工活动的合规性、保护劳动者权益、降低法律风险、提升企业形象和信誉、促进企业的健康发展,企业应当制定劳动用工行政合规指导清单,从相关监管规范中梳理出合规义务,列举出合规事项、常见违法行为表现、法律依据及应承担的法律责任,使之成为企业内部合规用工的指导文件(见表9-2)。

表9-2　劳动用工行政合规指导清单(部分)

序号	合规事项	行政违法行为表现	法律依据	法律责任
1	用人单位不得提供虚假招聘信息,发布虚假招聘广告;招录人员时应当查验应聘人员身份证件,注意审慎核对人员身份,不得招用无合法身份证件人员	用人单位提供虚假招聘信息,发布虚假招聘广告,招用无合法身份证件的人员	《就业服务与就业管理规定》第67条	责令改正,并可处以1000元以下的罚款;对当事人造成损害的,应当承担赔偿责任
2	用人单位在招聘录用劳动者时,可以查验劳动者身份信息,但不得扣押劳动者的身份证件和其他证件	用人单位扣押劳动者居民身份证等证件	《劳动合同法》第84条	责令限期退还劳动者本人,并依照有关法律规定给予处罚

续表

序号	合规事项	行政违法行为表现	法律依据	法律责任
3	用人单位招用劳动者,不能向劳动者收取押金、保证金等财物	用人单位以担保或其他名义收取劳动者押金或保证金	《劳动合同法》第84条	责令限期退还劳动者本人,并以每人500元以上2000元以下的标准处以罚款;给劳动者造成损害的,应当承担赔偿责任
4	用人单位招录人员时应当注意审慎核对人员身份,防止出现冒用身份证等情形,并确保不出现招用未满16周岁未成年人的情形	用人单位招用未满16周岁的未成年人	《禁止使用童工规定》第6条	按照每使用1名童工每月处5000元罚款的标准给予处罚
5	用人单位招用劳动者和与劳动者终止或者解除劳动关系,应当到当地公共就业服务机构备案,为劳动者办理就业登记手续。用人单位招用人员后,应当于录用之日起30日内办理登记手续;用人单位与职工终止或者解除劳动关系后,应当于15日内办理登记手续	用人单位未及时为劳动者办理就业登记手续	《就业服务与就业管理规定》第75条	责令改正,并可处以1000元以下的罚款
6	用人单位与劳动者建立劳动关系,应当自用工之日起1个月内订立书面劳动合同;劳动合同期满,劳动者继续在用人单位工作的,用人单位应当在一个月内与劳动者续订书面劳动合同	用人单位自用工之日起超过1个月未与劳动者订立书面劳动合同	《劳动合同法》第82条	用人单位自用工之日起超过1个月不满1年未与劳动者订立书面劳动合同的,应当向劳动者每月支付2倍的工资

续表

序号	合规事项	行政违法行为表现	法律依据	法律责任
7	用人单位应当建立职工名册;职工名册应当包括劳动者姓名、性别、居民身份证号码、户籍地址及现住址、联系方式、用工形式、用工起始时间、劳动合同期限等内容	用人单位未建立职工名册或名册不符合规定	《劳动合同法实施条例》第33条	责令限期改正;逾期不改正的,由劳动行政部门处2000元以上2万元以下的罚款
8	用人单位应当自用工之日起30日内为职工向社会保险经办机构申请办理社会保险登记	用人单位自用工之日起30日内,未为职工申请办理社会保险登记	《社会保险法》第84条	责令限期改正;逾期不改正的,对用人单位处应缴社会保险费数额1倍以上3倍以下的罚款,对其直接负责的主管人员和其他直接责任人员处500元以上3000元以下的罚款
9	用人单位安排劳动者每日工作时间不超过8小时、平均每周工作时间不超过40小时,每周保证至少休息1日。因特殊原因可以延长工作时间,每日不得超过3小时,每月不得超过36小时	用人单位每周不能保证休息1日或每日延长工作时间超过3小时或每月延长工作时间36小时	《劳动保障监察条例》第25条	给予警告,责令限期改正,并可以按照受侵害的劳动者每人100元以上500元以下的标准计算,处以罚款

续表

序号	合规事项	行政违法行为表现	法律依据	法律责任
10	用工单位使用被派遣劳动者数量不得超过用工总量的10%。企业将其业务发包给其他单位,但承包单位的劳动者在企业的生产经营场所使用企业的设施设备、按照企业的安排提供劳动,或者以企业的名义提供劳动,以及其他名为劳务外包实为劳务派遣的,其劳动者的人数纳入前款规定的比例计算	用工单位使用被派遣劳动者数量超过用工总量的10%	《劳动合同法》第92条	责令限期改正;逾期不改正的,以每人5000元以上1万元以下的标准处以罚款
11	及时向劳动者支付工资	克扣或者无故拖欠劳动者工资	《劳动法》第91条	责令支付劳动者的工资报酬、经济补偿,并可以责令支付赔偿金
			《劳动保障监察条例》第26条	责令限期支付劳动者的工资报酬、劳动者工资低于当地最低工资标准的差额或者解除劳动合同的经济补偿;逾期不支付的,责令用人单位按照应付金额50%以上1倍以下的标准计算,向劳动者加付赔偿金
12	按照劳动合同的约定或者国家规定及时足额支付劳动者劳动报酬	未按照劳动合同的约定或者国家规定及时足额支付劳动者劳动报酬的	《劳动合同法》第85条	由劳动行政部门责令限期支付劳动报酬、加班费或者经济补偿;劳动报酬低于当地最低工资标准的,应当支付其差额部分;逾期不支付的,责令用人单位按应付金额50%以上100%以下的标准向劳动者加付赔偿金

续表

序号	合规事项	行政违法行为表现	法律依据	法律责任
13	不招用未满16周岁的未成年人	非法招用未满16周岁的未成年人	《劳动法》第94条	由劳动行政部门责令改正,处以罚款;情节严重的,由市场监督管理部门吊销营业执照
14	不强迫劳动,不非法限制劳动者自由	以暴力、威胁或者非法限制人身自由的手段强迫劳动的; 侮辱、体罚、殴打、非法搜查和拘禁劳动者的	《劳动法》第96条	由公安机关对责任人员处以15日以下拘留、罚款或者警告;构成犯罪的,对责任人员依法追究刑事责任
15	不强迫劳动,不违章指挥,不强令冒险作业,尊重劳动者,改善劳动环境	以暴力、威胁或者非法限制人身自由的手段强迫劳动的;违章指挥或者强令冒险作业危及劳动者人身安全的;侮辱、体罚、殴打、非法搜查或者拘禁劳动者的;劳动条件恶劣、环境污染严重,给劳动者身心健康造成严重损害的	《劳动合同法》第88条	给予行政处罚;构成犯罪的,依法追究刑事责任;给劳动者造成损害的,应当承担赔偿责任

三、刑事风险控制清单

劳动用工刑事风险控制是建设工程企业在生产经营过程中无法回避的重要问题,劳动用工方面存在的刑事法律风险主要集中在员工雇用和劳动报酬支付两大方面。部分企业存在未能遵守劳动法律法规的情况,常见的罪名如拒不支付劳动报酬罪、强迫劳动罪、雇用童工从事危重劳动罪等(见表9-3)。

表 9－3　劳动用工刑事风险控制清单（部分）

罪名	法律依据	违法行为	法律后果	立案标准
拒不支付劳动报酬罪	《刑法》第 276 条之一	以转移财产、逃匿等方法逃避支付劳动报酬或者有能力支付而不支付劳动者报酬	处 3 年以下有期徒刑或者拘役，并处或者单处罚金；造成严重后果的，处 3 年以上 7 年以下有期徒刑，并处罚金	拒不支付 1 名劳动者 3 个月以上的劳动报酬且数额在 5000 元至 2 万元以上的；拒不支付 10 名以上劳动者的劳动报酬且数额累计在 3 万元至 10 万元以上的
强迫劳动罪	《刑法》第 244 条	以暴力、威胁或者限制人身自由的方法强迫他人劳动；明知他人实施前款行为，为其招募、运送人员或者有其他协助强迫他人劳动行为	处 3 年以下有期徒刑或者拘役，并处罚金；情节严重的，处 3 年以上 10 年以下有期徒刑，并处罚金。单位犯前两款罪的，对单位判处罚金，并对其直接负责的主管人员和其他直接责任人员依照第 1 款的规定处罚	以暴力、威胁或者限制人身自由的方法强迫他人劳动的，应予立案追诉。明知他人以暴力、威胁或者限制人身自由的方法强迫他人劳动，为其招募、运送人员或者有其他协助强迫他人劳动行为的，应予立案追诉
雇佣童工从事危重劳动罪	《刑法》第 244 条之一	雇用未满 16 周岁的未成年人从事超强度体力劳动的，或者从事高空、井下作业的，或者在爆炸性、易燃性、放射性、毒害性等危险环境下从事劳动	处 3 年以下有期徒刑或者拘役，并处罚金；情节特别严重的，处 3 年以上 7 年以下有期徒刑，并处罚金。 造成事故，又构成其他犯罪的，数罪并罚	造成未满 16 周岁的未成年人伤亡或者对其身体健康造成严重危害的；雇用未满 16 周岁的未成年人 3 人以上的；以强迫、欺骗等手段雇用未满 16 周岁的未成年人从事危重劳动的；其他情节严重的情形

续表

罪名	法律依据	违法行为	法律后果	立案标准
诈骗罪	《刑法》第266条	以非法占有为目的，使用欺骗方法，骗取数额较大的公私财物	处3年以下有期徒刑、拘役或者管制，并处或者单处罚金；数额巨大或者有其他严重情节的，处3年以上10年以下有期徒刑，并处罚金；数额特别巨大或者有其他特别严重情节的，处10年以上有期徒刑或者无期徒刑，并处罚金或者没收财产	诈骗公私财物价值3000元至1万元以上（结合本地区经济社会发展状况而定）
故意伤害罪	《刑法》第234条	故意伤害他人身体健康	处3年以下有期徒刑、拘役或者管制；致人重伤的，处3年以上10年以下有期徒刑；致人死亡或者以特别残忍手段致人重伤造成严重残疾的，处10年以上有期徒刑、无期徒刑或者死刑	达到轻伤标准

第三节　专项合规计划

一、合规政策及目标

建设工程企业应当根据自身的特点及项目实际运转情况，建立、实施与其劳动用工情况相适应的劳动用工合规计划，制定人力资源专项合规政策、管理规定、员工手册，明确规定合规要求和问责标准，以及履行合规义务以及持续改进合规管理体系的承诺，并且能为制定合规目标提供框架。企业应当针对其劳动用工性质与实际用工情况建立合规管理目标，合规管理目标应当与合规方针保持一致，并及时予以更新。

二、合规团队建设

企业应当组建劳动用工合规建设专业团队，结合企业实际规模设立首席合规官，企业设总法律顾问的由总法律顾问兼任，也可由分管法务、内控等相关工作的副总经理兼任，对企业主要负责人负责，领导合规管理部门组织开展相关工作，指导所属单位加强合规管理。主要职责包括：

1. 贯彻执行企业董事会、监事会和最高管理层对劳动用工合规管理工作的各项要求，全面组织实施劳动用工合规管理的各项工作。

2. 协调合规业务与其他业务之间的关系，监督人事部门执行企业劳动用工合规管理要求的情况，及时解决合规管理中出现的重大问题。

3. 领导劳动用工合规管理部门，完善组织队伍建设，做好人员选聘培养，监督各部门认真履行劳动用工合规管理要求。

4. 组织开展劳动用工合规评审工作，定期组织劳动用工合规管理体系的评审，确保劳动用工合规管理体系的适用性、充分性和有效性。

三、合规管理组织架构

企业应当建立完善的劳动用工合规管理组织架构，包括决策层、管理层、执行层，设置专门的合规管理机构，明确合规管理部门、业务部门在劳动用工合规管理中的职责。

四、合规风险识别

企业应当识别评估企业劳动用工合规风险，劳动用工合规也应当是全流程的合规，从用人单位制订用工计划开始，至劳动争议的解决，贯穿整个用工过程，具体包括用工形式（全日制用工、非全日制用工、劳务派遣）、招聘与入职管理、劳动（或劳务）合同签订、员工手册与规章制度、集体合同、工会与民主管理、工资福利、工时与休息休假、社会保险与住房公积金、培训与服务期、保密与竞业限制、劳动合同变更、劳动合同解除、涉外用工、劳动争议等。

企业应当根据《劳动法》《劳动合同法》等法律法规及企业所在地(含项目所在地)的地方规章,结合建设工程行业特征,劳动用工性质、规模等特点,梳理履行不同用工阶段的企业劳动用工合规义务和合规要求,建立劳动用工合规风险清单,对企业自身合规风险进行识别,确定风险优先级别,制定风险评估报告及应对预案。

五、合规管理制度体系

企业应当建立劳动用工合规管理制度体系,以合规风险为导向,结合行业劳动用工规范,建立健全劳动用工合规管理制度,制定企业全员普遍遵守的劳动用工合规规范,并根据法律法规变化及时将外部有关劳动用工合规要求转化为内部规章制度。

六、落实与改进

企业应当完善劳动用工合规管理运行机制,在建立健全劳动用工合规管理体系后,要将培训与沟通、责任与激励、举报与查处、优化与提升机制进行制度化协同管理。建立健全劳动用工合规审查机制,包括但不限于合规检查、评估与考核机制、合规持续改进与纠正机制、合规举报、调查与问责机制等。

企业应当建立完善劳动用工合规保障机制,包括通过信息化手段优化管理流程、构建符合企业需要的劳动用工合规知识培训体系、培养劳动用工合规企业文化。

企业应当对劳动用工合规管理体系的有效性进行评价,发现不合规的行为时,及时采取控制和纠正措施,消除产生不合规行为的原因,避免其再次发生或在其他地方发生。当外部法律及监管要求发生变化,及企业内部用工情况发生变化时,应该及时调整劳动用工合规管理体系,并持续改进,以确保合规管理体系的动态持续有效。

第四节　劳动用工关联罪名及合规指引

一、拒不支付劳动报酬罪

2003 年 10 月,央视网报道《两部委解决拖欠农民工工资　总理为农民追工钱》[1];2017 年 1 月,中央人民政府网刊载《总理 48 小时帮农民“讨”薪成功是暖心但也痛心》[2],出现总理替农民工讨薪的大新闻;2020 年 1 月,中央人民政府网转载《春节前总理为企业农民工“讨薪”,75% 拖欠民企等账款已清偿》[3]。多年来,拖欠农民工工资问题一直是非常突出的社会问题,在建设工程领域尤为严重,形成了“每逢过年必讨薪”现象。拖欠农民工工资问题虽然受到国家高层领导人的高度重视,相关部门也采取了各种措施进行整治,但问题仍未得到根本解决,涉刑风险依旧较高。

2023 年 12 月,最高人民检察院发布依法惩治拒不支付劳动报酬犯罪典型案例[4],依法惩治恶意欠薪犯罪,持续维护劳动者合法权益。该批典型案例共有五个:案例一中,涉案人员恶意欠薪数额特别巨大、欠薪对象人数众多,造成恶劣社会影响,准确适用升格法定刑,做到当严则严;案例二中,对涉拒不支付劳动报酬犯罪的线索,检察机关积极开展调查核实,依法监督立案;案例三中,发现遗漏被欠薪者、遗漏犯罪主体等,依法准确认定犯罪事实,切实把握“捕”“诉”标准;案例四中,对于虽不具备用工主体资格,但与劳动者存在事实劳动关系的,依法认定属于拒不支付劳动报酬犯罪的主体;案例五中,发现存在遗漏的

---

〔1〕 参见《两部委解决拖欠农民工工资　总理为农民追工钱》,载央视网,http://worldcup.cctv.com/news/china/20031028/100387.shtml。

〔2〕 参见《48 小时! 总理帮震区农民工“讨”回欠薪》,载中央人民政府官网,http://www.gov.cn/premier/2017-01/26/content_5163669.htm。

〔3〕 参见《春节前总理为企业农民工“讨薪”,75% 拖欠民企等账款已清偿》,载中央人民政府官网,http://www.gov.cn/xinwen/2020-01/09/content_5467873.htm。

〔4〕 参见最高人民检察院官网 2023 年 12 月 22 日,https://www.spp.gov.cn/xwfbh/wsfbt/202312/t20231222_637783.shtml#1。

被欠薪者，提前介入引导取证，依法追加被害人，切实维护被欠薪者合法权益。

典型案例　江苏省RD建设有限公司、蔡某等拒不支付劳动报酬案

【案号】

(2020)皖1602刑初28号

(2020)皖16刑终227号

【案情简介】

被告单位江苏省RD建设有限公司（以下简称RD公司）承建亳州佰睿宫和维也纳项目，该公司委派被告人蔡某负责上述两个项目的现场施工管理。2015年6月5日，蔡某为逃避支付工人工资，突然从施工现场离去，后佰睿宫项目和维也纳项目17个班组工人代表到亳州市人社局投诉RD公司及蔡某拖欠工资，且数额巨大。2015年6月15日、16日，亳州市人社局向RD公司下达《劳动保障限期整改指令书》，RD公司及其法定代表人被告人刘某某委派该公司副总经理孙某来亳州处理该事宜，但孙某拒绝签收该指令书。2015年6月23日，亳州市人社局将《劳动保障限期整改指令书》张贴于亳州市佰睿宫建设项目部。RD公司及法定代表人刘某某在明知人社局已经下达责令支付通知书，仍不支付工人工资。2016年1月20日，亳州市人社局将该案移交公安机关，至公安机关受案时，RD公司尚拖欠200余名工人工资及材料款等费用694万余元。RD公司对公账户在2015年6月至2016年2月，可用余额平均在400万元。

2016年1月底，RD公司及蔡某与21个班组代表达成支付协议。2016年2月初，RD公司筹集资金505万元，通过人社部门支付所拖欠工人工资。2017年4月，RD公司收到大成公司1000万元工程款，及时将拖欠的剩余款项结清。2016年2月3日，被告人蔡某、刘某某主动到亳州市公安机关投案。

【法院判决】

一审法院认为，被告单位RD公司以逃匿的方法逃避支付劳动者的劳动报酬，数额较大，经有关部门责令支付仍不支付，被告人蔡某系直接责任人员，被告人刘某某系直接负责的主管人员，行为均已构成拒不支付劳动报酬罪。一审

法院判决被告单位RD公司犯拒不支付劳动报酬罪，判处罚金人民币40万元；以被告人蔡某犯拒不支付劳动报酬罪，判处有期徒刑2年，缓刑2年，并处罚金人民币15万元；以被告人刘某某犯拒不支付劳动报酬罪，判处有期徒刑2年，缓刑2年，并处罚金人民币15万元。

RD公司、蔡某、刘某某均不服一审判决，分别提起上诉。

二审法院认为，原判认定事实清楚，证据确实充分，定罪准确，审判程序合法。根据上诉人RD公司、蔡某、刘某某的犯罪事实、性质、情节及对于社会的危害程度，经审判委员会讨论决定，维持被告单位RD公司犯拒不支付劳动报酬罪，判处罚金人民币40万元；改判上诉人蔡某和刘某某犯拒不支付劳动报酬罪，免予刑事处罚。

【罪名解析】

拒不支付劳动报酬罪，是指以转移财产、逃匿等方法逃避支付劳动报酬或者有能力支付而不支付劳动者报酬，数额较大，经政府有关部门责令支付仍不支付的行为。

本罪中的“以转移财产、逃匿等方法逃避支付劳动者的劳动报酬”是指：(1)隐匿财产、恶意清偿、虚构债务、虚假破产、虚假倒闭或者以其他方法转移、处分财产的；(2)逃跑、藏匿的；(3)隐匿、销毁或者篡改账目、职工名册、工资支付记录、考勤记录等与劳动报酬相关的材料的；(4)以其他方法逃避支付劳动报酬的。

经人力资源和社会保障部门或者政府其他有关部门依法以限期整改指令书、行政处理决定书等文书责令支付劳动者的劳动报酬后，在指定的期限内仍不支付的，应当认定为“经政府有关部门责令支付仍不支付”，但有证据证明行为人有正当理由未知悉责令支付或者未及时支付劳动报酬的除外。

行为人逃匿，无法将责令支付文书送交其本人、同住成年家属或者所在单位负责收件的人的，如果有关部门已通过在行为人的住所地、生产经营场所等地张贴责令支付文书等方式责令支付，并采用拍照、录像等方式记录的，应当视为“经政府有关部门责令支付”。

本罪的犯罪构成要件：(1)犯罪主体是一般主体，即自然人和单位均可构成本罪;(2)主观上是故意,包括直接故意和间接故意,即主观上明知自己的“不支付劳动者劳动报酬”的这种不作为行为会产生劳动者不能及时实际得到劳动报酬的社会危害后果,却希望或放任这种后果发生;(3)侵犯的是复杂客体,不仅侵犯了劳动者的财产权,也妨碍了正常的劳动用工关系,侵害了社会主义市场经济秩序;(4)客观表现为以转移财产、逃匿等方法逃避支付劳动者的劳动报酬或者有能力支付而不支付劳动者的劳动报酬,数额较大,经政府有关部门责令支付仍不支付的行为。

【罪名认定】

行为人拒不支付报酬的类型分为两种:一种为以转移财产、逃匿等方法逃避支付劳动者的劳动报酬,另一种为有能力支付而不支付劳动者的劳动报酬。拒不支付劳动报酬罪的认定,坚持主客观相统一的原则。本罪的成立,以行为人有支付能力为前提,行为人转移财产表明了行为人有支付能力而逃避支付。行为人如果没有支付劳动报酬的能力,即使逃匿也不构成本罪。

行为人以关闭手机“失联”方式逃匿等方法逃避支付劳动者报酬时,既要存在逃避支付的行为,又要以逃避支付劳动报酬为目的,才能认定本罪。如果行为人确因经营不善或资金周转困难丧失支付能力的,也不构成本罪。

本罪的认定还必须满足行为人经政府有关部门责令支付却仍不支付,未经政府有关部门责令支付,不构成本罪。

行为人转移财产、逃匿或者声称拒不支付劳动报酬,但在经政府有关部门责令支付后即支付劳动报酬的,也不构成本罪。

行为人拒不支付劳动报酬的数额要达到“数额较大”才能构成本罪。根据最高人民法院《关于审理拒不支付劳动报酬刑事案件适用法律若干问题的解释》第 3 条的规定,具有下列情形之一的,应当认定为“数额较大”:(1)拒不支付 1 名劳动者 3 个月以上的劳动报酬且数额在 5000 元至 2 万元以上的;(2)拒不支付 10 名以上劳动者的劳动报酬且数额累计在 3 万元至 10 万元以上的。各省、自治区、直辖市高级人民法院可以根据本地区经济社会发展状况,在前款规定的数额幅度内,研究确定本地区执行的具体数额标准,报最高人民法院备案。

根据最高人民法院《关于审理拒不支付劳动报酬刑事案件适用法律若干问

题的解释》第 6 条第 1 款的规定，拒不支付劳动者的劳动报酬，尚未造成严重后果，在刑事立案前支付劳动者的劳动报酬，并依法承担相应赔偿责任的，可以认定为情节显著轻微危害不大，不认为是犯罪。

【立案标准】

根据最高人民检察院、公安部《〈关于公安机关管辖的刑事案件立案追诉标准的规定（一）〉的补充规定》第 7 条的规定，以转移财产、逃匿等方法逃避支付劳动者的劳动报酬或者有能力支付而不支付劳动者的劳动报酬，经政府有关部门责令支付仍不支付，涉嫌下列情形之一的，应予立案追诉：

（1）拒不支付 1 名劳动者 3 个月以上的劳动报酬且数额在 5000 元至 2 万元以上的；

（2）拒不支付 10 名以上劳动者的劳动报酬且数额累计在 3 万元至 10 万元以上的。

不支付劳动者的劳动报酬，尚未造成严重后果，在刑事立案前支付劳动者的劳动报酬，并依法承担相应赔偿责任的，可以不予立案追诉。

【刑事责任】

《刑法》第 276 条之一规定，以转移财产、逃匿等方法逃避支付劳动者的劳动报酬或者有能力支付而不支付劳动者的劳动报酬，数额较大，经政府有关部门责令支付仍不支付的，处 3 年以下有期徒刑或者拘役，并处或者单处罚金；造成严重后果的，处 3 年以上 7 年以下有期徒刑，并处罚金。

单位犯前款罪的，对单位判处罚金，并对其直接负责的主管人员和其他直接责任人员，依照前款的规定处罚。

有前两款行为，尚未造成严重后果，在提起公诉前支付劳动者的劳动报酬，并依法承担相应赔偿责任的，可以减轻或者免除处罚。

根据最高人民法院《关于审理拒不支付劳动报酬刑事案件适用法律若干问题的解释》第 6 条的规定，拒不支付劳动者的劳动报酬，尚未造成严重后果，在刑事立案前支付劳动者的劳动报酬，并依法承担相应赔偿责任的，可以认定为情节显著轻微危害不大，不认为是犯罪；在提起公诉前支付劳动者的劳动报酬，并依法承担相应赔偿责任的，可以减轻或者免除刑事处罚；在一审宣判前支付劳动者的劳动报酬，并依法承担相应赔偿责任的，可以从轻处罚。

对于免除刑事处罚的，可以根据案件的不同情况，予以训诫、责令具结悔过或者赔礼道歉。

拒不支付劳动者的劳动报酬，造成严重后果，但在宣判前支付劳动者的劳动报酬，并依法承担相应赔偿责任的，可以酌情从宽处罚。

【合规指引】

《保障农民工工资支付条例》明确规定“任何单位和个人不得拖欠农民工工资”，企业应当依法诚信经营，按时足额支付劳动者的劳动报酬。用人单位应当落实好劳动者的考勤及劳动报酬的计算工作，依照劳动合同的约定与公司规章制度，及时、足额地向劳动者支付基本工资、加班费、津贴补贴、各类奖金等劳动报酬，不得以任何形式克扣劳动者的劳动报酬。

当企业经营确实发生严重困难，拖欠了农民工工资时，应当及时与劳动者就劳动报酬的支付数额及时间等事项进行协商，不可以通过转移财产、逃匿等方法逃避支付劳动报酬。

如果用人单位在劳动行政部门责令支付后，按时足额支付了劳动者的劳动报酬，拒不支付劳动报酬行为就不会上升为刑事犯罪。

二、强迫劳动罪

20 世纪 90 年代以前，在单一的计划经济体制下，由国家作为社会利益的代表组织社会生产活动，企业都是国家的，法律没有相关强迫劳动的规定。进入 90 年代以后，我国从计划经济体制向市场经济体制转变，私营企业、三资企业蓬勃发展，为保障劳动者权益，1994 年颁布的《劳动法》首次明确规定禁止强迫职工劳动；1997 年才将“强迫职工劳动罪”写入《刑法》。

2011 年 2 月 25 日第十一届全国人民代表大会常务委员会第十九次会议通过的《刑法修正案（八）》将“强迫职工劳动罪”修改为“强迫劳动罪”，《劳动法》《劳动合同法》《治安管理处罚法》都对强迫劳动行为作出了禁止性规定。

2022 年 4 月 20 日，第十三届全国人民代表大会常务委员会第三十四次会议决定：批准 1930 年 6 月 28 日在日内瓦举行的第 14 届国际劳工大会上通过的

《1930年强迫劳动公约》;批准1957年6月25日在日内瓦举行的第40届国际劳工大会上通过的《1957年废除强迫劳动公约》。2022年8月12日,中国常驻联合国日内瓦办事处和瑞士其他国际组织代表陈旭大使向国际劳工组织总干事盖·莱德递交了中国批准《1930年强迫劳动公约》(第29号)和《1957年废除强迫劳动公约》(第105号)的批准书。

第29号公约禁止使用一切形式的强迫劳动,并要求缔约国将强迫劳动作为刑事犯罪予以惩处。

第105号公约补充了第29号公约,该公约呼吁立即废除任何形式的强迫或强制劳动——

(a)作为政治胁迫或教育的手段,或作为对持有或表达政治观点或在意识形态上反对既定政治、社会或经济制度的观点的惩罚;

(b)作为一种为经济发展而动员和使用劳动力的方法;

(c)作为一种劳动纪律手段;

(d)作为一种对参加罢工的惩罚;

(e)作为一种种族、社会、民族或宗教歧视的手段。

中国政府一贯反对强迫劳动,自主批准这两项公约,再次表明中国政府保护劳动者权益,反对和打击强迫劳动的坚定立场。

典型案例 闵某均、闵某安、黄某强强迫劳动案

【案号】

(2020)粤1802刑初5号

【案情简介】

2019年7月,被告人闵某均、闵某安承包了位于清远市清城区某建筑工地楼房的泥水粉刷墙面工程,随后去广州、清远等地招收工人黄某强、杨某平、甘某达、戴某钊等10多名工人开展工作。有的工人因不满工资待遇等原因离开,被告人闵某均、闵某安为了防止工人逃跑,对部分工人的身份证、手机及财物进行扣押,安排被告人黄某强作为工地带班管理工人工作并负责每天下班后把工

人宿舍门上锁。被告人闵某均、闵某安、黄某强对于不听从工作安排的工人实施打骂、威胁，强迫工人在建筑工地上劳动。直到8月29日晚，公安人员接到报案后将工人解救出来。

【法院判决】

一审法院认为，被告人闵某均、闵某安、黄某强以暴力、限制人身自由的方法强迫他人劳动，其行为均构成强迫劳动罪。公诉机关的指控成立。被告人闵某均、闵某安、黄某强到案后能如实供述自己的罪行，愿意接受处罚，对其可以从轻处罚。被告人黄某强在共同犯罪中起次要作用，是从犯，依法予以从轻处罚。一审法院判决被告人闵某均、闵某安犯强迫劳动罪，各判处有期徒刑1年4个月，并处罚金人民币3000元；被告人黄某强犯强迫劳动罪，判处有期徒刑9个月，并处罚金人民币1000元。

【罪名解析】

强迫劳动罪是指自然人或者单位以暴力、威胁或者限制人身自由的方法强迫他人劳动，或者明知他人以暴力、威胁或者限制人身自由的方法强迫他人劳动，而为其招募、运送人员或者以其他方式协助强迫他人劳动的行为。本罪分为两种类型：一是直接强迫劳动；二是协助强迫劳动。

本罪中的“暴力”，是指广义的暴力，只要求暴力针对被害人实施，而不要求直接针对被害人的身体实施，也不要求达到压制被害人反抗的程度。本罪中的“威胁”，是指广义的威胁，包括以恶害相通告的一切行为；恶害的内容、性质，通告的方法没有限制，也不要求达到压制被害人反抗的程度。本罪中的“限制人身自由的方法”，是指将他人的人身自由控制在一定范围、一定限度内的方法，如不准他人外出，不准他人参加社交活动等。本罪中的“强迫劳动”，是指违反被害人意愿迫使其从事劳动。既包括被害人不愿意从事某一类劳动而迫使其从事该类劳动的情形，也包括被害人虽愿意从事某类劳动但不愿意从事超强度、超体力、超时间的劳动，而迫使其从事超强度、超体力、超时间的劳动的情形；既包括强迫体力劳动，也包括强迫脑力劳动。

协助强迫劳动类型的行为内容是，明知他人以暴力、威胁或者限制人身自由的方法强迫他人劳动，而为其招募、运送人员或者以其他方式协助强迫他人劳动。

本罪的构成要件:(1)犯罪主体是一般主体,即自然人和单位均可构成本罪;(2)主观方面为故意,并且必须出于直接故意,即明知自己的行为违反劳动管理法规会产生限制他人人身自由的危害后果,但仍以暴力、威胁或者限制人身自由的方法强迫他人劳动;(3)侵犯的客体是复杂客体,既侵犯劳动者的人身自由,又侵犯国家劳动管理制度;(4)客观方面表现为违反劳动管理法规,以暴力、威胁或者限制人身自由的方法强迫他人劳动,情节严重的行为。

【罪名认定】

采取剥夺人身自由的方法强迫他人劳动,成立非法拘禁罪与本罪的想象竞合,择一重处。

行为人采取非法拘禁等手段将被害人运送至特定地点,但被害人没有被他人强迫劳动的,行为人不构成本罪,应认定为非法拘禁罪。

行为人以欺骗、利诱等方法将被害人招募、运送至特定地点,但被害人没有被他人强迫劳动的,未侵害被害人的人身自由,不应认定为犯罪。

偶尔地或短暂地侵害他人意思决定自由的情形,一般不构成本罪;反复多次地或者长时间地侵害他人意思决定自由,意图使其实施并无义务实施的事项的,构成本罪。

行为人的强迫行为使被害人从事其不愿意从事的劳动的,行为人是否提供劳动报酬,不影响本罪的成立。

【立案标准】

根据《立案追诉标准(一)》第 31 条的规定,[强迫职工劳动案(《刑法》第 244 条)]用人单位违反劳动管理法规,以限制人身自由方法强迫职工劳动,涉嫌下列情形之一的,应予立案追诉:

(1)强迫他人劳动,造成人员伤亡或者患职业病的;

(2)采用殴打、胁迫、扣发工资、扣留身份证件等手段限制人身自由,强迫他人劳动的;

(3)强迫妇女从事井下劳动、国家规定的第四级体力劳动强度的劳动或者其他禁忌从事的劳动,或者强迫处于经期、孕期和哺乳期妇女从事国家规定的第三级体力劳动强度以上的劳动或者其他禁忌从事的劳动的；

(4)强迫已满16周岁未满18周岁的未成年人从事国家规定的第四级体力劳动强度的劳动，或者从事高空、井下劳动，或者在爆炸性、易燃性、放射性、毒害性等危险环境下从事劳动的；

(5)其他情节严重的情形。

根据最高人民检察院、公安部《〈关于公安机关管辖的刑事案件立案追诉标准的规定(一)〉的补充规定》第6条的规定，将《立案追诉标准(一)》第31条修改为：[强迫劳动案(《刑法》第244条)]以暴力、威胁或者限制人身自由的方法强迫他人劳动的，应予立案追诉。

明知他人以暴力、威胁或者限制人身自由的方法强迫他人劳动，为其招募、运送人员或者有其他协助强迫他人劳动行为的，应予立案追诉。

本罪的立案标准修改后，立案的门槛明显降低。

【刑事责任】

根据《刑法》第244条的规定，以暴力、威胁或者限制人身自由的方法强迫他人劳动的，处3年以下有期徒刑或者拘役，并处罚金；情节严重的，处3年以上10年以下有期徒刑，并处罚金。

明知他人实施前款行为，为其招募、运送人员或者有其他协助强迫他人劳动行为的，依照前款的规定处罚。

单位犯前两款罪的，对单位判处罚金，并对其直接负责的主管人员和其他直接责任人员，依照第1款的规定处罚。

【合规指引】

建设工程企业属于劳动密集型企业，以文化水平及法治意识较低的体力劳动者居多，基层管理人员(工头)往往管理手段简单粗暴，存在诸如打骂等手段逼迫员工工作，以危害人身安全相威胁恐吓员工，安排人员强行限制员工离岗等违法违规行为。

建设工程企业应当完善规章制度，尊重劳动者。对于员工的工作时间、加班时间以及工作内容，应当通过劳动合同(或者劳务合同、劳务派遣合同)约定或友好协商等合法合理的方式进行确定。即使员工违反劳动合同约定或用人单位规章制度拒绝工作，也不能通过暴力、威胁或者限制人身自由的方法强迫员工劳动。

三、其他罪名

故意伤害罪是指行为人故意非法损害他人身体健康的行为。

本罪的构成要件是：（1）犯罪主体是一般主体，凡是达到刑事责任年龄并具备刑事责任能力的自然人都可以构成本罪；（2）犯罪客体是他人的身体健康权；（3）主观方面必须是故意；（4）客观表现为实施了非法损害他人身体的行为。

根据《刑法》第234条的规定，故意伤害他人身体的，处3年以下有期徒刑、拘役或者管制。犯前款罪，致人重伤的，处3年以上10年以下有期徒刑；致人死亡或者以特别残忍手段致人重伤造成严重残疾的，处10年以上有期徒刑、无期徒刑或者死刑。本法另有规定的，依照规定。

故意伤害罪是建设工程领域刑事案件的高发罪名。故意伤害案件往往出现在项目施工阶段，总包方与劳务分包方发生冲突造成相关人员伤害，工地保安人员与施工人员发生冲突造成相关人员伤害；以及在项目结算阶段，施工人讨要工程款发生冲突造成相关人员伤害等。

在建设工程领域，故意伤害行为常与寻衅滋事行为、聚众扰乱社会秩序行为等相伴发生，例如行为人强揽工程、垄断沙场、强卖材料、阻挠施工、聚众上访、抢占办公场所等行为。

建设工程领域也是涉黑涉恶的“温床”，据澎湃新闻报道，仅2021年上半年，公安机关共破获合同诈骗案件2900余起、职务侵占案件1100余起、挪用资金案件380余起，打掉盘踞在建筑工程、矿产资源等重点行业领域的涉黑组织1200余个。[1] 据京报网报道，全国公安机关依法严厉打击“沙霸”“矿霸”及其保护伞。在扫黑除恶斗争中，将自然资源领域黑恶犯罪作为打击整治重点，共打掉涉黑组织532个，恶势力犯罪集团172个。2021～2022年，针对“沙霸”“矿

---

〔1〕 参见《公安部：上半年打掉建筑工程等重点领域涉黑组织1200余个》，载澎湃新闻百家号2021年8月23日，https://baijiahao.baidu.com/s?id=1708861890770690607&wfr=spider&for=pc。

霸”等涉自然资源领域黑恶犯罪，组织开展为期 14 个月的专项行动，打掉黑恶团伙 310 个。[1]

企业刑事风险控制主要适用于经营类犯罪，而不适用于暴力型犯罪，企业相关人员涉嫌的故意伤害罪、故意杀人罪、寻衅滋事罪、组织、领导、参加黑社会性质组织罪等，在此不再详述。

---

〔1〕 参见《2021 至 2022 年，公安机关打掉“沙霸”“矿霸”团伙 310 个》，载京报网 2023 年 10 月 22 日，https://baijiahao.baidu.com/s?id=1780416195095525194&wfr=spider&for=pc。

附　录

1. 中央企业合规管理办法

（2022 年 8 月 23 日国务院国有资产监督管理委员会令第 42 号公布
自 2022 年 10 月 1 日起施行）

第一章　总　　则

第一条　为深入贯彻习近平法治思想，落实全面依法治国战略部署，深化法治央企建设，推动中央企业加强合规管理，切实防控风险，有力保障深化改革与高质量发展，根据《中华人民共和国公司法》《中华人民共和国企业国有资产法》等有关法律法规，制定本办法。

第二条　本办法适用于国务院国有资产监督管理委员会（以下简称国资委）根据国务院授权履行出资人职责的中央企业。

第三条　本办法所称合规，是指企业经营管理行为和员工履职行为符合国家法律法规、监管规定、行业准则和国际条约、规则，以及公司章程、相关规章制度等要求。

本办法所称合规风险，是指企业及其员工在经营管理过程中因违规行为引发法律责任、造成经济或者声誉损失以及其他负面影响的可能性。

本办法所称合规管理，是指企业以有效防控合规风险为目的，以提升依法合规经营管理水平为导向，以企业经营管理行为和员工履职行为为对象，开展的包括建立合规制度、完善运行机制、培育合规文化、强化监督问责等有组织、有计划的管理活动。

第四条　国资委负责指导、监督中央企业合规管理工作,对合规管理体系建设情况及其有效性进行考核评价,依据相关规定对违规行为开展责任追究。

第五条　中央企业合规管理工作应当遵循以下原则:

(一)坚持党的领导。充分发挥企业党委(党组)领导作用,落实全面依法治国战略部署有关要求,把党的领导贯穿合规管理全过程。

(二)坚持全面覆盖。将合规要求嵌入经营管理各领域各环节,贯穿决策、执行、监督全过程,落实到各部门、各单位和全体员工,实现多方联动、上下贯通。

(三)坚持权责清晰。按照"管业务必须管合规"要求,明确业务及职能部门、合规管理部门和监督部门职责,严格落实员工合规责任,对违规行为严肃问责。

(四)坚持务实高效。建立健全符合企业实际的合规管理体系,突出对重点领域、关键环节和重要人员的管理,充分利用大数据等信息化手段,切实提高管理效能。

第六条　中央企业应当在机构、人员、经费、技术等方面为合规管理工作提供必要条件,保障相关工作有序开展。

第二章　组织和职责

第七条　中央企业党委(党组)发挥把方向、管大局、促落实的领导作用,推动合规要求在本企业得到严格遵循和落实,不断提升依法合规经营管理水平。

中央企业应当严格遵守党内法规制度,企业党建工作机构在党委(党组)领导下,按照有关规定履行相应职责,推动相关党内法规制度有效贯彻落实。

第八条　中央企业董事会发挥定战略、作决策、防风险作用,主要履行以下职责:

(一)审议批准合规管理基本制度、体系建设方案和年度报告等。

(二)研究决定合规管理重大事项。

(三)推动完善合规管理体系并对其有效性进行评价。

(四)决定合规管理部门设置及职责。

第九条 中央企业经理层发挥谋经营、抓落实、强管理作用，主要履行以下职责：

（一）拟订合规管理体系建设方案，经董事会批准后组织实施。

（二）拟订合规管理基本制度，批准年度计划等，组织制定合规管理具体制度。

（三）组织应对重大合规风险事件。

（四）指导监督各部门和所属单位合规管理工作。

第十条 中央企业主要负责人作为推进法治建设第一责任人，应当切实履行依法合规经营管理重要组织者、推动者和实践者的职责，积极推进合规管理各项工作。

第十一条 中央企业设立合规委员会，可以与法治建设领导机构等合署办公，统筹协调合规管理工作，定期召开会议，研究解决重点难点问题。

第十二条 中央企业应当结合实际设立首席合规官，不新增领导岗位和职数，由总法律顾问兼任，对企业主要负责人负责，领导合规管理部门组织开展相关工作，指导所属单位加强合规管理。

第十三条 中央企业业务及职能部门承担合规管理主体责任，主要履行以下职责：

（一）建立健全本部门业务合规管理制度和流程，开展合规风险识别评估，编制风险清单和应对预案。

（二）定期梳理重点岗位合规风险，将合规要求纳入岗位职责。

（三）负责本部门经营管理行为的合规审查。

（四）及时报告合规风险，组织或者配合开展应对处置。

（五）组织或者配合开展违规问题调查和整改。

中央企业应当在业务及职能部门设置合规管理员，由业务骨干担任，接受合规管理部门业务指导和培训。

第十四条 中央企业合规管理部门牵头负责本企业合规管理工作，主要履行以下职责：

（一）组织起草合规管理基本制度、具体制度、年度计划和工作报告等。

(二)负责规章制度、经济合同、重大决策合规审查。

(三)组织开展合规风险识别、预警和应对处置,根据董事会授权开展合规管理体系有效性评价。

(四)受理职责范围内的违规举报,提出分类处置意见,组织或者参与对违规行为的调查。

(五)组织或者协助业务及职能部门开展合规培训,受理合规咨询,推进合规管理信息化建设。

中央企业应当配备与经营规模、业务范围、风险水平相适应的专职合规管理人员,加强业务培训,提升专业化水平。

第十五条　中央企业纪检监察机构和审计、巡视巡察、监督追责等部门依据有关规定,在职权范围内对合规要求落实情况进行监督,对违规行为进行调查,按照规定开展责任追究。

第三章　制度建设

第十六条　中央企业应当建立健全合规管理制度,根据适用范围、效力层级等,构建分级分类的合规管理制度体系。

第十七条　中央企业应当制定合规管理基本制度,明确总体目标、机构职责、运行机制、考核评价、监督问责等内容。

第十八条　中央企业应当针对反垄断、反商业贿赂、生态环保、安全生产、劳动用工、税务管理、数据保护等重点领域,以及合规风险较高的业务,制定合规管理具体制度或者专项指南。

中央企业应当针对涉外业务重要领域,根据所在国家(地区)法律法规等,结合实际制定专项合规管理制度。

第十九条　中央企业应当根据法律法规、监管政策等变化情况,及时对规章制度进行修订完善,对执行落实情况进行检查。

第四章　运行机制

第二十条　中央企业应当建立合规风险识别评估预警机制,全面梳理经营管理活动中的合规风险,建立并定期更新合规风险数据库,对风险发生的可能性、影响程度、潜在后果等进行分析,对典型性、普遍性或者可能产生严重后果的风险及时预警。

第二十一条 中央企业应当将合规审查作为必经程序嵌入经营管理流程,重大决策事项的合规审查意见应当由首席合规官签字,对决策事项的合规性提出明确意见。业务及职能部门、合规管理部门依据职责权限完善审查标准、流程、重点等,定期对审查情况开展后评估。

第二十二条 中央企业发生合规风险,相关业务及职能部门应当及时采取应对措施,并按照规定向合规管理部门报告。

中央企业因违规行为引发重大法律纠纷案件、重大行政处罚、刑事案件,或者被国际组织制裁等重大合规风险事件,造成或者可能造成企业重大资产损失或者严重不良影响的,应当由首席合规官牵头,合规管理部门统筹协调,相关部门协同配合,及时采取措施妥善应对。

中央企业发生重大合规风险事件,应当按照相关规定及时向国资委报告。

第二十三条 中央企业应当建立违规问题整改机制,通过健全规章制度、优化业务流程等,堵塞管理漏洞,提升依法合规经营管理水平。

第二十四条 中央企业应当设立违规举报平台,公布举报电话、邮箱或者信箱,相关部门按照职责权限受理违规举报,并就举报问题进行调查和处理,对造成资产损失或者严重不良后果的,移交责任追究部门;对涉嫌违纪违法的,按照规定移交纪检监察等相关部门或者机构。

中央企业应当对举报人的身份和举报事项严格保密,对举报属实的举报人可以给予适当奖励。任何单位和个人不得以任何形式对举报人进行打击报复。

第二十五条 中央企业应当完善违规行为追责问责机制,明确责任范围,细化问责标准,针对问题和线索及时开展调查,按照有关规定严肃追究违规人员责任。

中央企业应当建立所属单位经营管理和员工履职违规行为记录制度,将违规行为性质、发生次数、危害程度等作为考核评价、职级评定等工作的重要依据。

第二十六条　中央企业应当结合实际建立健全合规管理与法务管理、内部控制、风险管理等协同运作机制，加强统筹协调，避免交叉重复，提高管理效能。

第二十七条　中央企业应当定期开展合规管理体系有效性评价，针对重点业务合规管理情况适时开展专项评价，强化评价结果运用。

第二十八条　中央企业应当将合规管理作为法治建设重要内容，纳入对所属单位的考核评价。

第五章　合 规 文 化

第二十九条　中央企业应当将合规管理纳入党委（党组）法治专题学习，推动企业领导人员强化合规意识，带头依法依规开展经营管理活动。

第三十条　中央企业应当建立常态化合规培训机制，制定年度培训计划，将合规管理作为管理人员、重点岗位人员和新入职人员培训必修内容。

第三十一条　中央企业应当加强合规宣传教育，及时发布合规手册，组织签订合规承诺，强化全员守法诚信、合规经营意识。

第三十二条　中央企业应当引导全体员工自觉践行合规理念，遵守合规要求，接受合规培训，对自身行为合规性负责，培育具有企业特色的合规文化。

第六章　信息化建设

第三十三条　中央企业应当加强合规管理信息化建设，结合实际将合规制度、典型案例、合规培训、违规行为记录等纳入信息系统。

第三十四条　中央企业应当定期梳理业务流程，查找合规风险点，运用信息化手段将合规要求和防控措施嵌入流程，针对关键节点加强合规审查，强化过程管控。

第三十五条　中央企业应当加强合规管理信息系统与财务、投资、采购等其他信息系统的互联互通，实现数据共用共享。

第三十六条　中央企业应当利用大数据等技术，加强对重点领域、关键节点的实时动态监测，实现合规风险即时预警、快速处置。

第七章　监 督 问 责

第三十七条　中央企业违反本办法规定，因合规管理不到位引发违规行为的，国资委可以约谈相关企业并责成整改；造成损失或者不良影响的，国资委根据相关规定开展责任追究。

第三十八条　中央企业应当对在履职过程中因故意或者重大过失应当发现而未发现违规问题，或者发现违规问题存在失职渎职行为，给企业造成损失或者不良影响的单位和人员开展责任追究。

第八章　附　　则

第三十九条　中央企业应当根据本办法，结合实际制定完善合规管理制度，推动所属单位建立健全合规管理体系。

第四十条　地方国有资产监督管理机构参照本办法，指导所出资企业加强合规管理工作。

第四十一条　本办法由国资委负责解释。

第四十二条　本办法自 2022 年 10 月 1 日起施行。

2. 最高人民检察院等关于印发《关于建立涉案企业合规第三方监督评估机制的指导意见（试行）》的通知

（高检发〔2021〕6 号）

为深入学习贯彻党的十九大和十九届二中、三中、四中、五中全会精神，全面贯彻习近平法治思想，在依法推进企业合规改革试点工作中建立健全涉案企业合规第三方监督评估机制，有效惩治预防企业违法犯罪，服务保障经济社会高质量发展，助力推进国家治理体系和治理能力现代化，最高人民检察院、司法部、财政部、生态环境部、国务院国有资产监督管理委员会、国家税务总局、国家市场监督管理总局、全国工商联、中国国际贸易促进委员会研究制定了《关于建立涉案企业合规第三方监督评估机制的指导意见(试行)》,现印发你们,请结合实际认真贯彻落实。贯彻落实中遇到的重要情况和问题,请及时层报最高人民检察院、司法部、财政部、生态环境部、国务院国有资产监督管理委员会、国家税务总局、国家市场监督管理总局、全国工商联、中国国际贸易促进委员会。

最高人民检察院　司法部　财政部　生态环境部

国务院国有资产监督管理委员会　国家税务总局

国家市场监督管理总局　中华全国工商业联合会

中国国际贸易促进委员会

2021 年 6 月 3 日

关于建立涉案企业合规第三方监督评估机制的指导意见（试行）

为贯彻落实习近平总书记重要讲话精神和党中央重大决策部署,在依法推进企业合规改革试点工作中建立健全涉案企业合规第三方监督评估机制,有效惩治预防企业违法犯罪,服务保障经济社会高质量发展,助力推进国家治理体系和治理能力现代化,根据刑法、刑事诉讼法等法律法规及相关政策精神,制定本指导意见。

第一章　总　　则

第一条　涉案企业合规第三方监督评估机制(以下简称第三方机制),是指人民检察院在办理涉企犯罪案件时,对符合企业合规改革试点适用条件的,交由第三方监督评估机制管理委员会(以下简称第三方机制管委会)选任组成的第三方监督评估组织(以下简称第三方组织),对涉案企业的合规承诺进行调查、评估、监督和考察。考察结果作为人民检察院依法处理案件的重要参考。

第二条　第三方机制的建立和运行,应当遵循依法有序、公开公正、平等保护、标本兼治的原则。

第三条　第三方机制适用于公司、企业等市场主体在生产经营活动中涉及的经济犯罪、职务犯罪等案件，既包括公司、企业等实施的单位犯罪案件，也包括公司、企业实际控制人、经营管理人员、关键技术人员等实施的与生产经营活动密切相关的犯罪案件。

第四条 对于同时符合下列条件的涉企犯罪案件，试点地区人民检察院可以根据案件情况适用本指导意见：

（一）涉案企业、个人认罪认罚；

（二）涉案企业能够正常生产经营，承诺建立或者完善企业合规制度，具备启动第三方机制的基本条件；

（三）涉案企业自愿适用第三方机制。

第五条 对于具有下列情形之一的涉企犯罪案件，不适用企业合规试点以及第三方机制：

（一）个人为进行违法犯罪活动而设立公司、企业的；

（二）公司、企业设立后以实施犯罪为主要活动的；

（三）公司、企业人员盗用单位名义实施犯罪的；

（四）涉嫌危害国家安全犯罪、恐怖活动犯罪的；

（五）其他不宜适用的情形。

第二章 第三方机制管委会的组成和职责

第六条 最高人民检察院、国务院国有资产监督管理委员会、财政部、全国工商联会同司法部、生态环境部、国家税务总局、国家市场监督管理总局、中国国际贸易促进委员会等部门组建第三方机制管委会，全国工商联负责承担管委会的日常工作，国务院国有资产监督管理委员会、财政部负责承担管委会中涉及国有企业的日常工作。

第三方机制管委会履行下列职责：

（一）研究制定涉及第三方机制的规范性文件；

（二）研究论证第三方机制涉及的重大法律政策问题；

（三）研究制定第三方机制专业人员名录库的入库条件和管理办法；

（四）研究制定第三方组织及其人员的工作保障和激励制度；

(五)对试点地方第三方机制管委会和第三方组织开展日常监督和巡回检查;

(六)协调相关成员单位对所属或者主管的中华全国律师协会、中国注册会计师协会、中国企业联合会、中国注册税务师协会、中国贸促会全国企业合规委员会(中国贸促会商事法律服务中心)以及其他行业协会、商会、机构等在企业合规领域的业务指导,研究制定涉企犯罪的合规考察标准;

(七)统筹协调全国范围内第三方机制的其他工作。

第七条 第三方机制管委会各成员单位建立联席会议机制,由最高人民检察院、国务院国有资产监督管理委员会、财政部、全国工商联负责同志担任召集人,根据工作需要定期或者不定期召开会议,研究有关重大事项和规范性文件,确定阶段性工作重点和措施。

各成员单位应当按照职责分工,认真落实联席会议确定的工作任务和议定事项,建立健全日常联系、联合调研、信息共享、宣传培训等机制,推动企业合规改革试点和第三方机制相关工作的顺利进行。

第八条 试点地方的人民检察院和国资委、财政部门、工商联应当结合本地实际,参照本指导意见第六条、第七条规定组建本地区的第三方机制管委会并建立联席会议机制。

试点地方第三方机制管委会履行下列职责:

(一)建立本地区第三方机制专业人员名录库,并根据各方意见建议和工作实际进行动态管理;

(二)负责本地区第三方组织及其成员的日常选任、培训、考核工作,确保其依法依规履行职责;

(三)对选任组成的第三方组织及其成员开展日常监督和巡回检查;

(四)对第三方组织的成员违反本指导意见的规定,或者实施其他违反社会公德、职业伦理的行为,严重损害第三方组织形象或公信力的,及时向有关主管机关、协会等提出惩戒建议,涉嫌违法犯罪的,及时向公安司法机关报案或者举报,并将其列入第三方机制专业人员名录库黑名单;

(五)统筹协调本地区第三方机制的其他工作。

第九条 第三方机制管委会应当组建巡回检查小组，按照本指导意见第六条第五项、第八条第三项的规定，对相关组织和人员在第三方机制相关工作中的履职情况开展不预先告知的现场抽查和跟踪监督。

巡回检查小组成员可以由人大代表、政协委员、人民监督员、退休法官、检察官以及会计审计等相关领域的专家学者担任。

第三章 第三方机制的启动和运行

第十条 人民检察院在办理涉企犯罪案件时，应当注意审查是否符合企业合规试点以及第三方机制的适用条件，并及时征询涉案企业、个人的意见。涉案企业、个人及其辩护人、诉讼代理人或者其他相关单位、人员提出适用企业合规试点以及第三方机制申请的，人民检察院应当依法受理并进行审查。

人民检察院经审查认为涉企犯罪案件符合第三方机制适用条件的，可以商请本地区第三方机制管委会启动第三方机制。第三方机制管委会应当根据案件具体情况以及涉案企业类型，从专业人员名录库中分类随机抽取人员组成第三方组织，并向社会公示。

第三方组织组成人员名单应当报送负责办理案件的人民检察院备案。人民检察院或者涉案企业、个人、其他相关单位、人员对选任的第三方组织组成人员提出异议的，第三方机制管委会应当调查核实并视情况做出调整。

第十一条 第三方组织应当要求涉案企业提交专项或者多项合规计划，并明确合规计划的承诺完成时限。

涉案企业提交的合规计划，主要围绕与企业涉嫌犯罪有密切联系的企业内部治理结构、规章制度、人员管理等方面存在的问题，制定可行的合规管理规范，构建有效的合规组织体系，健全合规风险防范报告机制，弥补企业制度建设和监督管理漏洞，防止再次发生相同或者类似的违法犯罪。

第十二条 第三方组织应当对涉案企业合规计划的可行性、有效性与全面性进行审查，提出修改完善的意见建议，并根据案件具体情况和涉案企业承诺履行的期限，确定合规考察期限。

在合规考察期内，第三方组织可以定期或者不定期对涉案企业合规计划履行情况进行检查和评估，可以要求涉案企业定期书面报告合规计划的执行情况，同时抄送负责办理案件的人民检察院。第三方组织发现涉案企业或其人员尚未被办案机关掌握的犯罪事实或者新实施的犯罪行为，应当中止第三方监督评估程序，并向负责办理案件的人民检察院报告。

第十三条　第三方组织在合规考察期届满后，应当对涉案企业的合规计划完成情况进行全面检查、评估和考核，并制作合规考察书面报告，报送负责选任第三方组织的第三方机制管委会和负责办理案件的人民检察院。

第十四条　人民检察院在办理涉企犯罪案件过程中，应当将第三方组织合规考察书面报告、涉案企业合规计划、定期书面报告等合规材料，作为依法作出批准或者不批准逮捕、起诉或者不起诉以及是否变更强制措施等决定，提出量刑建议或者检察建议、检察意见的重要参考。

人民检察院发现涉案企业在预防违法犯罪方面制度不健全、不落实，管理不完善，存在违法犯罪隐患，需要及时消除的，可以结合合规材料，向涉案企业提出检察建议。

人民检察院对涉案企业作出不起诉决定，认为需要给予行政处罚、处分或者没收其违法所得的，应当结合合规材料，依法向有关主管机关提出检察意见。

人民检察院通过第三方机制，发现涉案企业或其人员存在其他违法违规情形的，应当依法将案件线索移送有关主管机关、公安机关或者纪检监察机关处理。

第十五条　人民检察院对于拟作不批准逮捕、不起诉、变更强制措施等决定的涉企犯罪案件，可以根据《人民检察院审查案件听证工作规定》召开听证会，并邀请第三方组织组成人员到会发表意见。

第十六条　负责办理案件的人民检察院应当履行下列职责：

（一）对第三方组织组成人员名单进行备案审查，发现组成人员存在明显不适当情形的，及时向第三方机制管委会提出意见建议；

（二）对涉案企业合规计划、定期书面报告进行审查，向第三方组织提出意见建议；

（三）对第三方组织合规考察书面报告进行审查，向第三方机制管委会提出意见建议，必要时开展调查核实工作；

（四）依法办理涉案企业、个人及其辩护人、诉讼代理人或者其他相关单位、人员在第三方机制运行期间提出的申诉、控告或者有关申请、要求；

（五）刑事诉讼法、人民检察院刑事诉讼规则等法律、司法解释规定的其他法定职责。

第十七条　第三方组织及其组成人员在合规考察期内，可以针对涉案企业合规计划、定期书面报告开展必要的检查、评估，涉案企业应当予以配合。

第三方组织及其组成人员应当履行下列义务：

（一）遵纪守法，勤勉尽责，客观中立；

（二）不得泄露履职过程中知悉的国家秘密、商业秘密和个人隐私；

（三）不得利用履职便利，索取、收受贿赂或者非法侵占涉案企业、个人的财物；

（四）不得利用履职便利，干扰涉案企业正常生产经营活动。

第三方组织组成人员系律师、注册会计师、税务师（注册税务师）等中介组织人员的，在履行第三方监督评估职责期间不得违反规定接受可能有利益关系的业务；在履行第三方监督评估职责结束后一年以内，上述人员及其所在中介组织不得接受涉案企业、个人或者其他有利益关系的单位、人员的业务。

第十八条　涉案企业或其人员在第三方机制运行期间，认为第三方组织或其组成人员存在行为不当或者涉嫌违法犯罪的，可以向负责选任第三方组织的第三方机制管委会反映或者提出异议，或者向负责办理案件的人民检察院提出申诉、控告。

涉案企业及其人员应当按照时限要求认真履行合规计划，不得拒绝履行或者变相不履行合规计划、拒不配合第三方组织合规考察或者实施其他严重违反合规计划的行为。

第四章　附　　则

第十九条　纪检监察机关认为涉嫌行贿的企业符合企业合规试点以及第

三方机制适用条件，向人民检察院提出建议的，人民检察院可以参照适用本指导意见。

第二十条　试点地方人民检察院、国资委、财政部门、工商联可以结合本地实际，参照本指导意见会同有关部门制定具体实施办法，并按照试点工作要求报送备案。

本指导意见由最高人民检察院、国务院国有资产监督管理委员会、财政部、全国工商联会同司法部、生态环境部、国家税务总局、国家市场监督管理总局、中国国际贸易促进委员会负责解释，自印发之日起施行。

3. 中华全国工商业联合会办公厅、最高人民检察院办公厅、司法部办公厅、财政部办公厅、生态环境部办公厅、国务院国有资产监督管理委员会办公厅、国家税务总局办公厅、国家市场监督管理总局办公厅、中国国际贸易促进委员会办公室关于印发《涉案企业合规建设、评估和审查办法（试行）》的通知

（全联厅发〔2022〕13 号）

为贯彻落实最高人民检察院、司法部、财政部等九部委联合印发的《关于建立涉案企业合规第三方监督评估机制的指导意见（试行）》及其实施细则，依法推进企业合规改革试点工作，规范第三方监督评估机制工作有序开展，全国工商联、最高人民检察院、司法部、财政部、生态环境部、国务院国有资产监督管理委员会、国家税务总局。国家市场监督管理总局、中国贸促会研究制定了《涉案企业合规建设、评估和审查办法（试行）》，现印发你们，请结合实际认真贯彻落实。贯彻落实中遇到的重要问题和情况，请及时层报全国工商联、最高人民检察院、司法部、财政部、生态环境部、国务院国有资产监督管理委员会、国家税务总局、国家市场监督管理总局，中国国际贸易促进委

员会。

中华全国工商业联合会办公厅
最高人民检察院办公厅
司法部办公厅
财政部办公厅
生态环境部办公厅
国务院国有资产监督管理委员会办公厅
国家税务总局办公厅
国家市场监督管理总局办公厅
中国国际贸易促进委员会办公室
2022 年 4 月 19 日

涉案企业合规建设、评估和审查办法（试行）

为深入学习贯彻习近平新时代中国特色社会主义思想，全面贯彻习近平法治思想，完整、准确、全面贯彻新发展理念，认真落实最高人民检察院、司法部、财政部、生态环境部、国务院国资委、税务总局、市场监管总局、全国工商联、中国贸促会《关于建立涉案企业合规第三方监督评估机制的指导意见（试行）》（以下简称《指导意见》）及其实施细则，依法推进企业合规改革试点工作，规范第三方监督评估机制（以下简称第三方机制）相关工作有序开展，结合工作实际，制定本办法。

第一章　总　　则

第一条　涉案企业合规建设，是指涉案企业针对与涉嫌犯罪有密切联系的合规风险，制定专项合规整改计划，完善企业治理结构，健全内部规章制度，形成有效合规管理体系的活动。

涉案企业合规评估，是指第三方监督评估组织（以下简称第三方组织）对涉案企业专项合规整改计划和相关合规管理体系有效性进行了解、评价、监督和考察的活动。

涉案企业合规审查,是指负责办理案件的人民检察院对第三方组织的评估过程和结论进行审核。

针对未启动第三方机制的小微企业合规,可以由人民检察院对其提交的合规计划和整改报告进行审查。

第二条　对于涉案企业合规建设经评估符合有效性标准的,人民检察院可以参考评估结论依法作出不批准逮捕、变更强制措施、不起诉的决定,提出从宽处罚的量刑建议,或者向有关主管机关提出从宽处罚、处分的检察意见。

对于涉案企业合规建设经评估未达到有效性标准或者采用弄虚作假手段骗取评估结论的,人民检察院可以依法作出批准逮捕、起诉的决定,提出从严处罚的量刑建议,或者向有关主管机关提出从严处罚、处分的检察意见。

第二章　涉案企业合规建设

第三条　涉案企业应当全面停止涉罪违规违法行为,退缴违规违法所得,补缴税款和滞纳金并缴纳相关罚款,全力配合有关主管机关、公安机关、检察机关及第三方组织的相关工作。

第四条　涉案企业一般应当成立合规建设领导小组,由其实际控制人、主要负责人和直接负责的主管人员等组成,必要时可以聘请外部专业机构或者专业人员参与或者协助。合规建设领导小组应当在全面分析研判企业合规风险的基础上,结合本行业合规建设指引,研究制定专项合规计划和内部规章制度。

第五条　涉案企业制定的专项合规计划,应当能够有效防止再次发生相同或者类似的违法犯罪行为。

第六条　涉案企业实际控制人、主要负责人应当在专项合规计划中作出合规承诺并明确宣示,合规是企业的优先价值,对违规违法行为采取零容忍的态度,确保合规融入企业的发展目标、发展战略和管理体系。

第七条　涉案企业应当设置与企业类型、规模、业务范围、行业特点等相适应的合规管理机构或者管理人员。

合规管理机构或者管理人员可以专设或者兼理,合规管理的职责必须明确、具体、可考核。

第八条 涉案企业应当针对合规风险防控和合规管理机构履职的需要，通过制定合规管理规范、弥补监督管理漏洞等方式，建立健全合规管理的制度机制。

涉案企业的合规管理机构和各层级管理经营组织均应当根据其职能特点设立合规目标，细化合规措施。

合规管理制度机制应当确保合规管理机构或者管理人员独立履行职责，对于涉及重大合规风险的决策具有充分发表意见并参与决策的权利。

第九条 涉案企业应当为合规管理制度机制的有效运行提供必要的人员、培训、宣传、场所、设备和经费等人力物力保障。

第十条 涉案企业应当建立监测、举报、调查、处理机制，保证及时发现和监控合规风险，纠正和处理违规行为。

第十一条 涉案企业应当建立合规绩效评价机制，引入合规指标对企业主要负责人、经营管理人员、关键技术人员等进行考核。

第十二条 涉案企业应当建立持续整改、定期报告等机制，保证合规管理制度机制根据企业经营发展实际不断调整和完善。

第三章 涉案企业合规评估

第十三条 第三方组织可以根据涉案企业情况和工作需要，制定具体细化、可操作的合规评估工作方案。

第十四条 第三方组织对涉案企业专项合规整改计划和相关合规管理体系有效性的评估，重点包括以下内容：

（一）对涉案合规风险的有效识别、控制；

（二）对违规违法行为的及时处置；

（三）合规管理机构或者管理人员的合理配置；

（四）合规管理制度机制建立以及人力物力的充分保障；

（五）监测、举报、调查、处理机制及合规绩效评价机制的正常运行；

（六）持续整改机制和合规文化已经基本形成。

第十五条 第三方组织应当以涉案合规风险整改防控为重点,结合特定行业合规评估指标,制定符合涉案企业实际的评估指标体系。

评估指标的权重可以根据涉案企业类型、规模、业务范围、行业特点以及涉罪行为等因素设置,并适当提高合规管理的重点领域、薄弱环节和重要岗位等方面指标的权重。

第四章 涉案企业合规审查

第十六条 第三方机制管委会和人民检察院收到第三方组织报送的合规考察书面报告后,应当及时进行审查,重点审查以下内容:

(一)第三方组织制定和执行的评估方案是否适当;

(二)评估材料是否全面、客观、专业,足以支持考察报告的结论;

(三)第三方组织或其组成人员是否存在可能影响公正履职的不当行为或者涉嫌违法犯罪行为。

经第三方机制管委会和人民检察院审查,认为第三方组织已经完成监督评估工作的,由第三方机制管委会宣告第三方组织解散。对于审查中发现的疑点和重点问题,人民检察院可以要求第三方组织或其组成人员说明情况,也可以直接进行调查核实。

第十七条 人民检察院对小微企业提交合规计划和整改报告的审查,重点包括合规承诺的履行、合规计划的执行、合规整改的实效等内容。

第十八条 第三方机制管委会收到关于第三方组织或其组成人员存在行为不当或者涉嫌违法犯罪的反映、异议,或者人民检察院收到上述内容的申诉、控告的,双方应当及时互相通报情况并会商提出处理建议。

第十九条 第三方机制管委会或者人民检察院经审查合规考察书面报告等材料发现,或者经对收到的反映、异议或者申诉、控告调查核实确认,第三方组织或其组成人员存在违反《指导意见》及其实施细则规定的禁止性行为,足以影响评估结论真实性、有效性的,第三方机制管委会应当重新组建第三方组织进行评估。

第五章　附　　则

第二十条　本办法所称涉案企业，是指涉嫌单位犯罪的企业，或者实际控制人、经营管理人员、关键技术人员等涉嫌实施与生产经营活动密切相关犯罪的企业。

对与涉案企业存在关联合规风险或者由类案暴露出合规风险的企业，负责办理案件的人民检察院可以对其提出合规整改的检察建议。

第二十一条　涉案企业应当以全面合规为目标、专项合规为重点，并根据规模、业务范围、行业特点等因素变化，逐步增设必要的专项合规计划，推动实现全面合规。

第二十二条　大中小微企业的划分，根据国家相关标准执行。

第二十三条　本办法由国家层面第三方机制管委会负责解释。自印发之日起施行。

4.《关于建立涉案企业合规第三方监督评估机制的指导意见（试行）》实施细则[1]

为深入学习贯彻习近平新时代中国特色社会主义思想，全面贯彻习近平法治思想，完整、准确、全面贯彻新发展理念，认真落实最高人民检察院、司法部、财政部、生态环境部、国务院国资委、税务总局、市场监管总局、全国工商联、中国贸促会《关于建立涉案企业合规第三方监督评估机制的指导意见（试行）》（以下简称《指导意见》），依法推进企业合规改革试点工作，规范涉案企业合规第三方监督评估机制管理委员会（以下简称第三方机制管委会）以及第三方监督评估机制（以下简称第三方机制）相关工作有序开展，结合工作实际，制定本实施细则。

---

〔1〕 网址：http://qyhgjg. acfic. org. cn/fgzd/202206/t20220607_282137. html。

第一章　第三方机制管委会的组成和职责

第一条　第三方机制管委会是承担对第三方机制的宏观指导、具体管理、日常监督、统筹协调等职责，确保第三方机制依法、有序、规范运行，以及第三方监督评估组织（以下简称第三方组织）及其组成人员依法依规履行职责的议事协调机构。

第二条　第三方机制管委会成员单位包括最高人民检察院、司法部、财政部、生态环境部、国务院国资委、税务总局、市场监管总局、全国工商联、中国贸促会等部门，并可以根据工作需要增加成员单位。

第三条　第三方机制管委会履行下列职责：

（一）研究制定涉及第三方机制的规范性文件；

（二）研究论证第三方机制涉及的重大法律政策问题；

（三）研究制定第三方机制专业人员名录库的入库条件和管理办法；

（四）研究制定第三方组织及其组成人员的工作保障和激励制度；

（五）对试点地方第三方机制管委会和第三方组织开展日常监督和巡回检查；

（六）协调相关成员单位对所属或者主管的中华全国律师协会、中国注册会计师协会、中国企业联合会、中国注册税务师协会、中国贸促会全国企业合规委员会（中国贸促会商事法律服务中心）以及其他行业协会、商会、机构等在企业合规领域的业务指导，研究制定涉企犯罪的合规考察标准；

（七）统筹协调第三方机制的其他工作。

第二章　第三方机制管委会联席会议的职责

第四条　第三方机制管委会建立联席会议机制，以联席会议形式研究制定重大规范性文件，研究论证重大法律政策问题，研究确定阶段性工作重点和措施，协调议定重大事项，推动管委会有效履职尽责。

第五条　联席会议由最高人民检察院、国务院国资委、财政部、全国工商联有关负责同志担任召集人，管委会其他成员单位有关负责同志担任联席会议成员。联席会议成员因工作变动需要调整的,由所在单位提出,联席会议确定。

第六条 联席会议原则上每半年召开一次,也可以根据工作需要临时召开。涉及企业合规改革试点工作及重大法律政策议题的由最高人民检察院召集,涉及第三方机制管委会日常工作及民营企业议题的由全国工商联召集,涉及国有企业议题的由国务院国资委、财政部召集。召集人可以根据议题邀请其他相关部门、单位以及专家学者参加会议。

第七条 联席会议以纪要形式明确会议议定事项,印发第三方机制管委会各成员单位及有关方面贯彻落实,重大事项按程序报批,落实情况定期报告联席会议。

第八条 联席会议设联络员,由第三方机制管委会各成员单位有关司局负责同志担任。在联席会议召开之前,应当召开联络员会议,研究讨论联席会议议题和需提交联席会议议定的事项及其他有关工作。

联络员应当根据所在单位职能,履行下列职责:

(一)协调本单位与其他成员单位的工作联系;

(二)组织研究起草有关规范性文件,研究论证有关法律政策问题,对有关事项或者议题提出意见建议;

(三)组织研究提出本单位需提交联席会议讨论的议题;

(四)在联席会议成员因故不能参加会议时,受委托参加会议并发表意见;

(五)组织落实联席会议确定的工作任务和议定事项。

第九条 联席会议设联系人,由第三方机制管委会各成员单位有关处级负责同志担任,负责日常联系沟通工作,承办联席会议成员及联络员的交办事项。

第三章 第三方机制管委会办公室的职责

第十条 第三方机制管委会下设办公室作为常设机构,负责承担第三方机制管委会的日常工作。办公室设在全国工商联,由全国工商联有关部门负责同志担任办公室主任,最高人民检察院、国务院国资委、财政部有关部门负责同志担任办公室副主任。

第十一条 第三方机制管委会办公室履行下列职责:

（一）协调督促各成员单位落实联席会议确定的工作任务和议定事项；

（二）收集整理各成员单位提交联席会议研究讨论的议题，负责联席会议和联络员会议的组织筹备工作；

（三）协调指导联席会议联系人开展日常联系沟通工作；

（四）负责国家层面第三方机制专业人员名录库的建立选任、日常管理、动态调整，并建立禁入名单等惩戒机制；

（五）组织开展对试点地方第三方机制管委会和第三方组织日常监督和巡回检查；

（六）承担第三方机制管委会及其联席会议交办的其他工作。

第十二条　第三方机制管委会办公室应当采取有效措施，建立健全第三方机制管委会联合调研、信息共享、案例指导、宣传培训等机制，并加强与中华全国律师协会、中国注册会计师协会、中国企业联合会、中国注册税务师协会、中国贸促会全国企业合规委员会（中国贸促会商事法律服务中心）以及其他行业协会、商会、机构的工作联系。

第十三条　第三方机制管委会办公室牵头组建巡回检查小组，邀请人大代表、政协委员、人民监督员、退休法官、退休检察官以及会计、审计、法律、合规等相关领域的专家学者担任巡回检查小组成员，对试点地方第三方机制管委会和相关第三方组织及其组成人员的履职情况开展不预先告知的现场抽查和跟踪监督。

第三方机制管委会办公室应当将巡回检查情况及时报告第三方机制管委会及其联席会议，并提出改进工作的意见建议。

第十四条　第三方机制管委会办公室可以推动各成员单位、各工作联系单位根据工作需要互派干部挂职交流，探索相关单位工作人员兼任检察官助理制度，并协调各成员单位视情派员参与第三方机制管委会办公室工作，提升企业合规工作专业化规范化水平。

第十五条　试点地方的人民检察院和国资委、财政、工商联等有关单位应当结合本地实际，组建本地区的第三方机制管委会并建立联席会议机制，设立第三方机制管委会办公室负责日常工作。

第四章 第三方组织的性质

第十六条 第三方组织是试点地方第三方机制管委会选任组成的负责对涉案企业的合规承诺及其完成情况进行调查、评估、监督和考察的临时性组织。

第十七条 第三方组织的运行应当遵循依法依规、公开公正、客观中立、专业高效的原则。

第十八条 试点地方第三方机制管委会负责对其选任组成的第三方组织及其组成人员履职期间的监督、检查、考核等工作,确保其依法依规履行职责。

第五章 第三方机制的启动

第十九条 人民检察院在办理涉企犯罪案件时,应当注意审查是否符合企业合规试点以及第三方机制的适用条件,并及时听取涉案企业、人员的意见。经审查认为符合适用条件的,应当商请本地区第三方机制管委会启动第三方机制。

公安机关、纪检监察机关等办案机关提出适用建议的,人民检察院参照前款规定处理。

第二十条 涉案企业、人员及其辩护人、诉讼代理人以及其他相关单位、人员提出适用企业合规试点以及第三方机制申请的,人民检察院应当依法受理并进行审查。经审查认为符合适用条件的,应当商请本地区第三方机制管委会启动第三方机制。

第二十一条 第三方机制管委会收到人民检察院商请后,应当综合考虑案件涉嫌罪名、复杂程度以及涉案企业类型、规模、经营范围、主营业务等因素,从专业人员名录库中分类随机抽取人员组成第三方组织。

专业人员名录库中没有相关领域专业人员的,第三方机制管委会可以采取协商邀请的方式,商请有关专业人员参加第三方组织。

同一个第三方组织一般负责监督评估一个涉案企业。同一案件涉及多个涉案企业,或者涉案企业之间存在明显关联关系的,可以由同一个第三方组织负责监督评估。

第二十二条 涉案企业、人员的居住地与案件办理地不一致的,案件办理地第三方机制管委会可以委托涉案企业、人员居住地第三方机制管委会选任组成第三方组织并开展监督评估,或者可以通过第三方机制管委会成员单位及其所属或者主管的行业协会、商会、机构的异地协作机制,协助开展监督评估。

第二十三条 第三方组织一般由 3 至 7 名专业人员组成,针对小微企业的第三方组织也可以由 2 名专业人员组成。

同一名专业人员在不存在利益关系、保障工作质量的条件下,可以同时担任一个以上第三方组织的组成人员。

第三方机制管委会应当根据工作需要,指定第三方组织牵头负责人,也可由第三方组织组成人员民主推举负责人,并报第三方机制管委会审定。

第二十四条 第三方机制管委会应当将第三方组织组成人员名单及提出意见的方式向社会公示,接受社会监督。

公示期限由第三方机制管委会根据情况决定,但不得少于五个工作日。公示可以通过在涉案单位所在地或者有关新闻媒体、网站发布公示通知等形式进行。

第二十五条 涉案企业、人员或者其他相关单位、人员对选任的第三方组织组成人员提出异议,或者第三方组织组成人员申请回避的,第三方机制管委会应当及时调查核实并视情况作出调整。

公示期满后无异议或者经审查异议不成立的,第三方机制管委会应当将第三方组织组成人员名单报送负责办理案件的人民检察院备案。人民检察院发现组成人员存在明显不适当情形的,应当及时向第三方机制管委会提出意见建议,第三方机制管委会依照本条第一款的规定处理。

第二十六条 人民检察院对第三方机制管委会报送的第三方组织组成人员名单,经审查未提出不同意见的,应当通报第三方机制管委会,并由第三方机制管委会宣告第三方组织成立。

第三方组织存续期间,其组成人员一般不得变更。确需变更的,第三方机制管委会应当依照本实施细则相关规定处理。

第六章　第三方机制的运行

第二十七条　第三方组织成立后,应当在负责办理案件的人民检察院的支持协助下,深入了解企业涉案情况,认真研判涉案企业在合规领域存在的薄弱环节和突出问题,合理确定涉案企业适用的合规计划类型,做好相关前期准备工作。

第三方机制管委会可以根据工作需要,指派专门人员负责与选任组成的第三方组织及负责办理案件的人民检察院、涉案企业联络沟通,协调处理第三方机制启动和运行有关事宜。

第二十八条　第三方组织根据涉案企业情况和工作需要,应当要求涉案企业提交单项或者多项合规计划,对于小微企业可以视情简化。

涉案企业提交的合规计划,应当以全面合规为目标、专项合规为重点,主要针对与企业涉嫌犯罪有密切联系的企业内部治理结构、规章制度、人员管理等方面存在的问题,制定可行的合规管理规范,构建有效的合规组织体系,完善相关业务管理流程,健全合规风险防范报告机制,弥补企业制度建设和监督管理漏洞,防止再次发生相同或者类似的违法犯罪。

第二十九条　第三方组织应当对涉案企业合规计划的可行性、有效性与全面性进行审查,重点审查以下内容:

(一)涉案企业完成合规计划的可能性以及合规计划本身的可操作性;

(二)合规计划对涉案企业预防治理涉嫌的犯罪行为或者类似违法犯罪行为的实效性;

(三)合规计划是否覆盖涉案企业在合规领域的薄弱环节和明显漏洞;

(四)其他根据涉案企业实际情况需要重点审查的内容。

第三方组织应当就合规计划向负责办理案件的人民检察院征求意见,综合审查情况一并向涉案企业提出修改完善的意见。

第三十条　第三方组织根据案件具体情况和涉案企业承诺履行的期限,并向负责办理案件的人民检察院征求意见后,合理确定合规考察期限。

第三十一条　在合规考察期内,第三方组织可以定期或者不定期对涉案企业合规计划履行情况进行监督和评估，可以要求涉案企业定期书面报告合规计划的执行情况，同时抄送负责办理案件的人民检察院。

第三方组织发现涉案企业执行合规计划存在明显偏差或错误的，应当及时进行指导、提出纠正意见，并报告负责办理案件的人民检察院。

第三十二条　第三方组织发现涉案企业或其人员尚未被办案机关掌握的犯罪事实或者新实施的犯罪行为，应当中止第三方监督评估程序，并及时向负责办理案件的人民检察院报告。

负责办理案件的人民检察院接到报告后，依照刑事诉讼法及相关司法解释的规定依法处理。

第三十三条　第三方组织在合规考察期届满后，应当对涉案企业的合规计划完成情况进行全面了解、监督、评估和考核，并制作合规考察书面报告。

合规考察书面报告一般应当包括以下内容：

（一）涉案企业履行合规承诺、落实合规计划情况；

（二）第三方组织开展了解、监督、评估和考核情况；

（三）第三方组织监督评估的程序、方法和依据；

（四）监督评估结论及意见建议；

（五）其他需要说明的问题。

第三十四条　合规考察书面报告应当由第三方组织全体组成人员签名或者盖章后，报送负责选任第三方组织的第三方机制管委会、负责办理案件的人民检察院等单位。

第三方组织组成人员对合规考察书面报告有不同意见的，应当在报告中说明其不同意见及理由。

第三十五条　本实施细则第三十一条、第三十三条规定的监督、评估方法应当紧密联系企业涉嫌犯罪有关情况，包括但不限于以下方法：

（一）观察、访谈、文本审阅、问卷调查、知识测试；

（二）对涉案企业的相关业务与管理事项，结合业务发生频率、重要性及合规风险高低进行抽样检查；

（三）对涉案企业的相关业务处理流程，结合相关原始文件、业务处理踪迹、

操作管理流程等进行穿透式检查;

(四)对涉案企业的相关系统及数据,结合交易数据、业务凭证、工作记录以及权限、参数设置等进行比对检查。

第三十六条 涉案企业及其人员对第三方组织开展的检查、评估应当予以配合并提供便利,如实填写、提交相关文件、材料,不得弄虚作假。

涉案企业或其人员认为第三方组织或其组成人员的检查、评估行为不当或者涉嫌违法犯罪的,可以向负责选任第三方组织的第三方机制管委会反映或者提出异议,或者向负责办理案件的人民检察院提出申诉、控告。

第三十七条 负责选任第三方组织的第三方机制管委会和负责办理案件的人民检察院收到第三方组织报送的合规考察书面报告后,应当及时进行审查,双方认为第三方组织已经完成监督评估工作的,由第三方机制管委会宣告第三方组织解散。

第三十八条 第三方组织组成人员系律师、注册会计师、税务师(注册税务师)等中介组织人员的,在履行第三方监督评估职责期间不得违反规定接受可能有利益关系的业务;在履行第三方监督评估职责结束后二年以内,上述人员及其所在中介组织不得接受涉案企业、人员或者其他有利益关系的单位、人员的业务。

第三十九条 第三方机制管委会或者负责办理案件的人民检察院发现第三方组织或其组成人员故意提供虚假报告或者提供的报告严重失实的,应当依照《指导意见》的规定及时向有关主管机关、协会等提出惩戒建议,涉嫌违法犯罪的,及时向有关机关报案或者举报,并将其列入第三方机制专业人员名录库禁入名单。

第四十条 负责办理案件的人民检察院应当要求知悉案情的第三方组织组成人员,参照执行防止干预司法“三个规定”,严格做好有关事项填报工作。

第七章 附 则

第四十一条 试点地方第三方机制管委会可以结合本地实际,参照《指导意见》及本实施细则制定具体实施办法,并按照试点工作要求报送备案。

第四十二条　本实施细则由最高人民检察院、国务院国资委、财政部、全国工商联会同司法部、生态环境部、税务总局、市场监管总局、中国贸促会等部门组建的第三方机制管委会负责解释，自印发之日起施行。

5. 世界银行集团廉政合规指南概要[1]

作为世行集团(WBG)为完善其制裁制度而进行的持续努力的一部分根据2010年9月生效的世行集团修订后的“制裁程序”，现行的可以有条件解除的制裁成为世行集团的默认或者说“基线”制裁。

今后，确立(或完善)和实施让世行集团满意的廉政合规计划将是终止制裁(或有条件地免于制裁)或者在某些现有制裁的情况下提前终止制裁的主要条件。

2010年9月，世行廉政局(Integrity Vice Presidency)任命了一位廉政合规主管(ICO)，除了监督受制裁公司的廉政合规情况(或者个人遵守行为准则的情况)外，廉政合规主管还负责断定合规条件和/或由制裁委员会(Sanctions Board)或者世行集团评估与资格暂停主管(Evaluation and Suspension Officer)确定的作为制裁一部分的其他条件是否得到了满足。

要进一步了解制裁程序，请访问 www. worldbankorg/sanctions，

要进一步了解世行集团的反腐败工作，请访问 www. worldbankorgintegrity。

1. 禁止不当行为：对不当行为(欺诈、腐败、串通舞弊和胁迫行为)明显而清楚的禁止，需要在行为准则或类似的文件或交流中得到明确的说明。

2. 责任：建立和维持一种基于信任、有包容性的机构文化，对符合道德的行为、遵守法律的承诺和不容忍不当行为的文化进行鼓励。

2.1. 领导层：高层领导、受制裁方董事会或类似组织对受制裁方的廉政合

---

[1] 参见《世界银行集团廉政合规指南概要》，载世界银行集团官方网站，https://thedocs. worldbank. org/en/doc/302151536766276403-0240022018/original/WBGIntegrityComplianceGuidelinesCH. pdf。

规计划(简称:计划)及其实施,在形式上和实质上都给予强有力的、明确的、显而易见的和积极的支持与承诺。

2.2. 个人责任:遵守计划是强制性要求,并且是受制裁方处于各个级别上的每个个人的责任。

2.3. 合规职责:计划的监督和管理是公司某个或多个高层领导的责任,这些领导需要有充分的自主权和足够的资源与权威,以有效地实施计划。

3. 计划的启动、风险评估和审查:要确定合适的计划,受制裁方首先需要对其业务和经营活动发生欺诈、腐败或其他不当行为的可能性进行最初的(或最新的)全面风险评估,要将其规模、业务领域、经营地点及其他特有的环境考虑进去,并定期或者在因为环境变化而有必要的情况下重新审查和更新风险评估。高层管理者应该采取系统性的方式来监督计划,定期审查计划在防止、发现、调查和应对各种不当行为方面的合适性、充分性和有效性;还应该将合规领域的相关发展以及国际和行业标准的变化考虑进去。找出不足之处后,受制裁方应该采取合理的措施来防止进一步出现类似的不足,包括对计划进行任何必要的修改。

4. 内部政策:制定能清楚地说明价值、政策和程序的实用且有效的计划,用来防止、发现、调查受到受制裁方/个人有效控制的所有活动中的各种不当行为并进行补救。

4.1. 对员工的尽职调查:对任何现在或者将来有权做决定或处在能影响业务成果的地位上的员工,包括管理层和董事会成员进行审查,以确定他们是否参与了不当行为或其他与有效的廉政合规计划不相符的行为。

4.2. 对前公职官员的限制性安排:公职官员辞职或退休后,对他们以及与他们相关的实体和个人的雇用或其他有偿安排应实施限制,前提是这种有偿安排或雇用要么与他们在位期间掌握或监督的部门,要么与他们曾经能或者继续能施加实际影响的部门直接相关。

4.3. 礼品、招待、宴请、旅行和支出:制定对礼品、招待、宴请、旅行或其他支出的控制手段和程序,以确保它们是合理的,没有对业务交易的结果产生不当影响,或者带来不当的优势。

4.4. 政治献金：只能根据适用法律向政党、政党官员和候选人捐款，并采取适当的措施公开所有政治献金（除非法律要求保密）。

4.5. 慈善捐赠和赞助：在受制裁方力所能及的范围内采取措施，确保其慈善捐赠不被用作不当行为规避监督的手段。除非法律要求保密，否则所有的慈善捐赠和赞助都应该公开。

4.6. 好处费：受制裁方不应支付好处费[1]。

4.7. 记账：对计划涵盖的所有方面都必须保存适当的记录，包括因上述第4.3条至第4.6条中列出的所有事项而进行的支付。

4.8. 欺诈、串通舞弊和胁迫行为：应该采取特别的防护措施、做法和程序来发现和防止腐败，还有欺诈、串通舞弊和胁迫行为。

5. 关于业务伙伴的政策：受制裁方应尽最大努力，鼓励所有与自己有重要业务关系或自己能施加影响的业务伙伴做出同样的承诺，防止、发现、调查不当行为并进行补救（在业务伙伴为受控的子公司、合资公司、非法人企业协会或类似实体的情况下甚至可以迫使它们采取这样的做法）。这其中包括代理、顾问、咨询师、代表、经销商、承包商、分包商、供应商、合资公司和其他第三方。

5.1. 对业务伙伴的尽职调查：在与业务伙伴建立关系前，进行有适当记录的、基于风险的尽职调查（包括找出没有记录在案的任何受益所有人或其他受益人），并且要不断进行尽职调查。避免与已知和被合理怀疑参与了不当行为的承包商、供应商或其他业务伙伴打交道（特殊情况和已采取了适当措施减轻影响的情况除外）。

5.2. 将廉政合规计划告知伙伴：让所有业务伙伴都知道受制裁方的计划，并要清楚地表明受制裁方希望代表其进行的所有活动都符合其计划。

5.3. 对等承诺：寻求让受制裁方的业务伙伴做出对等的合规承诺。如果业务伙伴没有廉政合规计划，受制裁方应该鼓励它们根据自己的活动和环境采取有力且有效的计划。

---

[1] 在不能完全消除好处费的情况下，在每个个案中受制裁方都应该向廉政合规主管报告支付好处费的具体背景，比如，是否仅限于为受制裁方有权进行的常规行为向低级别的官员支付小额的好处费以及这笔费用是否已经适当地计入财务账目。

5.4. 适当的记录:对受制裁方与业务伙伴的关系进行全面的记录。

5.5. 适当的报酬:确保给业务伙伴的任何支付都是对其提供的合法服务或商品的适当且合理的报酬,而且报酬是通过有诚信的渠道支付的。

5.6. 监督/监管:对于受制裁方为其中一方的所有合同的执行进行监督,以确保(只要是合理的)它们的执行中没有不当行为。作为对与业务伙伴的关系进行定期评估的一部分,受制裁方还应该监督业务伙伴的计划和表现。

6. 内部控制:

6.1. 财务:就受制裁方的财务、会计和记账行为以及其他的业务程序,建立和维护一套包含财务和机构制衡的有效的内部控制体系。受制裁方应使这个内部控制体系,特别是涉及会计和记账行为方面的内部控制体系接受定期的、独立的内部和外部审计,以便就该体系的设计、实施和有效性提供一个客观的保证,并使任何违反计划的交易遭到曝光。

6.2. 合同义务:雇用合同和业务伙伴合同应该包括与不当行为有关的明确的合同义务、补救措施和/或处罚方式(如果是业务伙伴合同,则应包括退出这种安排的计划,比如在业务伙伴参与不当行为的情况下终止关系的合同权利)。

6.3. 决策过程:建立一种决策过程,使决策过程和决策者的地位与交易价值和可以察觉的每种不当行为的风险相匹配。

7. 培训和传播:受制裁方应采取合理的、实用的措施定期传播其计划,针对相关的需求、环境、作用和责任,向内部各个级别的人员(特别是那些从事"高风险"活动的人员),在适当的情况下还应向业务伙伴提供关于计划的有效培训,并对培训加以记录。受制裁方的管理层在年度报告中也应就计划做出表述,否则就应该公布或者传播关于计划的知识。

8. 激励措施:

8.1. 正面措施:采取适当的激励措施,鼓励受制裁方内部各个级别的人员遵守计划,并为他们提供积极的支持,通过这种做法在受制裁方整个内部推广计划。

8.2. 惩戒措施:对于受制裁方内部各个级别的人员,包括管理人员和董事,凡参与了不当行为或其他违反计划的行为的，都采取适当的惩戒措施（包括终止合同）。

9. 报告：

9.1. 报告的义务：向所有人员传播这样的信息，即：他们有义务就有关计划的担心及时进行报告，不论这种担心与他们自己的行为有关还是与他人的行为有关。

9.2. 建议：受制裁方应采取有效措施和机制，为管理人员、员工和（在适当情况下）业务伙伴就如何遵守其计划提供指导和建议，包括他们何时需要就领土外管辖权内的困难情况得到紧急建议。

9.3. 举报/热线：为不愿意在上级指使或压迫下违反计划的人，还有愿意报告内部发生的违反计划行为的人提供沟通渠道（包括秘密渠道）和保护。受制裁方应该根据这类报告采取适当的补救行动。

9.4. 定期证明：受制裁方的所有有决策权或者处在能影响业务成果地位的相关人员应定期（至少一年一次）以书面形式证明自己重温了行为准则，遵守了计划，并且与指定的负责廉政合规事宜的公司主管就他们所了解的公司其他人员或业务伙伴违反计划的情况进行过沟通。

10. 对不当行为的补救：

10.1. 调查程序：对受制裁方遭遇的、报告的或发现的不当行为和其他违反计划的行为展开调查程序。

10.2. 应对：确认存在不当行为时，受制裁方应该采取合理措施用适当的矫正行动作出应对，并要防止进一步的或者类似的不当行为及其他违反计划的行为。

11. 共同行动：在适当情况下，中小型企业和其他没有成熟的廉政合规计划的实体（对于有成熟计划的较大型公司实体、行业协会和类似组织来说则是在自愿的基础上）应努力尝试与商业组织、行业团体、职业协会及民间组织携起手来，鼓励和帮助其他实体制定旨在防止不当行为的计划。

世行集团廉政合规指南概要中包括被许多机构和实体认为是良好治理和反欺诈与腐败的良好实践的标准、原则和组成部分。这些标准、原则和组成部分主要针对的是受制裁方,不过,也鼓励其他机构或实体考虑是否适合采用它们,它们既不是包容一切的,又不是专门针对单一对象的,也不是指令性的,相反,受制裁方采用这些指南还是采用其变体应该是基于其自身情况做出的决定。